CERAMICS GALLERY OF THE PALACE MUSEUM

故宮陶瓷館

故宮博物院 編

藝術家出版社
Artist Publishing Co.

目　錄

以上文物編排順序依照：
時代、品種（青花、釉裡紅、鬥彩、五彩、琺瑯彩、雜類彩、顏色釉、其他）、
器形（瓶、尊、觚、罐、壺、缽、碗、杯、盤、碟等）。

序 言

鄭欣淼

新的陶瓷館的建立，是故宮博物院的一件大事。

故宮藏瓷多達三十五萬件，幾近院藏文物的四分之一。陶瓷研究歷來亦為故宮博物院的科研優勢。20世紀50年代，故宮博物院就開闢陶瓷陳列專館，並在1985年和1995年進行過兩次大規模改陳。1995年的陶瓷館設在乾清宮西廡，展出面積約700平方公尺，儘管條件有限，但仍在社會上產生了較大影響。從2002年開始的故宮大規模維修，有個整體的規劃，把殿堂的修繕與其使用功能結合起來，對全院的展覽格局作了較大調整。作為維修試點工程的武英殿，竣工後闢為「繪畫館」，使十四萬件書畫及四十萬件的典籍、書版有了充分展示的場所；與武英殿對應的文華殿，則作為新的「陶瓷館」，這兩處成為故宮博物院兩大收藏的專館，已引起社會的關注。同時，新的「陶瓷館」也是繼「珍寶館」、「鐘錶館」、「石鼓館」、「繪畫館」四大館改陳後的第五個專館陳列，在故宮的展覽中有著舉足輕重的地位。

文華殿區域是故宮的一處重要建築。從午門進入故宮，正對面是太和門，太和門東是文華殿，西為武英殿，文武對峙而立。文華殿為工字殿形式，有院門，前後兩進，正殿名文華殿，歇山式屋頂，飾金龍和璽彩畫；後殿名主敬殿，正殿前的左配殿為本仁殿，右配殿為集義殿。文華殿在明初為講讀經筵之所，後為太子之東宮。嘉靖十五年（1536）復為皇帝經筵之地。明末李自成燒了文華殿，清沿明制，於康熙二十二年（1683）重建。當時曾有人作《文華殿賦》，讚美它的絕美：「啟丹楓之左翼，睇紫禁之東隅；地界圖書之府，星臨角亢之墟。前曰文華，後曰主敬。」乾隆時，文華殿還是殿試閱卷處，殿試後由皇帝欽命八員讀卷大臣在此閱卷，並共同挑選出前十名試卷進呈御覽。光緒二十年（1894）至二十四年（1898）間，皇帝在文華殿接見各國使臣，接受他們呈遞國書。民國時期，文華殿曾作為古物陳列所展陳文物的一個主要場所。現在把這一重要宮殿闢為陶瓷館，說明故宮博物院對陶瓷展覽的重視。文華殿面積1000平方公尺，也利於展覽內容的連貫性。

新的陶瓷館在展覽內容、形式設計和電子展示三方面都有新的創意和突破：

一、展示內容上的變動和改進

1985和1995年陶瓷館的兩次改陳，在陳列內容上雖有所改進，但變動不大。例如兩次改陳在所選展品的年代上均截止到清代嘉慶、道光時期。1995年進行的改

陳，只是更換過小部分展品，多數展品多少年也沒有動。此次改陳，吸收了近十年來國內外在古陶瓷研究領域所取得的最新成果，在陳列內容上作了較大改動。主要體現在以下幾個方面：

更換展品。充分利用故宮陶瓷藏品豐厚、可靠的優勢，盡最大可能更換展品，使絕大多數展品都是首次公開亮相，力求給觀眾耳目一新之感。

首次批量展出清宮所藏洪武官窯瓷器。明代洪武官窯瓷器是20世紀80年代以來古陶瓷研究領域的熱點。故宮博物院收藏一批清宮遺留下來的洪武官窯青花、釉裡紅瓷器，以往從未展出過，外界亦很少有人知曉。此次挑選部分精品予以展示，相信會引起觀眾的極大興趣。

首次展出明代「空白期」瓷器。明代正統、景泰、天順三朝，雖然天災人禍不斷，但從文獻記載看，景德鎮御器廠並未停止燒造活動。只是由於這三朝瓷器均不署正規年款，致使長期以來人們對這三朝瓷器的認識模糊不清，故曾有「空白期」或「黑暗期」的說法。近十多年來，隨著研究的逐步深入，這三朝瓷器愈來愈多地被辨認出來，其真實面目逐漸清晰起來。故宮專家對藏品認真研究後發現，故宮亦不乏這三朝瓷器的收藏。此次展出幾件精品，希望能有助於觀眾對這三朝瓷器有更多的瞭解。

首次將「轉型期」瓷器作為一個主題予以展示。在從明代萬曆三十五年（1607）到清代康熙中期（約1676-1700）將近一百年的時間裡，隨著農民起義的蓬勃發展，直至摧毀明王朝的統治和清入關，中國社會曾發生劇烈變革。作為全國製瓷中心的景德鎮，其瓷器製造業也經歷了一次重大轉變。主要表現在萬曆三十五年以前，景德鎮的製瓷業是由官窯佔統治地位，此後官窯急劇衰落，民營瓷業則因國內和亞歐市場需求的刺激而漸趨興盛，並躍居主導地位。以往人們曾將17世紀景德鎮的製瓷業稱為「轉變期」或「轉型期」。故宮博物院收藏一大批這一時期的瓷器，以前很少公開展出過，此次在陶瓷館將其作為一個主題予以展示，尚屬首次。

首次將清代晚期官窯瓷器作為一個主題予以展示。清代晚期官窯瓷器是故宮博物院陶瓷收藏中的強項，不但數量大，而且精品多。以往由於展覽場地的限制和人們對這一時期官窯瓷器的重視程度不夠，在陶瓷館中一般不展示這一時期的瓷器。近三十多年來，關注清代晚期官窯瓷器的人愈來愈多，人們迫切想一睹皇宮藏品的風采。此次陶瓷館改陳特將清代晚期官窯瓷器作為一個主題予以展示，以供觀眾研究鑒賞。

二、形式設計上的創意

在借鑒以往陶瓷館展示的基礎上，新陶瓷館的設計主要體現在五個方面：

尊重古建原貌。新陶瓷館的館址文華殿是故宮外朝東側的一座重要建築，其殿內雕樑畫棟，地面為民國時期鋪設的彩色瓷磚，上下呼應，和諧完美。考慮到古建本身的裝飾美，所以在設計展覽時決定保留原有地面，不再鋪設木地板。既不破壞古建的原貌，又使其環境與展示內容相吻合。

展覽設計宗旨。陶瓷類文物本身就具有色澤華美、流光溢彩的特點。為了使展覽達到突出文物、營造欣賞陶瓷氛圍的目的，在陳列形式上堅持了簡約而不簡單的宗旨。

燈光的改進。展覽燈光的運用是一個展覽成功與否的重要因素。燈光運用的目的是讓觀眾能夠清楚地看到每件文物所包含的信息。這次燈光的設計從每一件文物的特點出發，並考慮展覽的整體效果，採用普通照明和光纖照明兩套系統，重點文物和需要突出的重點部位，則加強光纖照明。通過燈光的藝術照明讓文物具有「活」感覺。以往博物館展覽的燈光基本是從上、下兩個方向給光，這次改為根據文物所需從不同角度給光，使觀眾能夠瞭解不同文物的重點。例如，明成化鬥彩雞缸杯，採用從展櫃周邊向文物中部打光，用燈光來突出該件文物腹部的精美花紋，用燈光展現出文物的層次，用燈光使文物更具風采。

文物說明牌的設計。文物說明牌是每件文物的基本資訊，如名稱、年代、收藏地點等。陶瓷類文物在鑒別上有一個重要的部位，就是底部的做法，以及是否有款識。考慮到觀眾的需求，這次在每件文物說明牌的設計上，附上相應文物的款識，使一般觀眾和專業人員瞭解和掌握陶瓷款識變化的規律。

展室環境的設計。為充分展現和烘托陶瓷文化的氛圍，在展室環境的設計上，擬在展櫃上方採用大幅陶瓷圖形的版面，一方面彌補了文華殿太高，而展品過小的矛盾，另一方面巧妙地遮擋文華殿高大窗戶的自然光源，並防止紫外線進入展室。

三、在電子展示方面的創新

新陶瓷館將特別開闢電子展示區域，用各種生動的電子展示方式幫助觀眾全面地欣賞故宮藏瓷，瞭解陶瓷的知識。

在電子展示區域裡設有：

視頻播放區。在播放區裡，懸掛的大銀幕將循環播放三維動畫《景德鎮製瓷》及影片《從陶到瓷》、《陶瓷之美欣賞》、《故宮歷代藏瓷》、《故宮陶瓷學者》等。《從陶到瓷》講述了瓷器從陶器演變而來的過程；《陶瓷之美欣賞》則是幫助觀眾欣賞中國陶瓷在各個不同時代體現出的獨特藝術魅力。另外，由故宮博物院古陶瓷專家出面講述故宮藏各時代陶瓷特色的《故宮歷代藏瓷》，是觀眾學習或總結故宮藏瓷特色的最佳課堂。《故宮陶瓷學者》則是介紹故宮對陶瓷研究有突出貢獻的專家學者，體現故宮陶瓷研究尊師重教的良好風尚。

信息互動區。此區裡設立了多個觸控螢幕。觸控螢幕的內容將以「故宮藏歷代陶瓷」、「清代御窯瓷器」、「故宮博物院藏中國古代窯址標本」、「爭奇鬥豔──彩繪瓷」、「巧辨明清官窯瓷年款」、「五顏六色──顏色釉瓷」、「薄色晶瑩──釉的製成」、「鴨蛋窯探秘」等八個主題來介紹故宮特色藏瓷、瓷器的工藝技巧及辨認方式等陶瓷知識，圍繞著主題還將設計一些有趣的小遊戲，以期達到寓教於樂的效果。

電子說明牌。展櫃邊的電子說明牌將對展櫃內的展品做更加細緻周到的介紹。電子說明牌突破了展櫃內普通說明牌文字的侷限，而且可以隨著展品的更換而隨時調整說明，因此可以說在展覽功能和實用上都是一次新的探索和嘗試。我們也希望通過高科技在展覽上的應用能夠達到意想不到的效果，打破已有的、固定的展覽模式，在故宮博物院藏品展示方面邁出新的一步。

資訊化管理區。管理區內不僅設置有多點視頻監控系統，方便管理人員全面監控展廳內部情況，而且所設多點定位應急廣播系統，方便管理人員及時疏導觀眾。

從新的「珍寶館」到「陶瓷館」，一個個專館的建立，反映出故宮博物院在展覽業務上的探求，體現著故宮博物院在為公眾服務的意識和水準方面的提高。我們深知，這是個永無止境的事業。我們將繼續努力，不斷地有所創新，有所進步，力求不辜負公眾的期望。

故宮博物院藏古陶瓷概況

耿寶昌

　　故宮博物院是在明、清兩代皇宮基礎上創立的中國最大的古代藝術品寶庫。在一百多萬件豐厚藏品中，陶瓷器約佔四十五萬餘件（其中包括現藏台北故宮博物院和南京博物院的約十萬餘件），而且陶瓷藏品中的絕大多數為原清宮舊藏的宋代「五大名窯」瓷器及明、清景德鎮御窯廠燒造的瓷器。1949年以後，通過國家有關部門撥交、私人捐獻及流散文物徵集等管道，原清宮舊藏陶瓷得以充實、補缺。故宮所藏中國古陶瓷的最大特點是流傳有緒、品種齊全、數量龐大、品質精湛、真實可靠，這是世界上其他任何博物館或美術館所不能比擬的。

　　宮廷收藏陶瓷器至遲可上溯至唐、五代時期，當時朝廷曾旨令一些產品品質優良的窯場燒造貢瓷，唐李肇撰《國史補》、唐李吉甫撰《元和郡縣圖志》及北宋歐陽修、宋祁等撰《新唐書》中有河南、浙江向都城長安進貢白瓷和青瓷的記載。西安唐大明宮遺址出土的河北邢窯白瓷中有署「盈」字、「翰林」款者，應是唐代宮廷內皇帝私庫「百寶大盈庫」和負責承旨製詔的「翰林院」專用器的標誌。五代至北宋早期，吳越國錢氏統治者為了保全一隅江山，曾向中原朝廷大量進貢越窯秘色瓷。宋代朝廷先是旨令幾個燒瓷品質較好的窯場如定窯、耀州窯等燒造貢瓷，後又專門設立汝窯、鈞窯、修內司官窯、郊壇下官窯等官辦瓷窯，專門燒造宮廷用瓷。官窯瓷器一旦燒成，就經嚴格挑選直入宮廷，一般不得作為商品出售，落選者也要砸碎後集中深埋，不得流入民間。個別官窯瓷器只有在「供御揀退後方許出賣」。北宋滅亡時，宮中所藏銅器、玉器、瓷器等各類文物，大部分被金人掠至上京，後又轉運至中都（今北京），另有少部分隨宋室南遷至臨安。南宋時，臨安朝廷崇尚侈靡，宮中對各類藝術品的聚藏復漸增盛，其中即包括大量各地名窯瓷器。

　　元代蒙古人統一全國後，南宋宮廷收藏的寶物被轉運至大都（今北京），並集金中都之收藏為一體，成為明、清兩代宮廷收藏之基礎。

　　明代初期，宮廷已收藏數量可觀的宋代名窯瓷器。《宣德鼎彝譜》曰：「內庫所藏柴、汝、官、哥、鈞、定各窯器皿，款式典雅者，寫圖進呈……」明、清兩代朝廷均在景德鎮設御器（窯）廠，並選派督陶官駐廠監造，集中全國最優秀的工匠，使用最優質的原料，不惜工本，大量燒造宮廷用瓷，從《明史》、《明實錄》、《大明會典》、《江西省大志·陶書》、《瓷務事宜示諭稿·序》、《陶成紀事》等有關這方面的記載看，其燒造數量十分驚人。如宣德八年（1433），應專掌御膳的機構「尚膳監」之要求，一次燒造各樣瓷器四十四萬三千五百件

（《大明會典》卷194）。成化年間（1465-1487）雖無確切的數字可查，但「燒造御用瓷器最多且久，費不貲」（《明史》卷82，志第58，食貨6）。正德年間（1506-1521），朝廷曾兩度委派宦官至景德鎮監督燒造十餘萬件瓷器。嘉靖（1522-1566）、隆慶（1567-1572）、萬曆（1573-1620）時期，朝廷更是接連不斷地下達燒造任務，據不完全統計，嘉靖八年至三十八年共燒造瓷器六十五萬餘件，隆慶朝十二萬餘件，萬曆五年至二十二年共五十一萬餘件。清代御窯廠的燒造數量更大，僅雍正六年（1728）至十三年就「計費帑金數萬，而製進圓琢等器不下三四十萬件」（《瓷務事宜示諭稿·序》）。這些御用瓷器進入宮廷以後，雖有不少因日常使用或隨著朝代的更替而損耗、散失，但仍有相當多的數量被妥善保存下來。

經過明、清二十六代帝王在五百四十多年間的積累，至清末皇宮內保存的陶瓷器達數十萬件之巨。由於歷史的原因，目前這些瓷器中的絕大多數分別收藏在北京故宮博物院、台北故宮博物院、南京博物院，國內外其他一些博物館及私人手中也有零星收藏。僅北京故宮博物院即收藏原清宮舊藏瓷器約三十二萬件，其中包括大量聞名於世的珍品和孤品。如：

唐代邢窯白釉花口碗，造型優美，釉色潔白如雪；宋代汝窯樽，釉呈淡天青色，恬淡雅致；宋代哥窯魚耳爐，造型古樸，「金絲鐵線」交織如網分割釉面，自然天成；宋代官窯弦紋大瓶，釉色粉青，釉層肥腴，美若古玉；宋代鈞窯出戟尊，釉色月白，古樸典雅；宋代龍泉窯青釉鳳耳瓶，釉色青翠，美若翠竹；宋代定窯孩兒枕，釉呈象牙白色，以胖娃的背部作枕面，憨態可掬；元代藍釉白龍紋盤，以天然藍寶石般的釉色襯托白龍，異常醒目；明代永樂青花壓手杯，砂足滑底，造型穩重，是目前僅見的署永樂年款的永樂官窯青花瓷器；明代宣德青花梵文出戟蓋罐，造型奇特，青花發色豔麗，是皇家設置壇場的法物；明代成化鬥彩雞缸杯，造型娟秀，胎薄體輕，色彩淡雅，備受後人讚賞；明代弘治黃釉描金雙獸耳罐，釉色嬌嫩，金彩奕奕，是皇家祭祀用器；萬曆五彩鏤空雲鳳紋瓶，色彩絢爛，華麗至極；清代康熙紫紅地琺瑯彩纏枝蓮紋瓶，色彩逼真，傳世僅此一件；清代雍正琺瑯彩雉雞牡丹紋碗，胎體薄如蟬翼，繪畫精細入微，可謂「只恐風吹去，還愁日炙銷」；乾隆各色釉彩大瓶，形體高大，集各種釉、彩於一體，博得「瓷母」之美譽。

1949年以後故宮博物院新入藏的陶瓷器中亦不乏精品，其中有些原本就是清宮舊藏品。例如，國家曾將末代皇帝溥儀被驅逐出宮以前抵押在鹽業銀行的部分瓷器，復撥給故宮博物院收藏；著名古陶瓷收藏家、鑒定家孫瀛洲（1893-1966）在從1956年至1966年的十年間裡，先後將個人收藏的二千多件陶瓷器捐獻給故宮博物院；古陶瓷研究專家陳萬里（1892-1969）、韓槐准（1892-1970）亦曾分別將個人收藏的晉唐青瓷、明代外銷瓷捐獻給故宮博物院。如此實例，不勝枚舉。

如今，故宮博物院所收藏的中國陶瓷可謂自成一體，從新石器時代陶器到現代陶藝家作品，無所不包，較為全面地反映了中國陶瓷生產八千多年連綿不斷的歷史。這是一筆豐厚的文化遺產，值得人們不斷地去整理、研究、發揚、光大。

中國古陶瓷美的歷程、欣賞與展示

呂成龍

　　考古發掘所獲得的資料證明，中國是世界上最早製作和使用陶器的國家之一，瓷器則是中國古代的一項重大發明。早在距今一萬年以前的新石器時代早期，我國先民就已經開始有意識、有目的地製作和使用陶器。雖然世界上其他一些國家，如古埃及、敍利亞、印度等，也都在新石器時代早期開始製作陶器，而且後來製陶技術都得到高度發展，但是它們都沒能發明製瓷技術，瓷器的發明是我們祖先智慧的結晶。

　　瓷器是中國先民在長期從事陶器生產的基礎上所發明的。中國瓷器生產不但歷史悠久，而且品種繁多、質地優良，歷來受到人們的稱頌。如唐代詩人陸龜蒙曾用「九秋風露越窯開，奪得千峰翠色來」[1]來形容當時越窯秘色瓷的釉色像翠綠色山巒一樣美麗。唐代另一位詩人顧況（約715-814）用「越泥似玉之甌」[2]來比喻越窯青瓷像玉一樣潤澤。中國瓷器很早就流傳到國外，受到世界各國人民的喜愛和珍視，並被許多國家仿製。普魯士皇帝選皇后的故事在歐洲可謂家喻戶曉。1713至1740年間，普魯士皇帝曾以六百名薩克遜近衛軍向鄰邦君主換取一批中國生產的瓷花瓶，用來為他的婚禮增色，這些花瓶至今還陳列在德國德累斯頓博物館中，被人們稱為「近衛花瓶」。中國素有「瓷國」之譽，英語中的China既指中國，亦指「瓷器」。由此可見，中國瓷器在世界上影響之深遠。

美的歷程

　　一般來說，瓷器的成功燒造必須同時具備三個條件：一是使用瓷土；二是燒成溫度要達到1200℃以上；三是器物表面要施高溫釉。關於我國何時發明瓷器，20世紀70年代曾在中國考古界進行過一場大辯論，其說法不一，有人認為發明於商代，有人認為發明於六朝時期，還有人認為發明於唐代。最終借助於現代科學技術手段，考古學家將瓷器（青瓷）發明的時間定在東漢，這是以考古發掘資料和科學化驗資料為依據的。首先，在浙江上虞、寧波、慈溪、永嘉、餘姚等地發現了東漢時期的青瓷窯址，而且這些窯址出土的青瓷器與浙江、江蘇等省的東漢紀年墓出土的青瓷器可以相互印證。其次，中國科學院上海矽酸鹽研究所對上虞小仙壇東漢窯址出土的一件印花斜方格紋青瓷罍殘片進行測試分析，證明其燒成溫度、顯氣孔率、吸水率、抗彎強度、燒結程度及胎釉結合程度等都已符合現代瓷器標準[3]。至於早在商代中期就已發明並延續燒造至西漢時期的施青釉的器物，因其胎料的純度、燒成溫度、胎釉結合程度及機械強度等，都略遜於現代瓷器標準，故被視為瓷器誕生以前過渡時期的產

物，稱之為「原始瓷器」。因此，若從東漢發明瓷器算起，中國的瓷器生產已有近兩千年的歷史。

　　瓷器自東漢在南方首先出現以來，即以耐高溫、易清洗、美觀雅致等優點，受到人們的普遍喜愛。至三國、兩晉、南北朝時期，瓷器生產獲得很大發展。主要表現在：製瓷區域由南方擴大到北方，瓷器的胎釉質量得到進一步提高，造型式樣日漸增多，裝飾方法和題材越來越豐富，燒造技術亦更加成熟。從這一時期墓葬出土物可以看出，瓷器已逐漸替代青銅器、漆器、陶器等，成為當時最主要的隨葬冥器，這說明瓷器已成為當時人們生活的主要用具。紀年墓出土物反映出這一時期的瓷器在造型和裝飾方面均有其演變規律：在造型方面是由矮胖向瘦高發展；在裝飾方面，三國至西晉時盛行的在器物上用模子壓印的由花蕊、聯珠、網格、菱形等圖案組成的帶狀紋飾，沿用至東晉咸和年間（326-334）即趨於消失。約在西晉永嘉年間（307-313）開始出現的在青瓷上塗點褐色斑點的裝飾技法，至東晉時頗為流行。佛教自東漢傳入中國後，至南北朝時達到興盛。南朝造佛像皈依佛門之風極盛，晚唐詩人杜牧《江南春》曰：「南朝四百八十寺，多少樓台煙雨中。」[4]盛極一時的佛教藝術在當時的青瓷上也有所反映，如南北朝青瓷上盛行刻劃蓮瓣紋、忍冬紋等，特別是目前已發現的十多件集模印、塑貼、刻劃技法於一身的青瓷仰覆蓮花尊，形體高大，通體飾仰覆蓮花瓣及菩提樹葉、忍冬紋等，成為這一時期青瓷器上盛行佛教藝術題材集大成的代表作。南北朝時期青瓷蓮花尊在南、北方均有燒造，特別是1948年河北省景縣封氏墓群曾一次出土四件，其中的兩件現收藏在故宮博物院。

　　江南地區三國、兩晉時期的墓葬中常出土一種青釉穀倉，這種穀倉是由漢代的五聯罐演變而來，其上堆塑各種人物、飛禽走獸等。1976年江蘇吳縣獅子山西晉墓出土一件青釉穀倉[5]，其上堆塑的龜馱碑上刻劃「元康出始寧，用此靈，宜子孫，作吏高，其樂無極」，可知六朝時人們稱這種器物為「靈」（音靈）。故宮博物院收藏的一件青釉穀倉，係20世紀30年代後期浙江紹興三國墓出土，穀倉上部堆塑崇樓、亭闕、人物、鼠、鳥、鹿、豬、龜、魚等，腹部刻劃狗、魚、龍等紋飾，及「飛」、「鹿」、「句」、「五種」等字樣，龜馱碑上刻劃「永安三年時，富且洋（祥），宜公卿，多子孫，壽命長，千意（億）萬歲未見英（殃）」二十四字。「永安」是三國時東吳景帝孫休的年號，「永安三年」即260年。該器以百鳥爭食、歡慶豐收、牲畜滿欄等立體雕飾，展現了一千七百多年前江南吳國莊園五穀豐登的場面，散發著濃郁的生活氣息。用它來隨葬，是當時人們迷信思想所致，其目的是為了祈求神靈保佑，超度逝者亡靈。

我國在北朝時期還成功地燒造出白瓷，這是製瓷技術上的重大突破。1958年河南安陽北齊武平六年（575）車騎將軍范粹墓出土的一批白瓷[6]，胎體潔白，釉面瑩亮，是目前所見最早的白瓷。

隋代瓷器生產以青瓷為主，其造型基本上沿襲南北朝青瓷，盤口瓶、高足盤是其中的典型器。在施釉工藝方面，一般器內滿釉，器外施釉不到底。其裝飾技法有刻、劃、印、塑貼等。裝飾題材常見有蓮瓣、複綫、朵花、花葉、忍冬等。《隋書·何稠傳》載：「何稠，字桂林……時中國久絕琉璃之作，匠人無敢厝意，稠以綠瓷為之，與真不異。尋加員外騎射侍郎。」說明當時何稠能以青綠色瓷器模仿琉璃並達到亂真的程度。

隋代白瓷產量不大，但從西安隋代李靜訓墓[7]、郭家灘隋代姬威墓[8]、河南安陽隋代張盛墓[9]出土的白瓷蓋罐、白瓷龍柄雞頭壺、白瓷雙龍耳尊等來看，均造型優美，釉面光潔，反映出當時白瓷生產技術已達較高水準。

在中國陶瓷發展史上，唐、五代是個輝煌時期。首先表現在瓷器生產之繁盛，見諸考古報導的瓷窯數量即數以百計，分佈在如今之陝西、山西、河北、河南、山東、安徽、江蘇、浙江、江西、湖南、福建、廣東、四川等省，其中又以河南、浙江最為密集。窯場既然眾多，競爭就不可避免，一些瓷窯的產品上開始刻劃或書寫廣告用語，如「丁道剛作瓶大好」、「鄭家小口天下第一」、「卞家小口天下有名」、「杜家花枕」、「裴家花枕」等。在激烈的競爭中，湧現出越窯、邢窯、長沙窯、魯山窯等一批著名瓷窯，它們所產瓷器均以其獨特的風貌飲譽當代，光耀千古。其次，唐、五代瓷器不但品種增多，而且更講究作工之精細、造型之優美。造型多模仿當時的金銀器，顯得精緻典雅。唐、五代瓷器的胎骨更加堅實緻密，叩擊時能發出金石之聲，唐代宮廷樂師曾用越窯青瓷碗和邢窯白瓷碗充當樂器，奏出美妙的音樂。唐人段安節於9世紀80年代所作《樂府雜錄》曰：「武宗朝，郭道源後為鳳翔府天興縣丞，充太常寺調音律官，善擊甌，率以邢甌、越甌共十二隻，旋加減水於其中，以筋擊之，其音妙于方響也。咸通中，有吳繽洞曉音律，亦為鼓吹置丞，充調音律官，善於擊甌。」[10]

浙江的越窯青瓷是傳統青瓷的典範，河北的邢窯白瓷是新興白瓷的代表，今人常以「南青北白」來描述唐代瓷器的概況，這是從地域方面大致劃分，實際情況還要豐富得多。從目前已調查過的唐代窯址情況看，燒青瓷的窯佔70%以上，可見唐代瓷器生產仍以青瓷為主。唐人陸羽在《茶經》一書中從飲茶的角度對當時的青瓷窯進行了一番品評，即：「碗，越州上，鼎州次，婺州次，嶽州次，壽州、洪州次。」[11]陸羽將越窯青瓷評為第一。唐代著名詩人陸龜蒙、施肩吾、皮日休、孟郊、顧況、鄭谷、韓偓、許渾等也都曾賦詩讚美越窯青瓷，說明越窯青瓷在當時社會上享有很高聲譽。越窯青瓷中品質最精者被稱作「秘色瓷」。1987年考古工作者在發掘陝西省扶風縣法門寺塔基地宮時曾出土十三件越窯青瓷[12]，同時出土的衣物賬石碑上有鹹通十五年（874）鑱刻的碑文，碑文在記載唐懿宗賜給釋迦牟尼佛指舍利供奉物品中稱這些瓷器為「瓷秘色碗七口，內二口銀棱；瓷秘色盤子、碟子共六枚」。由此可見越窯秘色瓷等級之高。

唐代燒造白瓷的瓷窯有邢窯、定窯、鞏縣窯、耀州窯、密縣窯等。但無論從燒造數量還是品質上看，都首推邢窯，唐人陸羽《茶經》中有「邢瓷類銀」、「邢窯類雪」之品評。唐人李肇撰《唐國史補》曰：「內邱白瓷甌，端溪紫石硯，天下無貴賤通用之。」[13]唐代邢窯曾為宮廷燒造過貢瓷，其中刻劃「盈」字及「翰林」款者，分別為宮廷內「百寶大盈庫」及「翰林院」的訂燒器。

唐代瓷器除了青、白兩種釉色之外，還有黃釉、黑釉、花釉及茶葉末釉、素地黑釉花、白釉綠彩、珍珠地劃花、白釉釉下藍彩、青釉釉下褐（綠）彩等。唐代還生產三彩釉陶。唐代花釉瓷簡稱「花瓷」，其中的花瓷腰鼓在當時曾用作宮廷樂器。唐人南卓在宣宗大中二年（848）及四年所作的《羯鼓錄》中談到唐玄宗及其宰相宋璟都善於擊羯鼓，並以絕技著稱，二人曾在一起討論鼓事，比較羯鼓與腰鼓聲音之優劣，即：「宋開府璟，雖耿介不群，亦深好鼓事，與上論鼓事，曰：『不是青州石末，即是魯山花瓷。撚小碧上掌，下須有朋肯之聲，據此乃是漢震第二鼓也。且鞞（shèng）用石末、花瓷，同是腰鼓，掌下朋肯聲是以手拍，非羯鼓明矣。』」[14]唐代長沙窯以燒造釉下彩繪瓷而獨樹一幟，既有單一的青釉釉下褐彩、青釉釉下綠彩，亦有二者合用的青釉釉下褐、綠彩。所繪人物、花鳥、飛禽、走獸等，生動傳神，意境深遠。長沙窯瓷器上還盛行題寫五言詩、六言詩、七言詩、聯句、單句、諺語、成語、俗語、廣告用語等，以五言詩最為多見。其內容或描寫遊子的心情，或抒發離別相思，或反映邊塞征戰，或讚美春天美景，或反映科舉制度，或提醒人們注意人與人之間交往的禮節，涉及到當時社會生活的各方面。如其中的一首「天地平如水，王道自然開。家中無學子，官從何處來」。宣揚的就是讀書做官論。

唐三彩創燒於唐高宗時期（650-683），盛唐時（713-755）達到極盛。唐三彩的盛行與唐代流行厚葬風俗有很大關係。按唐代文獻記載，最高統治者及其下屬官僚死後，按官位等級發放隨葬冥器，如三品以上九十件，

1　1959年郭沫若為陶瓷館提寫的館名
2、3　20世紀50年代位於慈寧宮的陶瓷館陳列
4　20世紀60年代位於承乾宮的陶瓷館陳列（宋、金磁州窯系瓷器陳列）
5　20世紀50年代慈寧宮廡房瓷器陳列

五品以上六十件，九品以上四十件。另外，唐三彩之所以受到唐人的喜愛，是因為其豐滿雄渾的造型和斑駁華麗的色彩，最能體現大唐盛世雍榮大度的氣魄，迎合了當時人們的審美趣味。

宋、金時期是我國瓷器生產的一個高峰期，社會各階層對瓷器的需求表現出前所未有的高漲。宋代政府重視對外貿易，曾在廣州、明州、杭州、泉州設市舶司，拓寬了中國瓷器在海外的市場。1949年以來所發現的宋代瓷窯遺址分佈於全國十九個省、市、自治區的一百四十多個縣。在激烈的商品競爭中湧現出了定窯、鈞窯、耀州窯、磁州窯、越窯、龍泉窯、景德鎮窯、建窯、吉州窯等一批著名瓷窯。這些瓷窯的產品在造型、釉色、裝飾諸方面，都各具特色，在市場上備受消費者喜愛。宋、金時期一些著名瓷窯的工藝技法被鄰近甚至較遠地區的瓷窯所模仿，形成一些龐大的瓷窯體系。北方有定窯、鈞窯、磁州窯、耀州窯系等；南方有龍泉窯、越窯、景德鎮窯、建窯系等。在民窯生產大發展的基礎上，朝廷先是詔令一些產品品質較好的瓷窯如定窯、耀州窯等燒造貢瓷；然後又在某些瓷區設置「官窯」，專門燒造宮廷用瓷，如汝窯、官窯、鈞窯等。因此宋代瓷器形成官、民兩種絕然不同的藝術風格。在造型方面，官窯瓷器多仿古銅器、金銀器或玉器，形體規範，尺寸嚴格，古樸典雅；民窯瓷器造型則靈活多變，講求實用。在裝飾方面，官窯瓷器以釉質取勝，崇尚樸素，追求韻味；民窯瓷器則講求刻、劃、彩繪等裝飾方法的多樣化，以適應人們的各種審美需求。

談論宋代瓷器常有汝、官、哥、定、鈞「五大名窯」之說，此說源自明代《宣德鼎彝譜》一書，書中曰：「內庫所藏柴、汝、官、哥、鈞、定各窯器皿，款式典雅者，寫圖進呈……」[15]由於柴窯不但不屬於宋代，而且至今仍是個謎，因此，人們就逐漸不提柴窯，只提五大名窯。五大名窯雖不能涵蓋宋代瓷業生產的全貌，但卻集中體現了宋代的製瓷水準。汝窯瓷器傳世稀少，目前存世不足百件，其特點是香灰色胎，淡天青色釉，裹足支燒，胎體較薄，工藝考究。尤其是恬淡滋潤的淡天青色釉，給人以幽玄靜謐的視覺感受，充分體現出宋代社會追求清淡含蓄的審美趣味。官窯瓷器，澄泥為範，胎色鐵黑，釉色粉青，釉層瑩澈，如冰似玉，極其精緻，「紫口鐵足」更增添其古樸典雅之美感。哥窯瓷器充分利用釉面開片美化自身，「金絲鐵線」迂迴穿插，交織如網，使平靜的釉面產生韻律美。定窯是五大名窯中唯一主產白瓷的瓷窯，產品常以刻花、劃花、印花或描金花進行裝飾，有「定州白瓷甌，顏色天下白」之美稱。鈞窯所創燒的玫瑰紫、海棠紅等銅紅窯變釉，如詩如畫，絢麗斑斕，為瓷器的高溫色釉裝飾開闢了新的途徑。人們曾用「峽峪飛瀑兔絲縷，夕陽紫翠忽成嵐」形容鈞釉之美妙。

元、明、清時期，中國的陶瓷生產呈現出新的格局，主要表現在江西省景德鎮的製瓷業憑藉天時、地利迅猛發展，逐漸顯示瓷壇霸主的實力。自元代朝廷在景德鎮設「浮梁瓷局」[16]掌管燒造官府用瓷開始，瓷器生產的重心就逐漸向景德鎮轉移。明、清時，朝廷又在景德鎮設御器（窯）廠，遣官駐廠督造，集中全國最優秀的製瓷工匠，壟斷優質原料，不惜工本地大量燒造宮廷用瓷。由於各朝皇帝的審美趣味不同和社會時尚不斷變化，促使工匠們不斷地改進生產技術，致使瓷器的花色品種層出不窮。官窯的繁盛帶動了民營瓷業的迅猛發展，致使明、清時

天下至精至美之瓷器莫不出於景德鎮，景德鎮也因此而成為全國的製瓷中心。元、明、清時期的鈞窯、磁州窯、龍泉窯、德化窯等雖還在繼續燒造日用瓷器，但與景德鎮窯相比，無論在產量、品質、品種還是產品銷路方面，都不能相提並論了。

在中國陶瓷發展史上，元代是一個承前啟後的重要時期，由於元政府實行「匠戶」制度，對有一技之長的工匠比較重視，又加強了對外貿易，致使陶瓷手工業有了進一步發展。早在元王朝統一中國的前一年（至正十五年，即1278年），元朝統治者即在景德鎮設浮梁瓷局，為景德鎮瓷業生產的發展創造了必要條件。傳世或出土的署「樞府」或「太禧」銘款的卵白釉瓷器，就是在浮梁瓷局監督下為「樞密院」[17]和「太禧宗禋院」[18]生產的專用瓷。元代景德鎮窯在製瓷工藝上的進步，首先體現在製胎原料的使用方面，即由過去使用單一瓷石，改為瓷石加高嶺土「二元配方」，或瓷石加高嶺土再加其他原料，形成多元配方。隨著高嶺土的引入，瓷胎中氧化鋁（Al_2O_3）含量提高，拓寬了瓷器的燒成溫度範圍，減少了變形，提高了成品率，同時也為燒造頗有氣勢的大件器物創造了條件。其次，元代景德鎮窯除了繼續燒造青白瓷、黑瓷以外，還創燒出青花、釉裡紅、高溫鈷藍釉、高溫卵白釉及釉上五彩、孔雀綠釉瓷等新品種。元代景德鎮窯取得的這些成就，為景德鎮在明、清兩代成為全國的製瓷中心奠定了堅實基礎。

明代自洪武二年（1369）開始，朝廷即在景德鎮設御器廠專門燒造宮廷用瓷，此後，歷朝沿襲。御器廠平時由饒州府的官吏管理，每逢大量燒造時，朝廷都派宦官進駐景德鎮督陶，如永樂時派工部使祈鵬、宣德時遣中官張善駐廠督造。御窯廠內分工很細，設大碗作、碟作、盤作等二十三個作坊，有工匠三百三十四名，作頭五十八名。從原料開採到最後燒成，「一杯工力，過用七十二方克成器」[19]。這種精細的分工合作，使生產專業化，有利於提高產品品質。明代御器廠歷時二百餘年，燒造了大量精美的瓷器，文獻中僅有的幾次有關燒造方面的記載，足以說明當時產量之驚人。根據《明史》、《明實錄》、《大明會典》、《江西省大志·陶書》等記載，宣德八年（1433），應掌管御膳機構尚膳監的要求，一次燒造各樣瓷器四十四萬三千五百件。成化年間雖無確切數字可查，但「燒造御用瓷器最多切久，費不貲」。正德年間，朝廷兩度委派宦官至景德鎮監造三十餘萬件瓷器。嘉靖、隆慶、萬曆三朝，朝廷接連不斷地下達燒造任務，據不完全統計，嘉靖八年共燒造六十五萬餘件，隆慶朝十二萬餘件，萬曆五年至二十二年共計五十一萬餘件。至於每件瓷器的平均耗費，《明經世文編》第444卷中有「瓷器節傳二十三萬五千件，約費銀二十萬兩」[20]的記載，由此可推算每件瓷器的平均耗費約為一兩白銀。從傳世品及出土物看，明代永樂、宣德時的青花、鮮紅釉、祭藍釉、灑藍釉、甜白釉、翠青釉瓷，成化時的鬥彩瓷，弘治時的黃釉瓷，正德時的孔雀綠釉瓷，嘉靖時的瓜皮綠釉瓷，萬曆時的茄皮紫釉瓷，嘉靖、萬曆時的五彩、素三彩瓷等，集中體現了明代御窯廠的燒造水準。

清代御窯廠雖在順治時就已恢復，但時斷時續，並未取得顯著成就。康熙十九年（1680）以後，御窯廠的經營逐漸走上正軌，直至雍正、乾隆兩朝，在皇帝的直接關心下，經過臧應

選、郎廷極（1663-1715）、年希堯（？-1738）、唐英（1682-1756）等幾位督陶官的苦心經營，有了巨大成就。與明代御窯廠一樣的是清代御窯廠亦設二十三作，但其中的「仿古作」和「創新作」屬新設作坊，是明代所沒有的，由此也決定了清代御窯廠生產的特點是仿古加創新。特別是康、雍、乾三朝，不僅恢復了明代瓷器中所有的花色品種，而且還創燒出大量的新品種。雍正十三年（1735）督陶官唐英撰寫的《陶成紀事》記載當時御窯廠仿古創新的瓷器達五十七種之多[21]。從傳世實物看，康熙時的青花瓷，以國產上等青料繪畫，濃淡有致，呈色鮮麗明豔，別具風格，將青花這門藝術推向一個新的境界。康熙五彩瓷的重大突破是發明釉上藍彩，從而導致康熙時釉上五彩的盛行，改變了明清五彩以青花五彩佔主導地位的局面。雍、乾時的鬥彩瓷器，將當時新興的粉彩引入畫面，呈現柔潤富麗的藝術效果。雍正時的青釉瓷器呈色穩定，燒造技術達到歷史上最成熟階段。另外，澆黃、霽藍、灑藍、瓜皮綠、孔雀綠、礬紅、紫金釉瓷等傳統品種的燒成技術也大為提高。明代中期以後一度衰落的霽紅釉和釉裡紅、青花釉裡紅瓷等，在康熙時即已恢復，至雍、乾時得到進一步提高。

　　清代康、雍、乾時期景德鎮御窯廠的創新品種主要有琺瑯彩、粉彩、釉裡三色、郎窯紅、豇豆紅、天藍釉、廠官釉、窯變釉、仿古玉釉、爐鈞釉、虎皮三彩、米黃釉、淡黃釉、珊瑚紅釉、松石綠釉、胭脂紅釉瓷等，極大地豐富了陶瓷的花色品種。乾隆時還發展了特種製瓷工藝，各種轉心瓶、轉頸瓶、交泰瓶等，技藝精湛，構思巧妙，令人歎為觀止。而仿核桃、櫻桃、柑橘、石榴、花生等乾鮮果品，以及仿螃蟹、海螺等水族動物的像生瓷，還有仿漆釉、仿石釉、仿木紋釉及仿古銅彩瓷器等，均惟妙惟肖，使人僅憑肉眼難辨真假。

　　乾隆以後，中國政治、經濟狀況急轉直下，尤其是清代晚期，內憂外患接踵而來，整個封建社會陷入風雨飄搖的窮途末路之中。反映在瓷器生產方面，則是每況愈下，花色品種急劇減少，幾乎無創新可言，只是延襲康熙、雍正、乾隆時期的部分品種。

　　關於清代御窯廠的生產數量和耗費，總數雖無法統計，但從有關文獻記載中仍可略見一斑。督陶官唐英在乾隆四十四年（1779）撰寫的《瓷務事宜示諭稿·序》曰：「余於雍正六年奉差督陶江右……迄雍正十三年，計費帑金數萬，而製進圓、琢等器不下三四十萬件。」[22]雍正十三年（1735），唐英在《陶成紀事》中對這方面的記載更為詳細，當時每年秋、冬兩季向宮廷上交的圓、琢器皿達六百餘桶，其中盤、碗、鍾、碟等上色圓器一萬六七千件，其落選之次色有六七萬件不等；其瓶、罍、壇、尊、彝等上色琢器二千餘件，尚有落選次色二三千件不等。至於每月初二、二十六兩期解送淮關總管年（即年希堯）處呈樣或十數件、或六七件不等在外。這些產品大約由三百人（包括輔助工和辦事人員）完成。每年的總支出是八千兩銀子。

　　早在隋、唐時期，中國瓷器就開始流傳到國外，此後歷代都被作為重要特殊商品行銷世界各地。其輸出的路線主要有兩條：一條是陸路，沿絲綢之路從西安到波斯；另一條是海路，從廣州經波斯灣遠達非洲。從中國到非洲，有一萬五千多公里，日本著名學者三上次男稱之為「充滿艱

難困苦的陶瓷貿易之路」，「是跨越中世紀東西方的一條友誼紐帶，同時也是一座東西文化交流的橋樑」[23]。中國陶瓷和製瓷技術的對外傳播，是中國對人類文明的重大貢獻之一。

美的欣賞

　　陶瓷是「土與火」的藝術，是中國物質文化的重要組成部分。它歷史悠久，自成一體，脈絡清晰地向人們傳達著古代政治、經濟、文化和人們的審美意識。無論是絢麗斑斕的唐三彩、「千峰翠色」般的唐代越窯青瓷、「如冰似玉」般的宋代官窯青瓷，色彩繽紛的明清官窯五彩瓷器、色澤優雅的元明清青花瓷器、雍容華貴的清代琺瑯彩瓷器和粉彩瓷器，還是五光十色的元明清顏色釉瓷器等，無不以其永恆的藝術魅力博得世界各國人民的喜愛和稱讚。

　　一方面，中國古陶瓷憑藉其自身的實用性、觀賞性和獨特的古老東方文化的魅力，受到愈來愈多西方人士的喜愛。另一方面，中國古陶瓷所蘊含的深厚的民族性、古人的審美意識和思維方式，也得到眾多國內和海外華人的認同。因此，近幾十年來，中國古陶瓷成為國內外古董商和收藏家們競相追逐的熱點，幾乎每一場有關中國古陶瓷的專場拍賣會都會吸引來自世界各地的眾多買家。拍賣會上價格競爭之激烈，常常使人始料不及。2005年7月12日在倫敦佳士得拍賣會上，一件元代青花鬼谷下山圖罐，以2.4億港幣成交，創下了中國乃至亞洲單件藝術品拍賣的最高價，進一步引起人們對中國古陶瓷的關注。人們可能禁不住會問，這些由普通泥土或瓷土製作而成的陶瓷器，為什麼會比黃金珠寶還貴重？誠然，中國古陶瓷必定有其自身的美感，那麼，中國古陶瓷之美究竟美在哪裡？筆者認為中國古陶瓷之美主要體現在造型、釉質和裝飾三個方面。

一、造型美

　　中國古陶瓷素以造型豐富、式樣優美而著稱於世。由於陶土和瓷土都具有良好的可塑性，因此，與金屬材料、石質材料、木質材料等相比，陶瓷材料不但取材容易、價格低廉，而且在塑造形體方面更便於操作，因而具有更大的優越性，更易於普及。但由於時代不同、生產力發展水準不同，以及人們的生活習俗和審美趣味不同，致使各時代的陶瓷造型呈現出不同的風貌。如唐代瓷器造型之圓潤豐滿、宋代瓷器造型之秀麗典雅、元代瓷器造型之雄渾樸拙、明代永樂宣德瓷器造型之端莊穩重、明代成化瓷器造型之雋秀典雅、明代嘉靖萬曆瓷器造型之複雜多變、清代康熙瓷器造型之剛勁挺拔、清代雍正瓷器造型之文雅精細等。

　　中國傳統瓷器造型可以分為以下幾大類：

　　第一類是模仿大自然中物質形態的造型。從新石器時代某些陶器造型如葫蘆瓶、鷹形鼎、鳥形鬹等可以看出，中國傳統陶瓷的造型是從模仿自然界物質形態開始的，以後歷朝直至今天這種造型方法都被廣泛採用。有人稱這種造型方法為「象形取意」[24]。由於這類陶瓷造型源於大自然，因而使人感到自然親切，深受人們喜愛，在我國陶瓷中佔有較大比重，可謂隨處可見，不勝枚舉。如荷葉形盤、海棠式盤、葵花式盤、菱花式盤、梅花式碟、菊瓣

式碗、蓮子形杯、鳥形杯、牡丹式吸杯、楸葉式洗、桃式洗、蘋果形尊、石榴式尊、萊菔式尊、牛頭式尊、馬蹄式尊、橄欖式瓶、葫蘆式瓶、柳葉形瓶、雞腿式瓶、天球形瓶、蒜頭形瓶、荸薺形瓶、魚形瓶、雞冠式壺、梨形執壺、鴛鴦式水注、菱花式花盆、葵花式花盆、海棠式花盆、鴨式香熏、菊瓣式盒、瓜式盒等。它們都是以自然界的物質形態為基礎，加以概括、變形、誇張而成。

第二類是由各部分組合而成、缺一不可的造型。受中國傳統文化中追求大而全、和諧美滿理念的影響，中國傳統陶瓷的造型特別注重完整性的體現，尤其是瓶、罐、壺、尊之類的陶瓷造型，一般都由口、頸、肩、腹、底、足等幾部分組合而成，缺了其中任何一部分都會使人覺得不完整。有些器物還要加上耳、繫、流、柄、蓋等其他附件，但均要照顧到上下對照呼應、左右對稱均衡的關係。這種對造型完整性的追求，使欣賞者能夠得到心平氣和的美感。

第三類是規範化、程式化的造型。受中國傳統文化中「求大同、存小異」思想的影響，中國傳統陶瓷造型還體現出較強的規範化和程序化特點。這類陶瓷的造型強調的是在形體基本模式相同、結構固定的情況下，追求一些細微的變化。例如，凡是梅瓶，均可用小口、短頸、豐肩、長腹、瘦脛、圈足來表述。凡是玉壺春瓶，均可用撇口、細頸、垂腹、圈足來表述。凡是撇口碗，均可用撇口、深弧腹、瘦底、圈足來表述。這類陶瓷造型都是經過陶工們在長期的實踐中不斷修改、反覆推敲而形成的，總體上都給人以形態勻稱、比例適度、整體和諧之美感。當然，這類陶瓷的造型會因時代的不同而出現一些細微的變化，給人帶來不同的審美享受。以梅瓶為例，唐代梅瓶顯得矮胖壯實，宋代梅瓶顯得挺拔秀麗，元代梅瓶顯得渾厚樸實，明代永樂宣德時期的梅瓶則顯得沉穩端莊。

受儒家中庸思想的影響，中國傳統陶瓷造型在外形輪廓線運用方面，多採用緩柔的自由曲線，很少採用生硬的直線，故在形體上給人以委婉曲折，自由生動之美感。

總的來說，中國傳統的陶瓷造型在形體上主要強調靜態的展示，各類造型都著重追求平穩、對稱、均衡，不太強調動勢，故給人以含蓄雋永的自然美感。

二、釉色美

顏色釉陶瓷是中國陶瓷中的一大門類，如果從商代中期開始出現的高溫青釉算起，中國顏色釉陶瓷的燒造至今已有三千多年的歷史。在歷代陶工的不斷探索下，新的釉色品種層出不窮，至清代康熙、雍正、乾隆時期，可謂盛況空前，其燒造技術爐火純青，釉色品種已達數十種，將中國陶瓷百花園裝點得絢麗多姿。

陶瓷顏色釉之所以能產生色彩，主要是由於釉層對光的選擇性吸收和散射造成的。眾所周知，太陽光是一種包含各種波長的複色光，而人的肉眼所能見到的只是波長介於0.77～0.393微米的光，即可見光譜上所顯示的赤、橙、黃、綠、青、藍、紫七色光。不同的物質對各種波長光的散射和吸收程度不同，於是就產生了各種不同的顏色。人的肉眼所見到的就是物質散射出來的光。例如對一件紅釉瓷器來說，為什麼人的肉眼觀察到的釉色會是紅色，這即是由於釉中

所含氧化亞銅膠體粒子對紅色以外的其他光線吸收能力很強，而對紅色光線則基本不吸收，產生散射，因此我們肉眼看到的就是釉層散射出來的紅色光。

各種金屬元素的離子或由它們組成的化合物的粒子都有發色的本領，陶瓷顏色釉就是利用它們來呈色的。在清代康熙至雍正六年以前，我國傳統顏色釉（青釉、黑釉、藍釉、高溫紅釉、綠釉、黃釉、紫釉、醬釉、茶葉末釉等）中的著色金屬元素主要有鐵、銅、鈷、錳、鎂等。從清代康熙朝開始，隨著歐洲畫琺瑯料的傳入，窯工們又逐漸掌握了銻、金等金屬元素的呈色機理，創燒出蛋黃釉（亦稱淡黃釉、檸檬黃釉、洋黃釉、銻黃釉等）、金紅釉（包括胭脂紫、胭脂水、淡粉紅等）等著名色釉。

顏色釉的呈色除了依賴釉的配方以外，燒成溫度和窯內氣氛對釉的呈色也產生間接影響。如含有適量氧化銅的釉，在氧化焰中可燒成綠色，而在還原焰中則可燒成紅色。再如我們經常說傳世宋代哥窯瓷器的釉色有青灰、粉青、炒米黃等，其實這些釉的配方是一樣的，之所以會產生不同的顏色，就是因為各自在窯內的擺放位置不同，感受到的溫度和氣氛不一致所造成的。從嚴格意義上來說，我們幾乎不可能找到兩件呈色完全一致的顏色釉瓷器，對於高溫顏色釉瓷器尤其如此。

由上述可知，各種顏色釉瓷，無論是一色釉，還是窯變花釉，大抵都是通過合理的原料配方、嚴格控制燒成制度而產生光彩奪目的美感。顏色釉瓷的美在於人工與自然的奇妙結合。在顏色釉瓷器上，人工附加裝飾已居於次要地位。因此，與各種彩繪瓷器相比，顏色釉瓷器更能使人領悟中國陶瓷藝術的真諦及高雅含蓄的內涵。顏色釉瓷器的美主要體現在以下幾個方面：

1 · 單色釉的純淨美

均勻、純淨是人們對單色釉瓷器的基本要求。單色釉瓷器通體渾然一色，純潔瑩亮，能夠使人得到心靈的淨化。人們在欣賞單色釉瓷器珍品時，不禁會驚歎人間妙手巧奪天工、偶得天然神韻之絕技。不同顏色的單色釉瓷器能夠給人的視覺帶來不同的美感，如霽紅釉之深沉、郎窯紅釉之明豔、豇豆紅釉之嫵媚、霽藍釉之靜穆、青釉之淡雅、蛋黃釉之莊肅、茄皮紫釉之高貴、紫金釉之沉穩、嬌黃釉之尊貴、甜白釉之潔淨、黑釉之靜謐⋯⋯

2 · 窯變花釉的幻化美

顏色釉瓷在燒成過程中出現各種變幻莫測的現象，稱之為「窯變」，顧名思義是窯內變化所得。關於窯變，宋代景德鎮陶工曾將其視為「怪胎」，認為是不祥之兆，至清代則被視作祥瑞之徵。如乾隆八年(1743)督陶官唐英在奏摺中寫道：「於（乾隆）八年十一月內，奴才在廠製造霽紅瓷器，得窯變圓器數種計共二十六件。雖非霽紅正色，其釉水變幻實數十年來未曾經見，亦非人力可以製造。故窯戶偶得一窯變之件，即為祥瑞之徵，視同珍玩。」[25]窯變花釉能夠給人帶來抽象朦朧的美感，有的清虛淡遠，有的撲朔迷離，俗話說「窯變無雙」，那種隱隱約約難以言傳的奧妙和幽玄，能給人帶來無窮的遐想，故深受人們喜愛。再如茶葉末釉，釉面上密密匝匝的鐵、鎂結晶仿佛佳茗浮於水面，或如繁星閃爍蒼穹，被認為是一種能養目的釉。

3·缺陷給人帶來的奇妙美

窯火能賦予顏色釉美麗的色澤，也會使釉面留下缺憾。但鑒賞者若站在審美的高度觀察某種工藝缺陷時，會產生不可名狀的驚喜。如釉面開片本是因胎釉膨脹係數不同而造成的一種工藝缺陷，但窯工可以充分利用這種缺陷，通過調整胎釉配方和控制燒成後期的冷卻速度，使釉面產生縱橫交錯、疏密有致的裂紋，平靜的釉面遂產生一種韻律美。再如豇豆紅釉瓷器在燒成時常會泛出星星點點的綠斑，這本來是一種工藝缺陷，但正是這種偶然出現的不確定性缺陷，使平凡的釉色產生妙趣橫生的多樣性，令人回味。

4·釉色與造型的和諧之美

不同的釉色只有配以相應的造型方能盡顯釉色之美，古代窯工深諳其中的哲理。如高溫銅紅釉有霽紅、郎窯紅、豇豆紅之分，但並不是所有的器物都適合用這三種釉來裝飾。深沉安定的霽紅釉適合裝飾大小適中的瓶、罐、壺、爐、洗、盤、碗等；酣暢淋漓的郎窯紅釉適合裝飾瓶、尊等稍大一些的立件；而典雅嫵媚的豇豆紅釉卻最適合於裝飾小巧的瓶、洗、盒、水丞等小件文具。再如呈色幽雅的胭脂水釉、蛋黃釉每見於小巧的碗、盤、杯、瓶等器物上，而色彩濃烈的窯變花釉則多用在大件或中等大小的瓶、罐類器上。由此可見，只有將釉色與造型有機地結合起來，才能使顏色釉的天然麗質得以充分體現。這似乎與不同體型的人適合穿不同顏色的衣服同一個道理。

三、紋飾美

如果將陶瓷的造型比作人的骨架，把釉比作人穿的衣服，那麼，紋飾就好比衣服上的花紋。中國傳統陶瓷非常講究裝飾，不但裝飾手法多樣，而且裝飾紋樣亦很豐富，圖案布局更是新穎別緻。在裝飾技法方面，或刻、劃、印、剔、鏤、雕、彩繪等單獨使用，或綜合各種技法共同裝飾一件器物。各種技法均有代表性的窯口，如宋代耀州窯即以刻花技法獨領風騷，其刻花青瓷刀鋒犀利，線條灑脫，圖案清晰，宛如淺浮雕。北宋越窯的劃花青瓷，圖案線條纖柔流暢，細如髮絲。宋代定窯印花瓷器，構圖嚴謹，圖案工整。宋代當陽峪窯剔花白瓷，地色深褐，圖案潔白，顏色對比強烈。清代乾隆官窯轉心瓶上的鏤空裝飾，構思巧妙，透過外瓶上的鏤空可以窺見內瓶上的圖案花紋。唐代三彩俑，雕塑技法精湛，物像栩栩如生。唐代長沙窯、宋金元時代磁州窯及元明清時代景德鎮窯彩繪瓷，或在釉下彩繪，或在釉上彩繪，或釉下彩繪與釉上彩繪相結合，將中國陶瓷百花園裝點得絢麗多姿。在裝飾紋樣方面，人們喜聞樂見的各種動物、植物、花卉、花鳥、花果、山水、人物、幾何、文字等無不採用。特別是各種寓意吉祥的圖案，更是受到人們的廣泛喜愛。例如：牡丹寓意富貴，桃子寓意長壽，石榴寓意多子，鴛鴦寓意成雙，喜鵲寓意喜慶，鹿寓意祿位，蝙蝠寓意福，魚寓意富足有餘，鵪鶉寓意平安，燈籠象徵五穀豐登。牡丹與纏枝蓮花相配，寓意連連富貴，牡丹與八吉祥相配，寓意富貴吉祥，蓮花與鴛鴦相配，寓意一路連科，枸杞和菊花相配，寓意杞菊延年，菊花與鵪鶉相配，寓意安居樂業，蜜蜂與猴子相配，寓意世代封侯，松鼠和仙鶴相配，寓意松鶴延年；戟、磬、瓶

相配，寓意吉慶平安；松、竹、梅相配，被喻為歲寒三友，寓意清高。在圖案布局方面，或二方連續、或四方連續、或散點式，不拘一格。

　　總之，中國陶瓷生產以其大約一萬年綿延不斷的歷史，成為世界工藝史上的一大奇蹟。其在造型、釉色、紋飾等方面，凝聚了不同歷史時期的社會政治、經濟、文化和人們的審美意識。由於歷史上遺留下來的陶瓷器數量是有限的，而它們所帶給人們的美感卻是永恆的，因此，隨著社會經濟的發展和人們對文化需求的不斷提高，中國陶瓷必將受到愈來愈多人的追捧。

美的展示

　　既然中國陶瓷有著一萬多年延綿不斷的歷史，各地燒造的瓷器又均獨具地方特色，因此對於中國古代陶瓷的展示可以有不同的主題，如按某一時代、某一窯口、某一品種、某一裝飾技法的展示等。但人們最渴望看到的還是按整個陶瓷發展史進行系統展示。目前，在國內能夠系統展示中國古陶瓷發展歷程的只有故宮博物院、上海博物館等少數幾個文博單位。

　　故宮博物院已走過八十多年滄桑歷程，八十多年來，故宮博物院舉辦了大量的宮廷原狀和古代藝術品陳列展覽，以直觀的形式向廣大觀眾展示了中華民族五千多年光輝燦爛的文化，這對於增進炎黃子孫的民族自豪感起到了積極的作用。在古代藝術品陳列展覽中有一項很重要的內容，就是古陶瓷陳列展覽，尤其是故宮博物院的陶瓷專館陳列，曾以其豐富的內容、優美的展品吸引著眾多古陶瓷專家、學者和古陶瓷愛好者前來觀賞。如今隨著經濟的持續高速增長和人們物質生活水準的不斷提高，人們對精神生活的需求更加廣泛，對藝術品的鑒賞力也進一步提高。因此，如何利用故宮博物院收藏的約三十五萬件陶瓷類文物、幾千件陶瓷類實物資料，以及從全國多個重要窯口採集來的三萬多片古陶瓷標本等這筆豐厚的文化遺產，通過舉辦陳列展覽的形式，向觀眾宣傳博大精深的陶瓷文化，是我們所面臨的一個重要課題。根據故宮博物院的總體規劃，陶瓷館早在2004年6月14日即已閉館。現在院裡將文華殿開闢為陶瓷館。這次陶瓷館復陳不是簡單地將原先陶瓷館陳列的展品重新從庫房提出來擺上，我們必須集思廣益，使展覽的內容和形式在以往的基礎上有所突破。在內容上要力求反映故宮博物院八十多年來在古陶瓷研究方面所取得的豐碩成果，在陳列形式上要積極借鑒國內外各博物館在古陶瓷陳列方面已有的成功經驗，力求將新陶瓷館建成具有故宮特色的世界一流陶瓷專館陳列。為了這次陶瓷專館陳列，有必要對故宮博物院八十年來的古陶瓷陳列展覽作一簡單的回顧。

　　故宮博物院的第一次文物陳列展出是在1925年10月10日故宮博物院成立之日。當時原狀以外的陳列展覽由古物館和圖書館分別主持。曾在乾清宮前後廡房開設陳列室數處，展出部分清代宮廷所藏書畫、陶瓷等古代藝術品。由於這次布置陳列的目的並不是為了發展博物館事業，而是政治需要，而且當時是屬於突擊式的陳列展覽，因此也就談不上科學性、藝術性。1929年2月易培基先生任故宮博物院院長，故宮內部設古物館、圖書館、文獻館負責院內的陳列展覽

作，在對故宮博物院藏品進行清點和初步鑑別的基礎上，1932年前後，古物館舉辦了一系列陳列展覽，其中有位於景陽宮前、後殿的「宋元明瓷器專門陳列」和位於承乾宮前後殿的「清瓷陳列」。此次陳列展覽的目的已由原先把陳列展覽當作政治需要而逐步轉為向廣大觀眾宣傳和介紹中國文化遺產上來。但由於經驗不足，這次陶瓷陳列展覽的原則基本上是將清代宮廷所藏陶瓷類文物挑選後直接擺放，缺乏系統性和科學性。有些文物邀請社會上的專家、學者進行了初步審定，但畢竟未來得及做進一步的研究和鑑定，因而在展覽中不可避免會出現真贗混淆、精粗雜糅的現象，另外在文字說明方面也僅有文物名稱，缺乏詳細的文字說明。

　　1931年「九一八」事變爆發，日本侵佔我國東北三省，繼而進逼華北。1933年北平告急，故宮博物院文物被迫避敵南遷。共計一萬三千四百二十七箱又六十四包文物，分五批運抵上海，1936年又轉運至南京。由於1937年「七七事變」、「八一三事變」的爆發，南遷文物又被迫分三路西遷，直至1945年8月15日抗日戰爭結束。在此期間故宮博物院的陳列展覽工作基本處於停頓狀態。其間有一次重要的出國展覽，即1935年11月在英國倫敦皇家藝術學院正式開幕的「倫敦中國藝術國際展覽會」，這是故宮博物院的文物首次走出國門，其中有不少陶瓷器。八年抗戰期間，故宮博物院曾利用轉移到後方的故宮文物舉辦過三次文物展覽，一次是挑選百餘件文物到蘇聯展出，一次是在重慶舉辦的故宮收藏書畫展，另一次是在貴州省立藝術館舉辦的故宮收藏書畫展。但沒有專門舉辦過陶瓷展。1945年抗戰勝利後，古物陳列所合併入故宮博物院，馬衡先生繼任故宮博物院院長，但故宮博物院的機構設置仍依舊制，由古物、圖書、文獻三館負責籌辦全院的陳列展覽。由於當時南遷文物絕大部分存於南京尚未返回故宮，致使院內的陳列展覽無論在數量還是品質上，均大不如以前。例如在承乾宮舉辦的清代瓷器專門陳列，古物南遷之前展出一千一百餘件，當時卻只能展出三百餘件。

　　1949年10月新中國誕生，故宮博物院的各項工作開始逐步走向正軌。1951年全院進行機構調整，結束「三館鼎立」狀態，設立陳列部、保管部、群眾工作部和圖書館。全院的陳列展覽工作由陳列部（下設陳列、美工兩個組）負責籌辦。1952年故宮博物院陶瓷館宣告建立。1954年吳仲超先生任故宮博物院院長，對陳列部的結構進行了一次調整，即將陳列部加以擴展，成立了陶瓷、青銅、書畫、工藝美術、宮廷歷史等專業組，各自負責各門類文物的陳列展覽和研究工作。從此，故宮博物院的陳列展覽被確立為兩大體系：一是宮廷史蹟和文物陳列，二是歷代藝術品陳列。歷代藝術品陳列相繼建成了陶瓷館、繪畫館、青銅器館、雕塑館、織繡館和明清工藝美術館六大專館。從1949到1966年故宮博物院的陳列展覽是豐富多彩的，據統計當時共舉辦過一百六十多個陳列展覽[26]。在古陶瓷展示方面，隨著古陶瓷研究的逐步深入和科學技術的發展，陶瓷館的陳列內容和陳列形式也處於不斷調整、充實和改進中。僅從1952至1960年就進行過大小規模的調整、補充和改陳達八次之多。

　　1966年開始的文化大革命，對故宮博物院來說無疑是一場災難。故宮博物院被迫緊閉大門達五年之久，直到1971年才勉強重新開放。這期間故宮博物院的各項工作陷於停頓。1971年陶

瓷館原樣未動重新開放。1973年進行改陳後於國慶日期間開放。「十年動亂」後期，故宮博物院的專館陳列逐漸恢復，並舉辦了一些臨時性展覽。但由於當時受到極「左」思潮的影響，在展品的挑選、說明文字中出現了一些牽強附會、不尊重歷史事實的現象。1978年召開「十一屆三中全會」以後，故宮博物院的陳列展覽工作開始循著有條理、有計畫的正確方向發展。在專館陳列方面，注重藝術史研究，包括陶瓷館在內的各個專館都各自更換了陳列內容，使展覽更加規範化、系統化。除了陶瓷專館陳列以外，還舉辦了一些專題及出國、引進陶瓷展覽，如1982年曾在香港和九龍舉辦「陶瓷考古展覽」、1982年在日本出光美術館舉辦「近年發現的窯址出土中國陶瓷展」、1987年在故宮博物院乾清宮西廡舉辦「浙江古代婺州出土瓷器展覽」、1989年故宮博物院與日本出光美術館在乾清宮東廡聯合舉辦「陶瓷之路展」、1991年在故宮博物院乾清宮東廡舉辦「陝西銅川耀州窯陶瓷展」、1998年在故宮博物院永壽宮及其後殿舉辦「古陶瓷真品仿品對比及重要窯址標本展」、2001年在日本東京舉辦「故宮博物院藏名陶百選展」、2003年在景仁宮及其後殿舉辦「孫瀛洲捐獻陶瓷展」等。

　　1985年為慶祝故宮博物院六十華誕，曾將位於承乾宮、承乾宮後殿、永和宮、同順齋的陶瓷館進行改陳，展出三一一件從新石器時代到清代陶瓷器（陳列面積723.2平方公尺。承乾宮和永和宮各225.6平方公尺、承乾宮後殿和同順齋各136平方公尺）。這次改陳沒有更換陳列櫃，展室也仍採用自然光。但減少了展品數量，避免因展品密集擺放而給人視覺帶來的堆砌感，而且吸收了自1978年以來世界範圍內在中國古陶瓷址調查、考古發掘和真偽鑒定等方面所取得的最新成果，陳列的內容更加科學、規範。1995年為慶祝故宮博物院七十華誕，曾撤掉原先的陶瓷館，在乾清宮西廡（月華門南北屋）開闢新陶瓷館，按陶瓷發展史布置陳列，共展出從新石器時代至清代嘉慶年間陶瓷器三三九件（陳列面積

6　1985年位於同順齋的陶瓷館陳列情形
7　1995年改陳的位於乾清宮西廡的陶瓷館陳列（以下簡稱1995年陶瓷館）序廳
8　1995年陶瓷館唐三彩陳列
9　1995年陶瓷館宋代鈞窯瓷器陳列
10　1995年陶瓷館明代顏色釉瓷器陳列
11　1995年陶瓷館清代釉裡紅、青花釉裡紅、釉裡三色瓷器陳列

南屋440平方公尺，北屋300平方公尺），直到2004年6月14日撤展。這次改陳所有展櫃均重新製作，而且將電源引入展室，照明效果較之前採用自然光有了較大改善。另外，還增加了大量輔助圖片和圖表等。

綜上所述，故宮博物院從20世紀50年代開闢陶瓷專館陳列以來，曾在1985和1995年進行過兩次大的改陳，兩次改陳雖然在陳列面積上沒有多大改變，但在陳列內容上還是積極吸收了當時最新的研究成果。特別是1995年所作的改陳，徹底改變了陶瓷專館陳列長期依靠自然採光的陳舊模式，達到較好的展出效果。這次將文華殿開闢為新的陶瓷專館，不但改變了以往陶瓷專館分散布置在兩個甚至四個屋裡造成觀眾參觀不便的現象，而且陳列面積也擴大到920平方公尺。並採用最先進的照明技術，新增加觸控螢幕、大銀幕視頻展示等。特別是在內容上，可以吸收最近十多年來國內外在陶瓷考古和利用現代科學技術上對古陶瓷進行科學研究方面所取得的一系列豐碩成果。

註釋：

[1]　陸龜蒙：《秘色瓷器》，《全唐詩》卷629。

[2]　顧況：《茶賦》，《全唐文》卷528。

[3]　李家治：《我國瓷器出現時期的研究》，《矽酸鹽學報》1978年第3期。

[4]　杜牧：《江南春》，《全唐詩》卷522。

[5]　吳縣文物管理委員會張志新：《江蘇吳縣獅子山西晉墓清理簡報》，載《文物資料叢刊》（3），文物出版社，1980。

[6]　河南省博物館：《河南安陽北齊范粹墓發掘簡報》，《文物》1972年第1期。

[7]　唐金裕：《西安西郊隋李靜訓墓發掘簡報》，《考古》1959年第9期。

[8]　陝西省文物管理委員會：《西安郭家灘隋姬威墓清理簡報》，《文物》1959年第8期。

[9]　考古研究所安陽發掘隊：《安陽隋張盛墓發掘記》，《考古》1959年第10期。

[10]（唐）南卓撰、（唐）段安節撰、（宋）王灼撰：《羯鼓錄、樂府雜錄、碧雞漫志》，上海古典文學出版社，1957。

[11]　程啟坤、楊招棣、姚國坤：《陸羽〈茶經〉解讀與點校》，上海文化出版社，2003。

[12]　陝西省法門寺考古隊：《陝西扶風法門寺唐代地宮發掘簡報》，《文物》1988年第10期。

[13]（唐）李肇：《唐國史補》（3卷），《叢書集成新編》，（台灣新文豐出版公司印行，1986。）

[14]（唐）南卓撰、（唐）段安節撰、（宋）王灼撰：《羯鼓錄、樂府雜錄、碧雞漫志》，上海古典文學出版社，1957。

[15]（明）呂震等：《宣德彝器圖譜》，中國書店出版社，2006。

[16]《元史》卷88（志第38，百官4）：「浮梁瓷局，秩正九品。至元十五年立。掌燒造瓷器，並漆造馬尾棕藤笠帽等事。大使、副使各一員。」

[17]《元史》卷86（志第36，百官2）：「樞密院，秩從一品。掌天下兵甲機密之務。」

[18]《元史》卷87（志第37，百官3）：「太禧宗禋院，秩從一品。掌神御殿朔望歲時諱忌日辰禋享禮典。天曆元年罷會福、殊祥二院，改置太禧院以總制之……二年，改太禧宗禋院。」

[19]　見初刊於明崇禎十年（1637）宋應星《天工開物》。

[20]（明）陳子龍等選輯：《明經世文編》，中華書局出版，1962。

[21]　張發穎、刁云展整理：《唐英集》，遼沈書社，1991。

[22]　張發穎、刁云展整理：《唐英集》，遼沈書社，1991。

[23]　見[日]三上次男：《陶瓷之路》，李錫經、高喜美根據日本岩波書店1972.4.20第五次印刷本（日文）翻譯，文物出版社，1984.9。

[24]　楊永善：《中國陶瓷藝術與造型意識》，《裝飾》1995年第5期。

[25]　張發穎、刁云展整理：《唐英集》，遼沈書社，1991。

[26]　陳列部：《六十年陳列話滄桑》，《故宮博物院院刊》（建院六十周年紀念特刊），1985年第3期。

故宮陶瓷館藏品

圖1 紅陶小口瓶

新石器時代磁山文化
高23.8cm／口徑5.2cm／底徑5.6cm

瓶撇口，束頸，頸以下漸廣，至腹中部直徑最大。腹部置雙繫，腹以下漸內收，平底。泥質紅陶。以手製成型，胎體薄厚不均，具有新石器時代中期陶器的特徵。

磁山文化因最初於1973年發現於河北省武安縣磁山村而得名。據科學測試，其年代約為西元前6000～前5600年，屬於華北地區新石器時代中期文化遺存。以燒造紅陶為主，因燒成氣氛不穩定，故呈色不均勻，一件器物上有時會呈現紅、褐、灰等色。陶泥未經細緻淘洗，胎質粗糙。採用手製方法成型，胎壁薄厚不均。燒成溫度較低，約為700-900℃。陶器易碎。常見器物造型有環底三足缽、小口瓶、深腹罐、碗、盤、豆、盂、甕、鼎等。器物以素面為主，少數裝飾有繩紋、篦劃紋、指甲紋等。

圖 2 　　　紅陶深腹雙繫罐

新石器時代磁山文化

高14.4cm／口徑9.5cm／底徑6cm

　　罐撇口，深腹，平底。肩部置雙繫。通體刻劃紋飾。頸部紋飾為正
反三角紋，肩、腹部裝飾簡單的麥穗樣紋飾。新石器時代早、中期陶器
的裝飾紋樣比較簡單，只見有簡單的刻劃紋飾。

圖3 灰陶深腹雙耳罐

新石器時代磁山文化
高15.2cm／口徑13.8cm／底徑6cm

　　罐直口，深腹，下腹內收，平底。腹中部有對稱的圓形飾物，器身有麻布紋。磁山文化陶器以紅陶為主，也有少量泛灰色的器物。

　　灰陶多出現於新石器時代中期，至新石器時代晚期，已成為陶器中的主流產品，夏商周時期更是大量燒造。灰陶有泥質與夾砂兩種，係在弱還原氣氛中燒造而成。

圖4　紅陶盂

新石器時代磁山文化
高15.3cm／口徑15.3cm／底徑11.3cm

　　盂撇口，圓筒形腹，平底。夾砂紅陶，胎壁較厚，表面粗糙。

圖5 紅陶盂及支座

新石器時代磁山文化
通高20cm
盂：高9.5cm／口徑10.5cm／底徑11.3cm
支座：高10.5cm／底徑8.2cm

　　盂呈筒形。平底，底徑略大於口徑，口沿對稱有圓形飾物。夾砂紅陶，表面粗糙。支座由三個獨立的支架組成，支架上有類似四邊形支托，下為圓形圈足。在磁山文化陶器中，支撐炊器的支架很有特色。

　　紅陶出現較早，在新石器時代早期遺址中已有發現。河北武安磁山文化、河南新鄭裴李崗文化等新石器時代中期文化均以燒造紅陶為主。夏、商以後，紅陶的燒造逐漸衰落。

圖6　紅陶三足鉢

新石器時代磁山文化
高8.1cm／口徑21.3cm／足距15cm

　　鉢敞口，環底，下承以三足。泥質紅陶。此鉢製作方法比較原始，係採用泥條盤築和捏塑法成型，器形欠規整，器壁凹凸不平。此種三足鉢是磁山文化陶器中的典型器物。

圖7　紅陶平底碗

新石器時代磁山文化
高6.7cm／口徑18.2cm／底徑6.4cm

　　碗敞口，口以下漸內收，平底，胎壁薄厚不均。泥質紅陶。磁山文化陶器以紅陶為主，碗是其中較常見的器形之一。此碗製作工藝明顯帶有新石器時代中期陶器的特徵。

圖8　彩陶幾何紋盆

新石器時代仰韶文化半坡類型
高16.4cm／口徑37.4cm

　　盆折沿，深直腹，圓底。泥質紅陶。口沿及外腹部均以黑彩描繪紋飾，口沿上描繪以點定位的水波紋，腹部描繪兩層三角形幾何紋，兩層紋飾三角形的大小及形狀相同，但方向相反。這種三角形紋飾可能是由魚紋逐漸抽象演變而來。

　　新石器時代仰韶文化半坡類型（約西元前4800～前3900年）彩陶具有代表性的器物有圓底缽、捲唇折腹圓底盆、小口細頸大腹壺等。紋飾多用黑彩描圖繪。其顯著花紋以動物形象較多，但幾何圖案仍是主體，主要有帶紋、豎線、斜線、波折線、三角紋等。

　　此彩陶盆的造型和紋飾具有這時期陶器的典型特徵。

圖9　彩陶水波紋缽

新石器時代馬家窯文化馬家窯類型
高11cm／口徑22.5cm／底徑10cm

　　缽圓唇外捲，束頸，口沿以下漸廣，平底。泥質紅陶。口沿及腹部均以黑彩描繪簡單的水波紋。

　　馬家窯文化主要分佈在甘、青地區，以隴西平原為中心，屬於新石器時代晚期文化。馬家窯文化陶器既與仰韶文化陶器近似又具有地方特色。製陶工藝較成熟，陶器有泥質、砂質紅陶，以彩陶最為發達。馬家窯文化又可分為馬家窯、半山、馬廠類型。馬家窯類型陶器多橙黃色，以黑彩描繪紋飾。器物造型有碗、盆、瓶、罐、缽等。據科學測試，其年代約為西元前3100～前2700年。

圖10 彩陶旋渦菱形幾何紋雙繫壺

新石器時代馬家窯文化半山類型
高37.7cm／口徑13.8cm／底徑14cm

　　壺唇口，直頸，口部置兩個對稱乳釘裝飾，溜肩，鼓腹，腹中部對稱置雙繫。下腹陡收，平底。以紅、黑兩種色彩描繪紋飾。裡口用黑彩描繪弧形紋。頸部以黑彩描繪連弧紋兩周。肩、腹部主題紋飾用紅、黑兩彩描繪漩渦紋四組，漩渦紋內為菱形幾何紋。肩部粗弦線及漩渦連線邊緣飾細密的鋸齒紋。胎質細膩，表面打磨光滑。

　　彩陶出現於6000多年前，是在燒造紅陶的基礎上，在黃河流域自東向西發展起來的。此件彩陶屬於馬家窯文化半山類型。半山類型彩陶的特點是用紅彩和黑彩兩色相間的鋸齒紋為骨架構成各種圖案，細部再裝飾幾何紋、網格紋等，裝飾花紋比馬家窯類型彩陶複雜，所繪圖案面積較廣，從口沿至下腹部都有。最常見的有水波紋、漩渦紋、葫蘆紋、菱形網紋、平行帶紋、方格紋、蛙紋和附加堆紋等。

　　據科學測試，馬家窯文化半山類型彩陶的年代約為西元前2600～前2300年。

圖11　彩陶蛙紋壺

新石器時代馬家窯文化馬廠類型
高40cm／口徑13cm／底徑11cm

　　罐泥質紅陶，口外侈，薄唇，鼓腹，
小平底。腹部對稱置雙繫。於橙紅色陶衣
上以黑彩描繪變形蛙紋。圖案線條流暢，
富於變化，與造型協調一致。

　　此罐上的變形蛙紋是馬家窯文化馬廠
類型彩陶上常見的裝飾紋樣之一。

　　據科學測試，馬家窯文化馬廠類型彩
陶的年代約為西元前2200～前2000年。

圖12　彩陶缽

新石器時代青蓮崗文化
高11.2cm／口徑14.5cm／底徑7cm

　　缽圓唇，寬肩，肩以下陡收，平底。
泥質紅陶。器物表面施白色陶衣。肩部以
褐彩留白二方連續葉紋裝飾，每五片葉子
組成一橢圓形圖案，共五組。葉紋下飾褐
彩圓點紋一周。

　　青蓮崗文化屬於新石器時代中期文
化，因最初在江蘇淮安青蓮崗發現而得
名。該文化主要分布在魯中南和蘇北，據
科學測試，其年代為西元前5400～前4400
年。出土陶器主要有鼎、釜、甗等炊器，
豆、碗、缽等飲食器。其彩陶多用紅、
褐、紫彩描繪紋飾。紋飾有雙弧線紋、水
波紋、八卦紋、十字紋及圓點紋等。

圖13　白陶雙繫壺

新石器時代大汶口文化
高19cm／口徑8.8cm／底徑6cm

壺口微撇，圓肩，腹以下內收，平底。胎較薄。此件器物造型特別，主要是肩、腹部一側壓成扁平狀，在腹部中間一側置兩個圓繫，兩個圓繫中間又有一個小乳釘裝飾。

白陶出現於新石器時代晚期，距今約5000年。所用原料係純度較高的陶土，成型後，入窯經約1000℃窯溫焙燒而成。

大汶口文化是黃河下游地區新石器時代文化，因最初於1959年發現於山東泰安大汶口而得名。據科學測試，其年代約為西元前4300～前2400年。其發展可分為早中晚三期。大汶口文化白陶出現在晚期，因採用輪製法成型，故器形較規整，胎體亦較薄。常見的造型有罐、鉢、背壺、豆、袋足鬶、三足盉等。

圖14　紅陶鬶

新石器時代龍山文化
高39cm／口徑12cm／足距14cm

　　鬶唇口，口一側出鳥喙狀長流，長
頸，下承以三個袋狀足。器身一側置繩狀
鋬手。口沿下及鋬手上端飾乳釘紋。頸、
足銜接處飾凸弦紋。器表打磨光亮。

　　龍山文化泛指黃河下游地區新石器時
代晚期的一種文化。因1928年首次發現於
山東章丘龍山鎮而得名。據科學測試，其
年代約為西元前2400～前2000年。龍山文
化可分為山東龍山文化、河南龍山文化、
陝西龍山文化等幾種類型。龍山文化陶器
主要有灰陶、紅陶、黑陶、彩陶和少量白
陶等。製陶工藝比仰韶文化陶器有很大提
高。此件紅陶鬶造型規整，器表打磨光
滑，堪稱新石器時代晚期龍山文化紅陶的
代表作品。

圖15　紅陶盉

新石器時代齊家文化
高15cm／口徑9cm／底徑5.7cm

　　盉闊頸，溜肩，鼓腹，腹以下內收，平底。一側置短流，另一側置
寬柄。泥質紅陶。器表打磨光滑。
　　齊家文化係繼承馬家窯文化發展而來，是黃河上游新石器時代晚期
至青銅時代早期的一種文化，據科學測試其年代約為西元前2200～前
1900年。主要遺址在青海、甘肅等地。齊家文化陶器獨具特色，代表器
形主要有雙耳大罐等。

圖16　黑陶雙繫罐

新石器時代龍山文化
高26cm／口徑19.5cm／底徑10.5cm

　　罐撇口，圓唇，束頸，溜肩，鼓腹，腹以下漸內收，平底。胎體較薄，表面打磨光亮。通體飾五道凹弦紋。

　　龍山文化是我國新石器時代晚期的一種文化，據科學測試，其年代約為西元前2400～前2000年，因1928年首次發現於山東章丘龍山鎮而命名。龍山文化陶器以砂質黑陶和泥質黑灰陶數量最多，泥質黑陶次之，並有少量紅陶與白陶，彩陶也偶有發現。陶器的製法雖然還在使用手製，但快輪拉坯的使用已很普遍，因此器物形

體較為規整，胎體明顯變薄。器形除平底器外，尚有圈足和三足器。紋飾以繩紋、籃紋、方格紋、弦紋為常見。黑陶與灰陶的燒造方法一樣，均係採用強還原氣氛燒成。之所以會呈現黑色，是因為在燒成後期停火封門，在窯頂孔上澆水，碳素與蒸氣結合滲入胎體即成黑色。其中以山東龍山文化的黑陶最為精緻。以素面磨光黑陶最具特色，其胎體薄而均勻，色澤黑亮，有的薄如蛋殼，故有「蛋殼黑陶」之美稱。

圖17　黑陶雙繫壺

新石器時代龍山文化
高11.5cm／口徑6.5cm／足徑8.2cm

　　壺口微外撇，口沿兩邊置雙繫。長頸，下部漸廣，至肩凸起，扁
腹，圈足。足上鏤有八個小孔。底外凸。造型規整，胎薄體輕，表面經
過打磨，光澤可鑒。

圖18　白陶刻饕餮紋雙繫壺

商
高22cm／口徑9.2cm／足徑9.2cm

　　壺口微內收，口以下漸廣，下腹飽滿，圈足。肩對稱置圓孔繫。與繫對應的圈足上有兩個圓孔。通體雕刻饕餮紋，圖案清晰，雕刻技法嫻熟。堪稱商代晚期白陶的代表作。

　　白陶早在新石器時代晚期就已出現。至商代，由於燒成溫度提高，原料的淘洗亦較精細，緻使白陶質地更加潔白細膩。商代早期白陶器形以鬶、盉、爵為主，紋飾有人字形、拍印的繩紋和附加堆紋等。商代中期，器物增加了豆、罐、缽等，其裝飾除少量繩紋外，以素面磨光為多。商代後期是白陶燒製的鼎盛期，在黃河流域的商代晚期遺址與墓葬中均發現不少白陶。其中以河南安陽殷墟出土的白陶最具特點，器物有觶、壺、尊、卣等酒器和鼎、豆、盤、簋食器。紋飾常見有雲雷紋、旋渦紋、饕餮紋、蟬紋、曲折紋、夔紋等。特別是將細膩的雕刻作為白陶的主要裝飾技法，顯示了商代後期白陶的高度發展水平。

　　此白陶壺係破黏修復而成。

圖19　白陶刻幾何紋瓿

商
高20cm／口徑18.6cm／足徑15cm

　　瓿唇口外捲，溜肩，鼓腹，腹以下漸
收，近足處外撇，圈足。通體雕刻紋飾，
以精細的回紋作地襯托幾何紋，主次分
明，錯落有致，顯得格外莊重精美。

圖20　白陶刻紋豆

商
高12.5cm／口徑22.7cm／足徑15.2cm

　　豆淺腹，口沿較寬。口以下漸內收，
下承以喇叭形高足。通體雕刻紋飾。口下
雕刻凸弦紋，腹部雕刻仿青銅器上的雲雷
紋，高足中部雕刻錢紋，上下分別雕刻變
形回紋和饕餮紋作輔助紋飾。修坯精細，
形體線條剛勁有力。

圖21 灰陶刻劃波折紋雙繫罐

商
高14.5cm／口徑10.1cm／足徑9.4cm

　　罐撇口，短頸，溜肩，鼓腹，腹以下漸內收，圈足外撇，底部微向外凸。腹部對稱置雙繫，繫中間有一小圓孔。腹部刻劃波折紋。

　　此罐造型古樸，裝飾簡練，堪稱商代灰陶中的典型作品。

圖22　灰陶盉

商
高12.3cm／口徑8.2cm／足距4.8cm

　　盉直口微外撇，肩部一側置管狀流，對應一側為犧首形柄。圜底，
下承以三足。肩、腹部分別飾二、四道弦紋。

　　灰陶於新石器時代中期已經出現，商代有較大發展，產量很大。此
件灰陶為商代遺物，其造型規整，胎質較細膩，肩、腹部裝飾簡單的弦
紋。整個器物顯得造型古樸，裝飾簡練。

圖23　原始瓷青釉弦紋罐

商
高31.4cm／口徑20cm／底徑9.3cm

罐口外折，短頸，溜肩，肩以下內收，平底。肩與腹部的過渡有明顯的折角。口內外飾弦紋，肩部凸起弦紋及鋸齒紋十道。表面施青釉，釉層薄而不勻。

原始青瓷出現於約3000年前的商代，歷經西周、春秋、戰國、漢代。是從陶向瓷過渡時期的產物，係從印紋硬陶發展而來。其製法是用瓷石製胎，器表施石灰釉，經1200℃高溫焙燒而成。胎體燒結後呈灰白或褐色，器表有玻璃質釉層。胎體吸水率低，敲擊時能發出清脆的聲音。最初發現於河南鄭州二里崗下層文化遺址與湖北黃陂盤龍城商代中期墓中。河南安陽殷墟、輝縣琉璃閣、山東濟南大辛莊、河北藁城及江西清江吳城等商代晚期遺址也都有出土。

與東漢以後成熟的瓷器相比較，原始青瓷具有以下特點：燒成溫度比瓷器低，器物成型多採用泥條盤築法，器物造型不甚規整，胎體厚薄不均，器表釉層不均勻，釉層較薄，釉色不穩定。它與陶器相比雖已有本質區別，但在燒造工藝上與真正的瓷器相比還具有一定的原始性，故稱「原始青瓷」。

圖24　原始瓷青釉劃花雙繫罐

西周　河南省洛陽地區出土
高13.1cm／口徑8.4cm／底徑8.3cm

　　罐斂口，溜肩、鼓腹，腹下內收，圈足外撇。肩對稱置一橫繫。罐身施青釉。肩部刻劃水波紋及弦紋。此罐的造型如同魚簍，小口，大腹，以增其容積。這是西周早期原始瓷的造型特徵。

　　西周時，釉已成為瓷器的必要組成部分，不僅具隔水、利於清潔的作用，而且有裝飾器物使之美觀的功能。釉是一種玻璃體，由於其所含金屬離子的作用，施於瓷器上，會產生各種顏色。原始青瓷上的釉都呈青色，這是由於釉中含有適量氧化鐵所緻。

圖25　原始瓷青釉刻豎條紋雙繫罐

戰國
高14cm／口徑8.8cm／底徑12.2cm

　　罐圓口，溜肩，圓腹，平底。肩部對稱置雙繫，每個繫均由兩個互相黏連的橋形鈕組成。胎色黃白，僅在肩部見有極薄的黃釉，肩部以下刻一周豎條紋。

　　西周時原始青瓷製作工藝有所提高，出土範圍更加廣闊。江南地區原始青瓷出土量及器形比北方黃河流域多且豐富。戰國時期原始青瓷生產獲得較大發展，無論數量、品質還是生產範圍，都是前代所無法企及的。從器物出土情況和窯址調查看，原始青瓷產區以長江以南為主，其中以浙江的江山、紹興、蕭山等地窯址較為集中。

圖26　原始瓷青釉劃花水波紋蓋鼎

戰國
高19cm／口徑19cm／足距17cm

　　鼎仿同時期青銅器造型，口沿下對
稱置雙耳。直腹，平底，下承以外撇三
足。胎色灰白。鼎附圓形蓋，蓋頂中央
置一小繫，四周對稱分佈三個小鈕。蓋
面施青釉，以三道弦紋為裝飾帶，其間
刻劃簡單的水波紋。

　　鼎是煮食用的陶質炊具。最早見於
新石器時代河南新鄭裴李崗和河北武安
磁山文化遺址，仰韶、龍山、屈家嶺、
馬家濱、良渚文化等新石器時代遺址中
也都有發現。商周時代，多為青銅製
品，戰國至漢代，出現鉛釉陶和原始青
瓷鼎，仿青銅器式樣，多做隨葬品。

圖27　原始瓷青釉鐎斗

戰國
高10.3cm／口徑16cm／足距12.5cm

　　鐎斗仿青銅器造型，腹部置橫柄一
個，底下承以三足。

　　鐎斗，又稱「刁斗」，盛行於漢、
晉。常與形狀如缽、胎壁較厚、口沿置
對稱半環形雙鼻的火盆共存，説明鐎斗
被擱置火盆之中，盆中加放碳火即可用
來溫食，應是模仿「暖鍋」而作。是外
出途中溫食用具，軍旅多用之。唐詩中
有「行人刁斗風沙暗」句。

圖28　原始瓷青釉劃花雙繫壺

西漢
高32.5cm／口徑14.2cm／底徑13.6cm

　　壺撇口，長頸，溜肩，肩部對稱置雙繫，鼓腹，平底略內凹。通體施青釉。肩部以劃花變形鳳鳥紋裝飾。頸、肩及腹部劃有弦紋五道。

　　西漢原始青瓷的胎體一般呈灰白色或深灰色。其釉層普遍較厚，色調偏深，多呈青綠或黃褐等色。裝飾紋樣則有弦紋、水波紋、雲氣紋等，壺、罐等器物上多置雙繫或鋪首。

　　此壺造型敦厚古樸，紋飾簡練，釉厚而色深，是典型的西漢原始青瓷向東漢成熟青瓷過渡期的產物。

圖29 凸雕龍鳳紋彩繪陶壺

西漢
通高64cm／口徑21cm／足徑24cm

壺撇口，粗頸，圓腹，腹部對稱置雙環形繫，高圈足。附蓋，蓋面隆起。通體彩繪裝飾。腹部用三周凸起弦紋分成上下兩部分裝飾帶，上為凸雕龍、虎、雀相互追逐於流雲之間，色彩絢麗，線條流暢婉轉，畫面生動活潑。下為彩繪纏枝花紋。口沿下繪一周三角紋。頸部在三角紋內繪雲紋。圈足上繪弦紋三道。此壺色彩鮮豔而豐富，使用紅、綠、藍、黑、白、黃等彩。雖歷經兩千多年，依然光彩奪目。

彩繪陶始於新石器時代晚期，常用紅、黑、黃、白、赭等彩，主要在灰陶上做畫。戰國、秦漢時期是彩繪陶的發展繁榮時期，無論南方和北方，墓葬中常陪葬彩繪陶壺、豆、盤、尊和鼎等，色彩豐富，紋飾複雜，充滿著浪漫主義的藝術魅力。

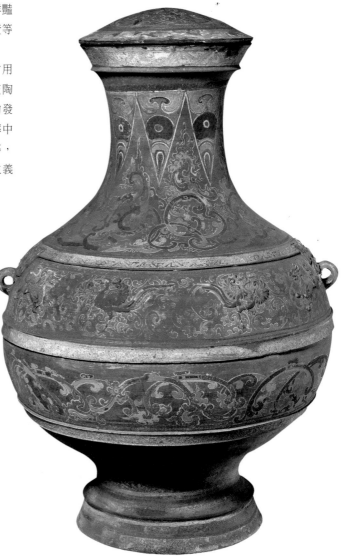

圖30　醬釉弦紋鋪首耳陶壺

西漢
高35.3cm／口徑13.5cm／足徑14.3cm

　　壺撇口，束頸，溜肩，鼓腹，圈足
外撇。肩部對稱塑貼鋪首。壺外通體施
醬黃色釉。通體刻劃弦紋數道。釉色濃
郁古樸，反映出當時崇尚樸實自然的藝
術格調。

　　此陶壺仿銅壺造型燒造，釉層清澈
透明，釉面光亮可鑒，花紋具有漢代獨
特的裝飾風格，體現出漢代釉陶藝術所
取得的成就。

　　漢代釉陶屬於低溫鉛釉，多以綠、
黃褐或棕紅色為主，釉面光澤較強。科
學測試結果表明，其著色劑主要為氧化
銅和氧化鐵，在氧化氣氛中經700℃左
右的低溫焙燒而成。釉中含適量的銅便
呈現美麗的翠綠色，含適量的鐵則呈現
黃褐或棕紅色。

圖31　原始瓷青釉劃花雙繫罐

西漢
高31.5cm／口徑8.3cm／底徑16.5cm

　　罐口平沿，無頸，溜肩，鼓腹，脛部漸收，平底微內凹。肩上對稱置長方耳並套活環。外壁施青釉至腹。腹部凸弦紋帶內刻鳳鳥紋。雙耳刻劃獸面紋。此罐器形飽滿，線條流暢，是西漢原始青瓷的代表作。

　　鳳鳥紋係陶瓷器裝飾的傳統紋樣之一。鳳是遠古傳說中「出於東方君子之國」的神鳥，是遠古氏族圖騰之一。其形象神秘奇異。最早出現在新石器時代的彩陶上，以後瓷器上大量使用這種紋飾。

圖32　原始瓷青釉四繫洗

東漢
高6.8cm／口徑21.3cm／底徑16.2cm

　　洗圓口內斂，弧腹，平底，灰白色胎。口沿下對稱置四繫，器裡和口沿可見斑駁不勻的青釉。

　　洗有兩種用途，一是用作盥洗器具，相當於盆。從漢至清代一直燒造，其中以宋、元時的磁州窯系和明、清時景德鎮窯產量最大。二是作為文房用具，用於洗筆，故稱筆洗。此洗應為盥洗器具。

圖33　青釉堆塑五聯罐

東漢
高46.5cm／口徑6.4cm／底徑16.5cm

　　五聯罐主體為三節葫蘆形。施青釉至
腹部，其下流釉數道。上腹為兩節葫蘆
形，周圍堆塑四個小罐。束腰處塑貼熊、
龜和蜥蜴等。下腹有四道弦紋，脛部漸
收，平底。

　　五聯罐始燒於東漢，多出土於江南地
區，是喪葬用的冥器。早期器形簡單，很
少見有堆塑。後來，裝飾日漸繁複，堆塑
人物、動物很多。到了西晉演變成穀倉
罐，具有很高的藝術價值。

圖34 青釉刻花三足樽

東漢 廣州東郊紅花崗出土
高23cm／口徑17.7cm／足距15cm

　　樽圓口內斂，附圓蓋，蓋頂中央置一繫，周圍置三個鈕。圓桶形器
身，直壁，平底，下承以人形三足。灰白色胎。蓋面刻水波和花葉紋。
器身對稱塑貼鋪首並刻花草紋。

　　樽屬於溫酒用具，漢晉時期流行。主要為鉛綠釉或黃釉陶器。整器
應附蓋，常見博山形蓋。隋至南宋有較精緻的白瓷或青瓷製品，以故宮
博物院收藏的宋汝窯樽最為著名。

圖35　青釉刻弦紋雙繫壺

東漢
高24.5cm／口徑11.5cm／底徑9cm

　　壺洗口，束頸，溜肩，鼓腹，腹以下漸斂，平底。肩部對稱置豎繫。通體內外施青釉，外壁施釉不到底。頸、肩部刻劃水波紋，腹部刻劃密集的弦紋。

　　這件青釉雙繫壺胎體較薄，釉層勻淨光潔，屬於剛從原始瓷中脫離出來的品質更高一籌的青釉器，堪稱我國最早的瓷器。

圖36 青釉刻紋鏤空簋

東漢　廣州三育路羊山出土
通高18cm／口徑27.5cm／足徑16.8cm

　　簋圓形，附蓋。口沿微外撇，弧腹，高圈足稍外撇。胎色灰白。通
體施釉，釉色青中泛褐。蓋頂置環形鈕，鈕上套圓環。蓋面刻花葉和三
角紋。口沿鏤空小圓孔一周並刻劃樹枝紋，腹部刻菱形紋。

　　簋為陶或瓷質盛食器，功能相當於大碗。新石器時代大溪文化、良
渚文化、曇石山文化及夏、商、西周遺址和墓葬中，均有出土。早期
一般為侈口，圓腹，圈足，有的有雙耳。商代中期開始，器形演變為斂
口，折沿，深腹，圜底，圈足。也有敞口，捲沿，斜腹的。商代始見原
始青瓷簋，三國至西晉浙江的青瓷窯依然燒製瓷簋。

圖37　青釉匜

東漢
高8.4cm／口徑16.5cm／底徑7.7cm

　　匜圓口，弧腹，小平底。口沿一側置一圓鋬，另一側置流。內外施青釉。釉層較薄。

　　匜為古代盥器，有泥質陶和瓷製品。陶製品常出現在新石器時代至西漢的墓葬中。崧澤文化遺址中出土的直腹圜底匜、河南鄭州春秋墓葬中出土的仿青銅式樣的匜較為少見。戰國以後圓盤形匜較流行。

圖38 綠釉凸花狩獵紋陶壺

東漢
高25cm／口徑9.8cm／底徑10.2cm

　　壺撇口，粗頸，鼓腹，脛部漸收，平底。灰白色胎。通體施綠釉，
釉色勻淨光亮。腹部凸雕狩獵紋，可見林中飛奔的龍、虎、羊等。
　　狩獵紋流行於戰國至漢代工藝品上，反映了當時社會生活狀況。漢
代多採用凸雕的方法裝飾。

圖39　綠釉劃花弦紋塑貼鋪首陶壺

東漢
高39cm／口徑17.6cm／足徑17cm

　　壺撇口，長頸，溜肩，肩部置對稱鋪首，扁圓腹，腹下承以外撇八方高圈足。通體施低溫鉛綠釉，釉呈瓜皮綠色。器身刻劃弦紋數道。

　　此壺造型模仿同時期的青銅器，屬於隨葬品。

圖40 綠釉熊足陶倉

東漢
高24.5cm／口徑5.7cm／足距7.8cm

　　陶倉頂部呈傘狀，圓桶身，平底，下承以三熊形足。通體施綠釉。
倉頂均勻分佈二十條放射狀凸線紋，其間用波線示意出疊壓的瓦紋。器
身飾三組凸弦紋。

　　陶倉為隨葬冥器，始見於戰國、秦代墓葬出土物，漢武帝前後盛
行，與灶、井、爐等配套使用。

圖41 綠釉陶犬

東漢
高29.7cm／長27cm／寬16cm

　　犬頭大而身子短小，兩隻耳朵彎曲向前，雙目圓睜盯著前方，張嘴狂吠，露出的牙齒讓人感到非常兇猛。其四肢短小，矯健有力，顯示出一種自然寫實的美感。

圖42 青釉穀倉

三國 吳
高46.4cm／口徑11.3cm／底徑13.5cm

　　穀倉上半部堆塑多種飾物：有三層
崇樓居中，一層對稱各有一條狗把門，
樓簷之上有棲息的鳥和覓食的老鼠。
崇樓對稱各立一亭闕，闕下有八位侍
僕各執不同的樂器，正聚精會神地演
奏樂曲。穀倉頂部堆塑五只相連的罐
子，大罐居中，一鼠正從罐口爬出。四
小罐分列大罐四角，周圍簇擁著引頸
覓食的雀鳥。穀倉的下半部為一完整
的青瓷罐形，罐肩部塑貼一龜馱碑，
碑上刻「永安三年時富且洋（祥）宜公
卿多子孫壽命長千意（億）萬歲未見英
（殃）」二十四字。龜之周圍塑貼人物
及鹿、豬、龜、魚等動物，其間還夾雜
刻劃狗、魚、龍等紋飾，另有「飛」、
「鹿」、「句」、「五種」等字樣。

　　此穀倉為20世紀30年代後期浙江紹
興三國墓出土。其胎體呈灰白色。平底
略內凹。通體施青釉，釉面不甚勻淨。

　　該器以百鳥爭食、歡慶豐收、牲畜
滿欄等立體雕飾展現了1700多年前江南
吳地莊園五穀豐登的場景，散發著濃郁
的生活氣息。此器用來隨葬，稱為「明
器」，目的是祈望死者仍能保持生前的
種種享受。

圖43 青釉堆塑穀倉罐

西晉
高42cm／腹圍72cm／底徑15cm

　　穀倉由上下兩部分組成。上部有兩層
堆塑裝飾。上層中間立一樓閣，四角各立
一闕，四面各有一跪俑；下層四角亦各有
一闕，兩面各有一牌坊，另兩面各有兩跪
俑。下部為一罐，塑貼三組騎獸人和三組
舞俑。通體施青釉。平底。

　　穀倉罐流行於三國吳、西晉時期，有
陶、瓷製品。是由東漢的五聯罐演變而
來，其雕塑複雜，樓閣、飛禽、動物、樂
舞雜技是其主要表現內容，著重表現豪門
貴族生前居住的城堡式樓閣建築，以及奢
華的生活場面。

圖44　青釉印花雙繫罐

西晉
高16cm／口徑17cm／足徑15.6cm

　　罐口內斂，兩面各置一繩狀耳。圓肩，碩腹，近底內收，實足外撇，平底。通體施青釉。以模印橫豎網紋裝飾。

　　網紋又稱網格紋、方格紋，是陶瓷裝飾的原始紋樣之一。起源於新石器時代仰韶文化彩陶器，是史前新石器時代漁獵生活在原始製陶及審美意識上的反映。東漢至六朝前期的青瓷上，網紋盛行。東晉以後，網紋不再流行。明清瓷器上作為邊飾，偶有出現。

圖45 青釉雞頭壺

西晉
高9cm／口徑4.5cm／底徑5.2cm

　　壺盤口，短頸，鼓腹，近底漸收，平底。外壁施青釉至下腹。肩部一側置雞頭流，另一側貼雞尾。頭尾之間對稱置雙繫。

圖46 青釉羊

西晉
高13.5cm／長15cm／寬11cm

　　羊呈臥伏狀，昂首張口，體態肥碩。背部飾對稱的線條紋。兩肋刻劃羽翼。釉色青綠，晶瑩潤澤。羊首上端開一圓洞。

　　羊在中國古代被視為祥瑞動物。三國兩晉時，青瓷中屢見羊形器，均精緻可愛，羊形青瓷成為一時風尚。

圖 47　青釉印花三獸足洗

西晉
高9cm／口徑20.7cm／足距15.7cm

　　洗折沿，深腹，平底，下承以三獸
足。器外壁模印網紋一周，上下戳印圓圈
紋，網紋帶上均勻分佈，六尊模印塑貼佛
像。洗沿刻劃條形羽狀紋飾，內底刻劃太
陽紋、水波紋和羽毛紋。此器內外施青黃
色釉，釉面有侵蝕剝落的現象。

　　洗在當時是主要的生活器皿之一。此
洗屬南方越窯系青瓷，是西晉時期流行的
造型，借鑑和吸收了青銅器的紋飾和造
型，又以佛像作為裝飾，反映了當時佛教
已在中國得到廣泛的傳播。

圖48 青釉雞頭壺

東晉
高20.5cm／口徑7cm／底徑12.7cm

　　壺洗口，細頸，鼓腹，平底。壺身一側置雞頭形流，另一側置曲柄。肩部對稱置橋形繫。通體施青釉。

　　東晉雞頭壺上雞頭的口部由以前的尖狀變成圓孔形，雞的頸部立起，雞頭翹首遠望，樣子栩栩如生。原先的雞尾代之以曲柄，柄之上端與壺口相接，便於把持和傾倒液體，構思巧妙。

　　東晉中晚期，雞頭壺上出現了龍首柄，有的還在柄的上端飾熊紋。還見有雙雞首壺，新穎別緻。1972年南京市南京化纖廠東晉墓出土一件青瓷雞首壺，底部刻「罌主姓黃名齊之」銘，説明這類器物在晉時稱作「罌」，即小口大腹的酒器。

圖49　青釉褐斑四繫盤口壺

東晉
高17.9cm／口徑8.4cm／底徑8.7cm

　　壺盤口，細頸，溜肩，肩上置四繫，圓腹，平底。肩部刻劃數道弦
紋。通體施青釉，盤口和肩部塗點褐色斑紋。堪稱東晉青釉褐斑瓷器中
的典型器。

　　西晉晚期出現一種褐斑在青瓷上塗點的裝飾方法，至東晉時大為流
行。這是用含鐵較多的褐彩有意識地點在器物上，並非兩次燒成的低溫
釉上彩，從而為單調的青釉增加了色彩。它是使用當地出產的一種含鐵
較多的「紫金土」點彩在青釉上，然後燒製而成。褐斑排列或隨意，或
有一定的規律，具有較好的裝飾效果。

圖50　青釉唾壺

東晉
高14cm／口徑10cm／底徑8.5cm

　　唾壺洗口，短頸，垂腹，平底。內外滿施青釉，底有支燒釘痕。

　　唾壺又稱「唾盂」，為古代貴族宴飲時盛放唾棄魚骨或獸骨的容器，亦稱「渣斗」、「唾器」。安徽阜陽雙古堆西漢汝陰侯墓所出漆唾器的底部署「女陰侯唾器六年女陰庫訢工延造」等銘文。瓷質唾壺始自東漢，三國、兩晉時頗為流行。三國至西晉時的造型多為撇口、扁腹、高圈足。東晉時則漸成盤口、垂肩、圓腹、平底或假圈足。

圖51　青釉圓形槅

東晉
高4.5cm／口徑21.1cm／底徑22.6cm

　　槅呈圓形，直口，平底。底有紅色支燒痕。內分九格，中心三等
分，外周六等分。通體施青釉。

　　瓷槅流行於三國及南北朝時期，且時代特徵明顯。三國、兩晉時期
的槅多呈長方形，內分一大格八小格。初期是平底，稍後變為方圈足。
東晉以後出現圓形槅，內圈三格，外圈七格。南朝以後，圓形槅內格數
減少。

圖52 德清窯黑釉雞頭壺

東晉
高18cm／口徑7.9cm／底徑10cm

壺盤口，短頸，溜肩，鼓腹。肩一側置雞頭形流，另一側口、肩之間置曲柄。與同時期青瓷雞頭壺造型基本相同。釉色瑩潤，製作規整，是德清窯黑釉瓷中的精品。

雞頭壺是六朝時期南方青瓷中的主要產品，是當時瓷器模仿動物時尚的一種表現形式，也是當時有特色的瓷器造型。因壺肩部塑雞首而得名。它的演變經歷了一個從簡單到複雜，從模擬自然到實用與美觀相結合的過程。初創時期的雞頭壺，雞頭短小無頸，與頭部相對一側塑貼一微凸的雞尾。捏塑的雞頭活靈活現，但並不通壺身，因此不能出水，純為裝飾物，沒有實用意義。西晉時壺身、壺頸較矮，雞頭短小無頸，雞尾短小。

德清窯遺址位於今浙江省德清縣境內，以燒造精良的黑瓷別具一格，成為當時頗具聲譽的特殊瓷窯，同時兼燒青瓷。黑釉和青釉雖都以氧化鐵為著色劑，但黑釉中氧化鐵的含量比青釉高，達到6～8％。東晉黑釉瓷以浙江德清窯為代表。常見的器物除雞頭壺以外，尚見有碗、缽、盤、罐、盤口壺等日用器皿。其燒造歷史較短，大抵在東晉至南朝早期的一百多年間。

圖53　青釉六繫盤口瓶

南朝
高39.4cm／口徑14.7cm／底徑11.7cm

　　瓶盤口，長頸，溜肩，圓腹，平底。
肩部十字對稱分佈一組單繫和一組雙繫。
內外施青釉，釉不到底，釉色青中泛黃。
　　南朝青瓷造型更趨於實用。此器較東
晉時盤口瓶的盤口加大，頸亦增高，腹部
變得更加修長，其各部位的比例協調，形
體線條過度柔和，造型優美，重心較低，
放置平穩，使用時比較省力。

圖54 青釉雞頭龍柄壺

南朝
高34.4cm／口徑10.5cm／底徑13.5cm

　　壺洗口，細頸，豐肩，鼓腹下斂，平
底。外底有支燒痕。肩部一側置雞首形
流，相對一側口、肩之間置龍首柄。肩部
另對稱置橋形繫。通體施青釉，有流釉現
象，釉面開細碎紋片。

　　南朝時，雞頭壺由渾圓變為瘦長，雞
頸加高，雞冠高聳，龍首曲柄加長。

　　此器舒展、修長的形體，配置挺胸昂
首的雞首流與引頸伏首的龍柄，一展南朝
雞頭壺秀麗、生動的風韻。是一件南朝風
格較明顯的青瓷。

圖55　青釉仰覆蓮花尊

北朝　河北省景縣北魏封氏墓群1948年出土
高67cm／口徑19cm／足徑20cm

這是1948年河北景縣北魏封氏墓群
出土的四件青釉仰覆蓮花尊之一。形體高
大，氣魄雄偉。尊侈口，束頸，腹部碩
大，腹下漸收，圈足外撇。釉色青綠。周
身遍布紋飾，以蓮花為主題，綜合了雕
刻、刻劃、模印貼花等裝飾方法。從口部
到頸部的紋飾以弦紋分隔為三層，最上一
層貼印六個不同姿態的飛天，中間一層飾
寶相花紋，下層貼印團龍圖案。頸肩部飾
六個條形繫。腹部裝飾上覆下仰的蓮瓣，
上部覆蓮分為三層，層層疊壓，依次延
伸，其中第三層蓮花瓣尖向外翹起。下部
仰蓮分為兩層，豐滿肥碩。足部也堆塑覆
蓮瓣兩層。頸部以貼印的方式，組成龍、
鳳紋樣，間以刻劃的雲紋。腹部採用堆塑
的手段，以仰覆的蓮花瓣吻合而成，葉脈
清晰可辨，蓮瓣微微捲起，將蓮花完整、
丰腴的姿態在這一仰一覆之中完美地表現
出來。它既是裝飾，又是器身結構的一部
分，毫無牽強之意，同時也避免了純粹摹
仿自然的作法，是裝飾藝術的成功之作。

北朝時期佛教盛行，這件仰覆蓮花尊
使用了飛天、寶相花、菩提葉、蓮花等佛
教裝飾題材，反映了佛教藝術對北方陶瓷
的影響。在中國南方也出土有類似的蓮花
尊，只是胎、釉化學組成差異較大，說明
南北之間陶瓷藝術相互交流，並有相同的
時代風格。

圖56　鉛黃釉綠彩蓮瓣紋罐

北朝　河南省濮陽縣李雲墓出土
高23.5cm／口徑7.7cm／足徑8.4cm

罐直口，溜肩，肩部置四弓形繫，腹下漸收斂，實足，底略內凹。口部及下腹部各刻弦紋一周，肩部刻弦紋數道，四繫之下刻忍冬紋一周，腹部刻下垂蓮瓣紋。器身上半部施黃色透明釉，又在八個方向上各施一道綠彩，下部露胎。

此罐1958年出土於河南省濮陽縣李雲墓。李雲為北齊車騎將軍。據出土墓誌記載，該墓為李雲夫婦合葬墓，葬於北齊後主武平七年（576），由此可斷定該罐年代的下限。該墓出土的另一件黃釉綠彩罐，現收藏於河南博物院，造型及釉色與這件相同，唯四繫是方形的，與之有別。

黃釉綠彩罐胎質潔白，造型工整，釉色突破了單一色彩，更富裝飾性，為豐富多彩的唐三彩工藝開創了先河。忍冬紋與蓮瓣紋組合，屬於佛教藝術裝飾題材。此罐有確切年代可考，其造型和紋飾對研究北齊時期的宗教觀念及藝術等均有重要意義。

圖57 褐綠釉印花人物紋扁瓶

北朝
高12.2cm／口徑3.1cm／足徑4.9cm

瓶呈扁圓形，上窄下寬，略似杏核。敞口，短頸，假圈足。通體施褐綠色低溫鉛釉，釉層光亮。肩部對稱置圓形鼻鈕，以便穿繩攜帶。頸與肩相接部分有一周聯珠紋。腹部兩面均模印五人一組的胡騰樂舞圖案。中央一人於蓮座上翩翩起舞，右二人一吹奏橫笛，一人打拍。左二人，一執琵琶彈奏，一人雙手擊鈸。人物形象生動逼真。五人均深目高鼻，身穿窄袖長衫，腰間繫帶，腳登長靴，屬於當時西域人的形象。反映了當時我國中原地區和西域少數民族文化大融合的歷史背景，為研究當時我國的樂舞提供了珍貴的實物資料。

由於該瓶上的褐綠釉是以適量的氧化鐵為著色劑、以氧化鉛作助熔劑，在氧化氣氛中燒成的低溫釉，故亦稱鉛褐綠釉。北朝時我國與中亞、西域諸國往來較多，關係比較密切，西域的一些裝飾圖案如聯珠紋、忍冬紋等，也移植到瓷器上，成為一種常見的紋飾。這件鉛褐綠釉印花人物紋扁瓶的形制、紋飾與1971年河南安陽縣洪河屯北齊驃騎大將軍范粹墓出土的幾件黃釉印花人物紋扁瓶相似。另外，河北邢窯北朝遺址也出土過這種產品。

圖58　白釉罐

隋
高19.2cm／口徑9.2cm／底徑15.2cm

　　罐唇口，無頸，溜肩，肩下垂直至足，平底無釉。胎骨呈白色，較
為厚重。內外施白釉，外壁施釉不及底。釉薄而勻淨，純白無瑕，釉面
布滿細碎開片紋。罐體造型飽滿端莊，優雅古樸。

　　隋代白釉瓷器在繼承北朝工藝技術的基礎上，又有了長足的進步。
從隋大業四年（608）李靜訓墓出土的一批白釉瓷器看，較之北齊范粹墓
出土的白瓷，釉質已有較大提高，全不見早期白瓷白中閃黃或閃青的痕
跡，是反映隋代白瓷發展面貌的珍貴資料。

圖59　白釉高足杯

隋
高10.2cm／口徑5cm／足徑4.4cm

　　杯斂口，鼓腹，高足外撇。內外滿釉，足邊無釉，釉面開細碎片紋。

　　這件白釉高足杯，造型新穎，釉質潔白細潤，與北朝時的初期白瓷比較，已可看出是真正的白瓷了。隋代白瓷的燒造成功，為唐代白釉瓷器的發展奠定了堅實的基礎。

圖60　青釉盤口瓶

隋
高32.5cm／口徑6.6cm／足徑9.2cm

　　瓶盤口，短頸，溜肩，長圓腹，圈足。通體施半截青綠釉，釉層透明，釉面有細碎開片，釉層自然向下垂流，形成一種特殊的自然裝飾效果。

　　隋代青瓷基本上繼承了南北朝造型，但又有所變化，並創造了一些新的器形。常見器物有盤口壺、雞首壺、瓶、高足盤、帶繫罐、碗、尊、燈和燭台等日常生活用具。盤口四繫罐與高足盤等係隋代創新器物，也是隋代青瓷中的典型器物。盤口瓶由北朝時洗口瓶演變而來，盤口，短頸，平底。主要變化是頸變細長，腹徑闊大，略呈橢圓形，且有單體雙體之分。從此瓶的造型、胎質與釉色上看，都具有隋代青瓷的典型風格。

圖61　青釉模印塑貼四繫罐

隋
高17.7cm／口徑9.6cm／足徑9cm

　　罐直口，圓唇，短頸，圓鼓腹，實足微外撇。肩部對稱置四個雙股泥條作成的繫，四繫之間塑貼團花紋樣。其下飾凸起的弦紋。腹上部塑貼團花、草葉、團龍、獸面等間隔排列的四種紋樣。其下飾一條凸起的弦紋，將罐身等分為兩部分。灰白色胎，胎體厚重結實。器內滿釉，器外施釉不到底，露胎處呈灰白色，罐下部有淚痕狀釉垂至器足。釉色淡青泛黃，積釉處呈青褐色。釉的玻璃質感較強，釉面有細小開片。

　　此罐採用模印貼花技法裝飾，即用模子先印好浮雕狀的紋飾，再用胎漿水黏貼於未上釉的坯體上，然後施釉入窯燒成。製成的器物具有很強的立體效果，猶如淺浮雕一樣。從這件罐的胎釉特徵看，應是安徽淮南窯的產品。

圖62 青釉印花高足盤

隋
高12.5cm／口徑27.5cm／足徑14.5cm

　　盤直口微外撇，盤心平坦，有印花裝飾，並有五個支燒釘痕。下承以空心喇叭狀高足。內外施青釉，釉色青中泛黃，外壁僅施半截釉。

　　高足盤是南北方瓷窯普遍燒造的器物。從考古發掘所獲得資料看，高足盤最早見於北朝，北齊天統三年（567）墓葬中即出土青釉高足盤。隋代這種器物比較流行，在隋代的繪畫、壁畫上都有所見。目前發現隋代燒造高足盤的瓷窯有河北的賈壁窯，河南的安陽窯、鞏義窯，安徽的淮南窯，湖南的湘陰窯，四川的邛窯等。上述瓷窯主要燒造青釉高足盤，釉色淡青而透明，有些可見胎上的黑點雜質。河南的鞏義窯在唐代則燒造三彩高足盤。

　　此件高足盤釉色偏黃，從其胎釉特徵看，應屬安徽淮南窯製品。

86

圖63 越窯青釉八棱瓶

唐
高22.5cm／口徑1.7cm／足徑7.2cm

　　瓶通體呈八棱形，直口，長頸，溜肩
鼓腹，腹以下漸收至底，圈足。此瓶胎
體呈灰白色，釉面明亮，釉色青綠，猶如
一汪湖水。瓶體凸棱部位，釉色淺淡，更
增加了器形的美感。此瓶在裝飾上也頗具
匠心，瓶類多為圓形，此瓶則呈八棱形，
且頸、肩相接處有三條凸棱，可謂與眾不
同。

　　唐代製瓷業達到了一個歷史高峰，出
現了「南青北白」的局面，南方以越窯的
青瓷為代表，北方則以邢窯的白瓷著稱。
當時越窯生產規模龐大，產品備受世人
青睞，許多文人紛紛吟詩作賦讚美它。唐
人陸羽撰《茶經》，形容越窯青瓷「類
玉」、「似冰」，並把越窯列為唐代諸窯
之首。詩人陸龜蒙則有「九秋風露越窯
開，奪得千峰翠色來」之句，把越窯青瓷
比作千峰翠色，蒼鬱蔥蘢，沉靜深遠，具
體地表達出越窯青瓷所蘊含的藝術魅力。

　　1987年陝西扶風法門寺唐代地宮出
土了十四件唐代越窯青瓷，其中一件與這
件八棱瓶相同。由於法門寺地宮出土的
越窯瓷器在出土的衣物帳碑上明確記載
為「瓷秘色」，因此這件越窯青釉八
棱瓶亦應屬於秘色瓷。

圖64 青釉四足扁罐

唐
高7.8cm／口徑4cm／足距6.3cm

罐直口，豐肩，直腹，腹下部斜收至底，平底。自肩至底凸起四個條形裝飾，下接四獸足。裡滿釉，外部施釉不到底，釉色淡青。

此罐胎體較厚重，露胎處呈灰白色，造型規整，釉面勻淨。其四個條形裝飾及獸足，是越窯青瓷中少見的裝飾手法。

圖65 青釉瓜棱執壺

唐
高20.4cm／口徑5.8cm／足徑7.7cm

　　壺撇口，束頸，溜肩，長圓腹，圈足。通體呈四瓣瓜棱形，肩部一側置短流，另一側頸、肩之間置曲柄，與流、柄成十字形的頸、肩之間置雙繫。通體內外及圈足內均施青釉。此壺造型圓潤飽滿，釉質潤澤，為唐代晚期越窯青瓷的代表作品。

圖66　青釉硯台

唐
高3.9cm／口徑13.4cm／足徑16.6cm

　　硯面微向內凹，周圍有溝槽，下承以圓形圈足，圈足的周壁上鏤有
七個月牙形花邊。足內中空。

　　硯是研墨用具，與筆、墨、紙合稱「文房四寶」。此硯又稱辟雍
硯。辟雍本為周天子所設立的大學，後成為國子監中的主要建築，四面
環水，為皇帝臨雍講學的地方。古代工匠仿效辟雍形狀創制了辟雍硯，
流行於南朝至唐、宋時期。此硯設計古樸典雅，既實用又美觀。

圖67 青釉玉璧形底碗

唐
高3.5cm／口徑14.4cm／足徑6.6cm

　　碗撇口,淺腹斜收,玉璧形底。內
外滿施青釉。

　　根據浙江省諸暨縣牌頭茶場唐貞元
十年(794)墓和上虞縣聯江帳子山唐
貞元十七年(801)墓出土的資料看,
當時已通行一種撇口碗,這種碗斜腹,
玉璧形底,是中唐時期出現的一個新品
種。玉璧形底碗始見於唐代,以底足像
玉璧而得名,當時的南北方瓷窯普遍燒
造,如河北的邢窯、定窯,河南的鞏義
窯,山西的渾源窯,陝西的耀州窯,浙
江的越窯,湖南的長沙窯等都有燒造。
外國的很多古城、古遺址中也出土有中
國的玉璧形底瓷碗。這種碗的品種主要
是白瓷和青瓷。口邊有唇口和不帶唇口
的兩種。碗壁有的直壁斜出,有的微帶
弧度。足一般寬而淺,中心凹處有的施
釉,有的無釉。這種碗與撇口斜壁玉璧
底及撇口平底碟的造型風格相同,是一
種新穎的飲食用具。

圖68　白釉雙龍耳瓶

唐
高50cm／口徑10cm／底徑10.8cm

　　瓶盤口，細長頸上突起五道弦紋，橫
式排列的弦紋給人以整齊勻稱之視覺感
受。豐滿的腹部至脛處漸收，口沿與肩之
間有兩個對稱的龍形柄高聳直立，龍頭探
進瓶口銜住口沿。造型優美高雅。

　　這種瓶的形制顯然受外來文化影響，
然而在融進本民族的文化特色後，端莊典
雅的形體一展大唐盛世的神韻。器身施白
釉，更顯高貴典雅。此瓶以造型的空間虛
實，以及輪廓線的自然和諧見長，對稱的
龍形柄與口、肩相連所形成的虛實對比，
於渾厚質樸中洋溢出俊俏與嫵媚，圓滑的
曲線與折角處分明的棱角有機結合後，又
於剛健挺拔中透出協調柔和的韻律美。此
種造型的器物在唐三彩中也有所見，具有
鮮明的時代特點。

圖69 白釉梅瓶

唐
高42.5cm／口徑9cm／底徑17.5cm

　　梅瓶小口，短頸，豐肩，肩以下漸
收斂，平底實足。此種造型習慣上稱為
「梅瓶」，是裝酒用具。亦可插花用作
「花瓶」。此器胎質細膩，釉面光潔，
無任何雜質，玻璃質感較強，透明度較
高，釉面上佈滿均勻細碎的開片紋。

　　瓷梅瓶一般認為始燒於宋代，此件
實物證明，其在唐代就已出現。

圖70　邢窯白釉點彩子母獅塑像

唐
高10.8cm／底邊長6.3cm

　　獅子昂首，兩眼外凸，雙耳直立，張口露齒，長鬚捲髮，前腿直，後腿曲，尾上捲，伏臥於台上。獅的眼睛及腿部均點以褐彩。台底為正方形，四周施褐色釉，濃重處呈黑色。

　　唐代瓷器品種與造型新穎多樣。此件白釉獅子姿態雄健，渾厚古樸，為唐代瓷塑藝術的一件傑作。

圖71 定窯白釉盒

唐
高6.9cm／口徑9.8cm／足徑5.4cm

　　盒呈圓形，上下子母口扣合，直壁，蓋頂隆起，腹下內收，圈足。
胎壁較厚，胎質堅硬。內外施白釉，釉色潔白，釉面瑩潤，為典型唐代
定窯產品。

　　唐代瓷盒以圓形為主，多為素面，至晚唐五代時盒面刻劃花紋，器
足漸高外撇。至宋時瓷盒形制呈多樣性。瓷盒在唐代主要為日用器，多
用於盛放婦女化妝品，有粉盒、朱盒、油盒、黛盒等，也有藥盒、鏡盒
或專門盛放香料之盒。

圖72　邢窯白釉玉璧形底碗

唐
高4.7cm／口徑15.6cm／足徑6.7cm

　　碗唇口，腹壁斜出與水平面呈45°角，玉璧形底。釉質瑩潤。

　　邢窯白瓷胎骨堅實、緻密、厚重，胎土白而細潔，瓷化程度較高，叩之作金石聲。此碗內外滿釉，釉色潔白，不用化妝土，施釉到足牆，光素無紋飾。玉璧形底更為唐代邢窯白釉碗的典型特徵。

圖73 花瓷罐

唐
高21.2cm／口徑7.9cm／底徑9.1cm

罐撇口，短頸，溜肩，腹略鼓，腹下收斂，近底處深刻弦紋一道，近底處微撇，平底。通體施黑褐色釉，施釉不到底，罐身飾以三個連續的藍色大斑塊。

此罐係河南魯山窯所產花瓷中的精品。花釉瓷是唐代瓷器工藝的新創造，燒造花釉瓷器的窯址主要分佈在河南省，目前已知有河南魯山、內鄉、禹縣、郟縣窯等。此外，在山西交城也發現燒造花釉瓷器的遺址。花瓷是用含兩種不同金屬氧化物呈色劑的釉料，在坯體上兩次施釉，高溫燒成。其特點是在黑釉、黃釉、天藍釉或茶葉末釉地上，飾以天藍或月白色斑塊，多少不等，或規整，或飄灑。或深色釉襯出淺色斑，或淺色釉地上飾以深色斑塊，互為襯托，頗為醒目。

圖74　花瓷腰鼓

唐
長58.9cm／鼓面直徑22.2cm

　　腰鼓廣口，纖腰，鼓身凸起弦紋七道。通體以花釉為飾，在漆黑勻淨的釉面上，顯現出塊塊藍白色斑塊，宛如黑色閃緞上的彩飾，優美典雅。

　　腰鼓是由西域傳入中原的一種木腔樂器，歷經兩晉、南北朝、隋、唐，不僅被吸收進唐樂，且又以陶瓷燒製鼓腔，別具特色。20世紀70年代，故宮博物院與河南省博物館的文物工作者根據唐人南卓撰《羯鼓錄》中有關「不是青州石末，即是魯山花瓷」的記載，赴河南魯山調查窯址，發現了黑釉花瓷腰鼓殘片，其特徵與傳世腰鼓完全一致。從而證實了這件黑釉花瓷腰鼓確係河南魯山窯製品。

　　此腰鼓造型碩大規整，線條柔和，紋飾奔放，通體漆黑明亮的黑釉與變幻多姿的月白色釉斑相互襯托，如雲霞飄渺，似水墨渾融，裝飾效果很強，堪稱傳世唐代瓷器中的精品。

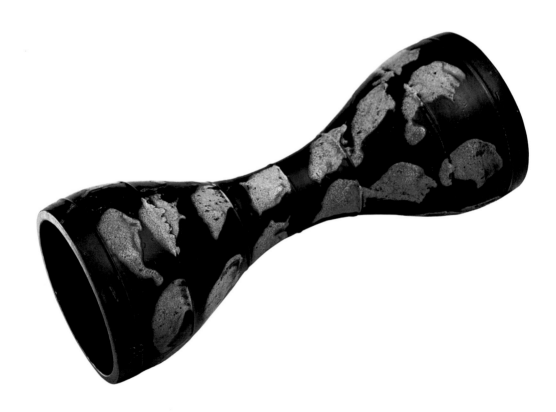

圖75 花瓷雙繫注子

唐
高27.1cm／口徑12.2cm／底徑12.5cm

注子口外捲，短頸，長圓腹，平底。肩上一側置短流，另一側置連於頸、肩的曲柄。另兩面各置一圓繫。釉呈黑褐色，肩部有大塊藍斑三組，柄、口、頸、繫均微帶藍斑，器身施釉不到底。

此注子造型古樸典雅，是唐代注壺的典型之作。注子亦稱「執壺」，是古代酒器而不是茶壺。唐中期至宋代盛行，是由魏晉南北朝以來流行的雞首壺或盤口壺演變而來。唐代早期，器身矮胖，頸短，腹部渾圓飽滿，流短，施釉不到底。晚唐、五代時，器身加長，頸部加高微細，腹呈橢圓或瓜形，流與柄加長，顯得輕盈秀麗。宋代壺身更趨瘦長，以瓜棱形為常見，流、口和柄加高，部分製品常與溫碗配套使用。

圖76　花瓷三足盤

唐
高3.2cm／口徑15cm／足距10.2cm

　　盤淺式，撇口，平底，下承以三足。內外黑釉地上布滿月白色火焰狀斑跡。外底中心無釉。

　　花瓷三足盤是唐代花釉瓷器中的獨特器物，在傳世的唐代花釉瓷器中，以罐類和壺類為多，這種三足盤比較少見。

圖77　花瓷雙繫罐

唐
高18.5cm／口徑9.5cm／底徑10cm

　　罐唇口，溜肩，平底。肩部對稱立起兩繫。內外施釉，外部施褐黃
色釉不到底，其上有灰藍色彩斑四塊。此器形體古樸圓潤，敦厚凝重，
體現出自然飽滿的情致。

圖78　長沙窯釉下彩花鳥紋注子

唐
高22.7cm／口徑11cm／底徑12.2cm

　　注子撇口，闊頸，瓜棱形長圓腹，
肩一側置六棱形流，另一側置曲柄。腹
部以釉下褐彩勾描一株花草及一隻碩
鳥，釉下褐彩線條內塗釉下綠彩。長沙
窯瓷器上的紋樣多見花鳥，一般繪在流
之下。此器造型飽滿，釉下有褐、綠兩
色彩，圖案線條流暢，是不可多得的唐
代長沙窯瓷器珍品。

　　唐代長沙窯大量燒造釉下彩繪瓷
器，具有重要意義，它突破了青瓷的單
一釉色，豐富了唐代瓷器的裝飾技術，
開創了後世釉下彩瓷器的先河。從大量
實物觀察，此類裝飾的初期形式是單一
的褐彩斑點，之後，演變成精美的褐綠
彩斑點，長沙窯工匠們除了擅長瓷器色
彩變化外，在造型上還善於隨形變換，
創造出許多實用美觀的器皿。特別是注
子的造型之多，在唐代也是首屈一指。
以注口為例，就有直口、洗口、喇叭口
等。腹則有長腹、圓腹、瓜棱形腹、橢
圓形腹和袋形腹等。注流的安置也頗具
匠心，有方形、八角形、直管形等。注
柄的款式則隨注身而變化，開創一代新
風。

　　由於在長沙窯遺址出土的注子上書
寫有「陳家美春酒」、「酒溫香濃、
「自入新峰市，唯聞舊酒香」等題識
者，因此證明這類注子是當時倒酒用的
酒注。

圖79　長沙窯模印貼花褐斑注子

唐
高22.5cm／口徑10cm／足徑14.5cm

注子撇口，闊頸，豐肩，腹壁斜
直，平底。通體施青釉，釉色青中略顯
灰黃。肩、腹處塑貼椰棗紋，其上覆蓋
大塊褐色釉，形成三個橢圓形斑塊，突
出了圖案的裝飾效果。

長沙窯的釉色種類較多，僅單色釉
即有青釉、黃釉、褐釉、黑釉、白釉、
綠釉、藍釉等。模印貼花裝飾是長沙窯
瓷器的特色之一，出現於唐中後期，係
在器物的繫或腹上作局部裝飾。其做法
是先用模具印出裝飾物，趁坯體未乾
時，把裝飾物黏貼在坯體上，經施釉、
塗彩後，再入窯經高溫燒成。塑貼花紋
有雙魚、雙鳥、花朵、葡萄、椰棗、獅
子、寶塔、人物等。

在瓷器「以青為尚」的唐代，勇於
探索的長沙窯匠師把毛筆運用到瓷器裝
飾上，用毛筆蘸彩料在生坯上繪畫紋
飾，然後施一層透明釉入窯燒成。青釉
褐斑是長沙窯瓷器的另一個裝飾品種。
其中的青釉褐斑注子器形優美，圖案具
有異國情調。此件注子造型和圖案特
殊，是唐代長沙窯生產的外銷西亞各國
的產品。

圖80 耀州窯茶葉末釉注子

唐
高17.6cm／口徑10.8cm／底徑9.1cm

　　注子撇口，短頸，碩腹，平底。短粗流，曲柄寬扁。通體施茶葉末釉，釉層肥厚而潤澤。

圖81　岳州窯青釉碗

唐
高8.1cm／口徑16.4cm／足徑8.3cm

　　碗口微撇，闊底，淺腹，圈足。腹刻蓮瓣紋。內外施青釉，釉薄而
不勻，釉色青中閃綠，釉面有細密開片紋。

　　岳州窯位於湖南省湘陰縣城堤境一帶，是隋代湘陰窯的所在地，唐
時隸屬岳州，故稱「岳州窯」。唐代岳州窯瓷器一般胎壁較薄，釉色明
亮，多採用支釘燒法。底足有釉，器物精緻，注重釉色，不帶裝飾。這
與隋代青瓷不同。經科學的考古調查和化學分析，岳州窯青瓷所施青釉
是一種氧化鈣（CaO）含量較高的石灰釉，這種釉在還原氣氛下，如果掌
握得好，便會呈現純正的青色，如果窯內還原氣氛控制不好，就會出現
各種深淺不一的青黃色釉。

圖82　邛窯綠釉燈盞

唐
高3.7cm／口徑13cm／底徑6.8cm

　　燈盞敞口，直腹，腹下漸斂，平底。胎體厚重，裡及外壁上部施綠釉，釉薄而失透，勻淨無光澤。外壁下部素胎無釉。

　　四川地區的唐代瓷窯以邛窯最為著名，唐代是邛窯的極盛時期，窯址也以這一時期的遺物最為多見。器物一般胎體較厚，胎色多種，以紫紅色胎為主，還有灰色、土黃色、黃中帶褐色胎等。胎中有分布均勻的細砂料。胎釉之間往往施一層白色化妝土。花色品種有青釉、青釉褐綠斑、青釉褐綠彩繪等，與湖南長沙窯有不少共同之處。邛窯燒造的器物大致可以歸納為生活用具、文具、玩具和各種瓷塑等。生活用具造型多樣，有碗、壺、洗、盤、瓶、罐等，不少器物具有鮮明的地方特色，在其他唐代瓷窯中頗為少見。其裝飾紋樣較簡單，除青釉褐綠斑、褐綠彩繪外，以點彩裝飾較為多見，或用褐色斑點組成紋飾，或用褐彩點成一圈，中央點綠彩。也有用褐、綠兩色斑點間隔排列組成紋飾者。

　　邛窯油燈頗顯別緻，碗形燈為夾層，中空，夾層內可注水降低油燈的熱度，減少油的過熱揮發，以達到省油的目的。

圖83 三彩文官俑

唐
高72cm

　　文官俑頭戴小冠，著寬袍大衣，外罩
裲襠，腳穿如意頭雲履，雙臂抱於胸前。
釉色以褐、綠、白為主。唐朝葬俗中，人
死後多隨葬各種明器，地位較高的常達數
百件，其中文官俑、武士俑、鎮墓獸為常
見明器。文官俑多長袍大袖，雙手拱立，
神情肅穆莊重。

　　唐三彩是一種低溫釉陶器，它用白
色黏土作胎，用含銅、鐵、鈷、錳等元
素的礦物作釉料的著色劑，由於在釉中
加入鉛作助熔劑，所以經過800℃左右
低溫燒成後，就呈現出深綠、淺綠、翠
綠、藍、黃、赫、白、紫、紅、黑等各
種色彩。由於鉛釉的擴散和流動，各種
顏色互相浸潤，形成斑駁絢爛、光怪陸
離的藝術效果。

圖84 三彩文官俑

唐
高70.5cm

　　俑頭戴鶡冠，高鼻深目，八字鬍鬚，著寬袍大衣，外罩裲襠，腳穿如意頭雲履，雙拳相握，置於胸前。鶡冠施朱，冠、髮、眉、眼、鬍鬚施墨，唇紅。鶡為一種勇雉，唐朝時鶡冠中的鶡多為小雀狀，頭朝下，兩翼匍匐。鶡冠流行於盛唐，至中唐以後則少見。此三彩文官俑神情莊重，釉色以褐、綠、白為主，色澤鮮豔流暢。

圖85 三彩女立俑

唐
高32cm

　　女立俑頭髮綰至前額上部，紮繫成花形。內穿襦衫，外披帛帶，齊腰長裙下垂至地，鞋尖微露。

圖86　三彩武士俑

唐
高105cm／寬44cm

　　武士俑面部敷粉畫彩，不施釉，頸下施黃、綠、白三色釉。頭束髮髻，二目圓睜，雙眉濃重，大鼻頭，鼻下鬍鬚向兩側上翹，面相異常兇猛。身穿明光甲，胸前左右各有一圓護，肩覆披膊作龍首狀。右手握拳上舉，左手又扶於腰際。足蹬高靴，雙腿直立於鏤空座上。氣宇軒昂，製作精良，是一件上佳的藝術珍品。

圖87　三彩天王俑

唐
高118cm

　　天王俑頭頂置一展翅欲飛之鳥。雙
眉緊蹙，雙眼圓睜，張嘴。一手叉腰，
一手握拳上揚，身穿明光甲，龍首護
膊，腹部有護甲，腰中繫帶，腰下垂膝
裙，鶻尾。下縛吊腿，右腿直立，左腿
微曲，踏在臥牛之上。臥牛下為山形
座。通體以綠、褐、白三色釉為
主，釉色鮮豔明亮。天王俑是
唐朝葬儀的組成部分之一，它
與鎮墓獸一起，埋葬在墓室內，
通常成對出現，左右各一，文獻中
將它們合稱為「四神」。

圖88　三彩鎮墓獸

唐
高80.5cm

　　鎮墓獸頭頂有雙彎角，面目猙獰，
雙眼圓睜，張嘴露齒。肩部飾有雙翼，
雙翼表面飾有陰線紋。身體處於蹲立
狀，下踏山形底座。通體施以綠、白、
褐三色釉為主，釉色鮮亮瑩潤。

111

圖89　三彩胡人背猴騎駝俑

唐　河南洛陽出土
高74cm／長54cm

騎駝俑頭戴唐人高踣圓頭巾子襆頭，深目高鼻，絡腮鬍。身著折襟窄袖、開骻過膝的胡服，下著袴子，腳蹬高靴。騎雙峰駝，手扶前肉峰，肩負一抬頭張望的猴。駱駝昂首引頸，作嘶鳴狀，四腿肌肉起伏，似有彈性，四足前後錯落，似欲起步。俑深目多鬚，為西域康國人形象。康國人善商賈，唐代強盛，於西域（新疆）各地置都護府，使漢代開拓的自長安京都經河西走廊、直至中亞各國到地中海東岸的「絲綢之路」重新暢通。騎駝陶俑塑造了盛唐時西域康國人東來華夏的情景，表現了他們在我國經商之暇，戲猴、騎駝漫遊之情趣。

三彩釉配色自然，清麗勻淨，俑和駱駝分別以深、淺的赭黃色為主色調，俑的折襟、襯衣和駱駝的頭、頸及四腿的絨毛均施以淺黃色釉，色彩對比鮮明而不刺目。雙峰肉鞍披墊施以綠、赭、黃三色釉，清麗而不浮華。釉色焙燒勻淨無瑕疵，顯示了我國唐三彩技藝之精湛。此件三彩騎駝陶俑的塑造藝術和三彩釉的燒製技術都達到了極其嫻熟的高度，屬國家珍貴文物。

圖90　三彩胡人牽駱駝俑

唐
俑高68cm
駱駝高70cm／長51cm

　　俑白色陶胎，面部敷粉畫彩，身施黃、綠、白三色釉。頭戴折沿尖頂帽，深目高鼻，胡人形像。身穿窄袖長袍，領口外翻。內著半臂。腰後繫一包袱。下著裙，足蹬長靴。雙手握拳，右手上舉，左手置於胸前，呈拉韁繩狀。

　　駝為雙峰駝，上有氈墊，周身以黃綠釉作為主色調。駝首上昂，張嘴作嘶鳴狀。腰身略長，四腿直立於長方形托板上。

圖91　三彩馬

唐
高73cm／長84cm／寬24cm

　　此馬全身施黃、綠、白三色釉，昂首挺立，馬頭略向左傾。攀胸和
鞦帶上有蟾蜍紋、杏葉紋裝飾。馬背跨鞍，鞍上覆蓋鞍袱，下墊綠色碎
花鞍韉，刻有網格紋白邊的黃色障泥垂於韉下馬腹兩側。此馬塑造得生
動傳神，形象逼真。

圖92　三彩馬

唐
高76.5cm

　　馬在唐朝受到重視，與李唐王朝本身具有游牧民族血統有關。李世民將騎馬狩獵視為大丈夫三大樂事之一，讓閻立本畫出昭陵（李世民陵墓）六駿樣本，命工匠雕刻成石質浮雕，永遠陪伴其左右。李隆基馴養舞馬在自己生日的千秋節上應節踢踏，翩翩起舞。楊氏一門騎馬列隊出行，聲喧整個長安城。虢國夫人騎馬入宮，「淡掃蛾眉朝至尊」。詩人李白更是吟出「五花馬，千金裘，呼兒將出換美酒，與爾同銷萬古愁」之佳句。馬是唐人生活不可或缺的組成部分，唐代墓葬中出土三彩馬眾多，反映出唐人對馬的喜愛。此馬兩耳上聳，雙目圓睜，造型準確，比例勻稱，四腿挺拔有力，直立於托板上，表現出馬佇立時寧靜的神態。通體施白、綠、赭三色釉，頭戴絡頭，身披攀胸和鞦帶，上掛杏葉形飾物，尾繫花結，馬背配鞍，外包鞍袱，下襯雕花墊和障泥。

圖93　三彩駱駝

唐
高80cm

　　駱駝分單、雙峰兩種。雙峰駱駝產於中亞及中國。最遲在東漢時期，四川漢畫像磚上，已有表現。隋唐時期，伴隨著中外文化交流的日益頻繁，駱駝逐漸成為藝人工匠常見的表現題材。此駱駝頭、頸、雙峰及韉施釉，雙峰、頭、頸部為褐色，韉則綠、褐相間。最外緣似流蘇裝飾，其上為一串連珠紋，內為菱形紋。身及四足素胎。

116

圖94 三彩鳳首壺

唐
高33cm／口徑5.7cm／足徑10.4cm

壺口呈鳳頭狀，細頸，扁圓形腹，高足外撤，平底。通體施綠、褐、白等釉。一側置曲柄。腹部形成兩面開光體，採用塑貼裝飾技法，一面為人物騎馬射箭圖，一面為飛翔的鳳鳥圖，底足無釉。

鳳首壺在初唐時即開始流行。此器採用貼塑技法使畫面具有淺浮雕效果，物象鮮明突出。鳳首壺是唐三彩陶器中常見的器形，它與同時期另一種常見的雙龍柄壺一樣，明顯具有波斯薩珊式器物造型風格。這種巧妙地把外來文化與傳統民族藝術結合起來的裝飾手法，是唐三彩造型上的創新。

圖95　三彩鏤空台座

唐
高7.5cm／面橫14cm／面縱11cm／底橫14cm／底縱11cm

　　座面和底部造型一致，都呈海棠花式，上下出沿，座面中心刻畫寶相花圖案。器座中間由八個向外突起的寶象瓶相承。上、下各有一周圓形鏤空。通體在深綠、褐黃、白色釉面上，以凸起的珍珠狀圓點作輔助裝飾。

　　此件三彩鏤空台座雖然是一件明器，但製作相當精美，不僅釉面異常華麗，而且採用鏤空及珍珠地裝飾，使器物裝飾性更強。

圖96　三彩花瓣式三足盤

唐
高6.6cm／口徑22.2cm／足距13.3cm

　　盤口為九瓣花口式，猶如一朵盛開的蓮花，底下以三足相承。盤心刻劃蓮花紋飾，內外壁以黃、綠、白、褐等色釉裝飾。盤底及三足內側無釉，無釉處露灰白色胎骨。

　　此盤以捏塑法成型，九瓣花口厚薄均勻，形狀規整。釉面採用圖案裝飾法，令人耳目一新。唐三彩陶器在藝術上最成功之處，在於突破了以往單色釉的侷限，而運用多種釉色裝飾器物，從而取得華麗動人的效果。唐三彩陶器的釉面裝飾圖案，主要有網狀、散點、彩帶等。這些圖案的表現手法不一，或利用釉彩的自然流動，或用毛筆沾釉汁描繪圖案，或模仿唐代絲織品中的蠟染工藝等。這件花瓣式三足盤就是以模仿唐代絲織品中的蠟染工藝，這是唐三彩釉面裝飾中最獨特的一種工藝。它在製作時以蠟封住器物上欲裝飾部位，然後通體罩釉，蠟封處便不沾釉，這樣就能保留原有的白色胎體，形成形狀各異的圖案。

圖97 三彩杯、承盤

唐
杯：高3.3cm／口徑6.5cm／足徑3.3cm
承盤：高3.1cm／口徑21.8cm／足距14.2cm

杯盤由承盤、六個小杯和一個小罐組成。承盤為敞口，坦底，下承以三短足。盤內置小杯環繞中心小罐。盤外壁及杯、罐器身施黃、白、綠等色釉，盤內無釉。

此種杯、承盤應為飲具，在唐代頗為流行，承盤上的小杯或五或七，數目不等。杯、承盤是一種殉葬用的明器。作為明器的三彩陶器，它的造型在反映唐代社會生活的各個方面的同時，也反映唐代製陶工藝水準。由於唐三彩的胎泥具有良好的可塑性，因此其成型方法較為豐富，主要有黏結法（捏塑法）、輪製法和模製法等。一些方形或長方形器物，一般是用泥片黏結而成，如陶枕之類。圓器則採用輪製法。人物塑像則採用模製法。此件杯盤即以輪製法製成。輪製法在原始社會大汶口文化晚期就已出現，良渚文化和龍山文化後期曾普遍採用。其作法是將泥料放在轉動的輪盤上，借其快速轉動力，用手提拉，使之成型。輪製陶器的器形規整，厚薄均勻，器表和內部一般留有平行螺旋紋（築模法則沒有螺旋紋）。

圖98　絞胎三足罐

唐
高11cm／口徑10.7cm／足距15.8cm

　　罐口外捲，圓腹，下承以三獸足。此罐通體絞胎，即以兩種顏色胎
泥絞出木理紋樣，並以團花形式表現，是絞胎器物中難得的佳作。

　　三足罐是河南鞏義窯常見的器形，其造型模仿唐代金銀器，品種以
三彩較為多見，此外還見有白釉、黑釉、藍釉等。此絞胎三足罐亦應是
鞏義窯製品。

圖99　定窯白釉雙繫罐

五代　清宮舊藏
高13.5cm／口徑8.3cm／足徑11cm

　　罐口外撇，短頸，溜肩，直腹，淺圈足。內外施白釉，圈足無釉。
肩對稱各塑貼一獸面銜環繫，肩部刻劃弦紋兩道。

　　定窯是最早為北宋宮廷燒造御用瓷器的窯場，也是宋代五大名窯中
唯一燒造白瓷的窯場。它歷經隋、唐、五代、宋、金、元六個朝代，長
達五百餘年盛燒不衰。此罐造型雖小，但端莊氣派，顯示出皇家用瓷風
度。釉色潔白純正，雙耳設計尤為精巧，犀利的刀工將青面獠牙的瑞獸
刻畫得極為生動。

圖100　定窯白釉官字款碗

五代
高6.6cm／口徑17cm／足徑6cm

　　碗敞口，斜壁，圈足。內外及圈足
內均施白釉。釉色純正，胎體輕薄。外
底中心刻劃「官」字。

　　據考證晚唐至北宋定窯瓷器銘款中
以刻劃「官」和「新官」居多，僅1985
年西安北郊火燒壁出土晚唐定窯「官」
字款白瓷就達三十三件之多。1969年河
北省定縣靜志寺真身舍利塔基和淨眾院
舍利塔基也曾出土十七件北宋定窯刻劃
「官」和「新官」款的瓷器。在北京故
宮博物院和台北故宮博物院，也有數件
「官」字款定窯瓷器收藏，主要是盤、
碗、水丞、罐等器物。據不完全統計，
目前所見國內外收藏的署「官」字款的
定窯瓷器大約有八十件左右。過去曾有
學者認為這些署「官」字款的瓷器中有
一部分是遼代官窯的產品，但是，自從
河北定縣兩座塔基出土大批「官」字款
瓷器後，學術界基本統一了觀點，即認
為「官」字款白瓷均為定窯產品。當年
定窯部分作坊被皇室或官府徵用後，為
防止與民用器物相混淆，特刻劃「官」
字，以示區別。與同時期不署款定窯瓷
器相比較，這些「官」字款器製作工藝
都相當精細，屬於精品，已達到宮廷用
瓷的標準。此碗是五代時期河北曲陽定
窯產品。

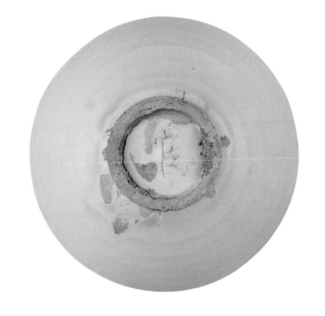

圖101　越窯青釉菱花口盤

五代
高2.1cm／口徑10.7cm／底徑5.3cm

　　盤口呈菱花狀，斜壁，平底。內外施青釉，釉色瑩潤純正，外底有
支燒釘痕。

　　花口盤自唐代中晚期開始流行，其造型受同時期金銀器影響，至五
代時最為盛行。此時的瓷器，不僅盤多做成花口，瓶也多作成瓜棱形。
五代時期的花口盤與唐代相比，口沿變化更為豐富，有五瓣、六瓣甚至
十瓣口的器物。這件菱花口盤，口沿線條流暢，盤壁淺薄，給人以輕巧
玲瓏之感。釉面有明顯經使用而留下的磨痕，說明是一件令人喜愛的傳
世珍品。

圖102　岳州窯青釉劃花蓮瓣紋盤口瓶

五代
高30.3cm／口徑11.6cm／足徑9.1cm

　　瓶盤口，短頸，溜肩，腹部長圓，
圈足外撇。通體施青釉，釉呈青黃色，
釉層較薄，開細碎片紋。胎釉結合不緊
密，釉面有剝落。肩部刻劃三道弦紋，
腹下部刻劃蓮瓣紋。

　　五代時期岳州窯燒造的青瓷，以小
件盤、碗居多，這件器形較大的盤口
瓶，是目前所見到的為數不多的器物之
一，頗為難得。刻劃蓮瓣紋是五代岳州
窯常見的裝飾技法，湖南長沙子彈庫五
代墓曾出土一件岳州窯青釉刻劃蓮瓣紋
瓶，與此瓶造型大體相同，都足以代表
五代岳州窯瓷器的燒造水準。

圖103　青釉夾耳蓋罐

五代
通高18.6cm／口徑7.2cm／足徑8.2cm

　　罐直口，豐肩，肩以下漸斂，圈足。附平頂直口圓蓋。內外滿施青釉，釉色瑩潤，開細小紋片。

　　此罐是廣州石馬村南漢墓出土的四件夾耳蓋罐之一。此種夾耳罐的設計取自南方木桶式樣，顯得新穎別緻。罐肩部分別立起一對帶孔的方形繫，蓋對稱凸出一帶孔的板片，罐蓋扣合時，蓋上伸出的帶孔的板片夾於肩上雙繫空隙處，一端可繫繩或插棍作軸，另一端可開啟。與此造型相同的夾耳蓋罐，不僅在浙江越窯及湖南長沙窯的製品中有發現，而且在長沙五代墓的隨葬品中也有所見。由此可知，這種夾耳蓋罐在五代時期的江南地區頗為流行。

圖104 耀州窯青釉葵瓣口碗

五代
高7.5cm／口徑19.2cm／足徑7.2cm

　　碗呈五瓣花口狀，口沿外撇，斜壁，淺圈足。腹壁自花口凹陷處起棱線。通體施青釉，釉層較薄，釉面玻璃質感強並開細碎片紋。

　　這件青釉花口碗，釉面雖有水沁痕跡，但造型規整，釉色勻淨，仍能反映出五代時期耀州窯青瓷的燒造風格。耀州窯燒製瓷器始於唐代，當時所燒造品種十分豐富。五代時期開始以燒造青瓷為主，其青翠瑩潤的釉面和精緻優美的造型，並不遜於當時聲名顯赫的越窯青瓷。北宋時期耀州窯青瓷以其犀利的刻劃花紋，形成自己獨特風格，成為北方青瓷的代表。

圖105 汝窯天青釉弦紋樽

宋　清宮舊藏
高12.9cm／口徑18cm／足距17.8cm

　　此樽仿漢代銅樽造型，直口，平底，口、底徑度相若。外壁近口及近足處各凸起弦紋兩道，腹中部凸起弦紋三道。下承以三足。外底有五個細小支燒釘痕。內外滿施淡天青色釉，瑩潤光潔，釉面開細碎紋片。

　　汝窯窯址位於今河南省寶丰縣大營鎮清涼寺村。「蟹爪紋」、「香灰色胎」、「芝麻掙釘」是鑒別真假汝窯瓷器的重要依據。目前所見傳世宋代汝窯天青釉弦紋樽只有兩件，除故宮博物院收藏的這件以外，英國倫敦大維德基金會亦收藏一件。

圖106　汝窯天青釉圓洗

宋　清宮舊藏
高3.3cm／口徑13cm／足徑8.9cm

洗敞口，淺弧壁，圈足微外撇。通體施淡天青色釉，釉面開細碎片紋。胎呈香灰色。外底有三個細小如芝麻粒狀的支燒釘痕，並有鐫刻的「乙」字。此洗製作工藝精湛，釉色瑩潤。

器物外底所刻「乙」字，一般認為是此洗入藏清代宮廷後所刻。精於鑑古的乾隆皇帝曾將自己所喜愛的古董劃分等級，一些器物上留下了當時鐫刻的「甲」、「乙」、「丙」、「丁」等標誌。在故宮所藏宋代汝窯瓷器上，還有鐫刻「蔡」、「壽成殿皇后閣」等銘文的，一般認為是宋代所刻。「蔡」字當與宋徽宗的寵臣蔡京有關，「壽成殿皇后閣」是宋代宮殿名。

圖107　汝窯天青釉碗

宋　清宮舊藏
高6.7cm／口徑17.1cm／足徑7.7cm

　　碗撇口，深弧腹，圈足微外撇。胎體
輕薄。通體滿釉，呈淡天青色，瑩潤純
淨，釉面開細小紋片。造型規整，外底
有五個細小支釘痕及乾隆御題詩一首。
詩曰：

　　秘器仍傳古陸渾，祇今陶穴杳無存。
　　卻思歷久因茲樸，豈必爭華效彼繁。
　　口自中規非土匭，足猶釘痕異匏樽。
　　盂圓切已勤君道，玩物敢忘太保言。

　　後署「乾隆丁酉仲春御題」，並鈐
「古香、太樸」二印。「乾隆丁酉」即乾
隆四十二年（1777）。

　　這件汝窯碗，胎質細膩，釉色如湖水
映出的青天，堪稱精美的稀世珍品。目前
所見傳世宋代汝窯碗僅有兩件，除故宮博
物院收藏的這件外，英國倫敦大維德基金
會亦藏一件。

圖108　汝窯三足樽承盤

宋　清宮舊藏
高4cm／口徑18.5cm／足距16.9cm

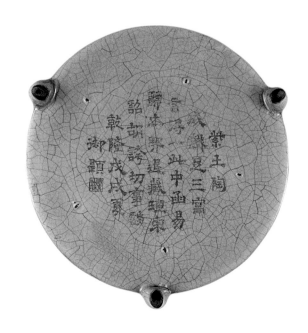

　　承盤圓口，淺腹，平底，下承以三足。內外施天青色釉，釉面開細碎紋片。外底滿釉，有五個細小支燒釘痕。乾隆皇帝曾為其題詩一首。由宮廷玉作匠師鐫刻於器物外底。詩曰：

　　紫土陶成鐵足三，寓言得一此中函。
　　易辭本契退藏理，宋詔胡誇切事談。

　　後署「乾隆戊戌夏御題」。「乾隆戊戌」即乾隆四十三年（1778）。
　　此器造型規整，釉呈淡天青色，柔和溫潤。應指出的是它需與三足樽配套使用，即它是承放三足樽的承盤。

圖109　汝窯天青釉盤

宋　清宮舊藏
高3cm／口徑17.1cm／足徑9.1cm

　　盤撇口，淺弧壁，坦底，圈足外撇。通體內外施天青色釉，釉面開細碎片紋（因採用「裹足支燒」，致使外底留有三個細小支燒釘痕）。

　　這件汝窯青瓷盤，釉質瑩潤，其質感似絲綢般柔美。宋代汝窯青瓷儘管在色調上深淺不一，但都離不開「淡天青」這個基本色調。這種冷暖適中的色調以其素雅清逸，適應了北宋時期上層社會所推崇的「清淡含蓄」的審美情趣，使汝瓷成為宋代諸瓷之首，並一直受寵於宮中。

圖110　官窯青釉弦紋瓶

宋　清宮舊藏
高33.6cm／口徑9.9cm／足徑14.2cm

　　瓶洗口，長頸，圓腹，高圈足，圈足
對稱有一長方形扁孔可供穿帶。頸至腹部
凸起七道弦紋。通體施青釉，釉層肥厚，
呈粉青色，給人以凝厚深沉的玉質美感。

　　此瓶仿漢代銅器式樣，形體線條簡潔
雅致，凸起的弦紋改變了造型的單調感，
增強了器物的裝飾性。器身布滿大片紋，
縱橫交錯。是宋代官窯瓷器的代表作品。

　　宋代官窯瓷器主要為素面，既無華
美的雕飾，又無豔彩塗繪，最多使用凹
凸直棱和絃紋為飾。釉色以粉青為主。
釉面紋片鄰鄰，愈顯高潔古雅。器形
除常見的盤、碟、洗等之外，仿商、
周、秦、漢古銅器中的各式瓶、爐樣式
也很多。釉面開片本因釉與胎的收縮率
不一致，冷卻時形成一種釉裂胎不裂的
現象，古代工匠巧妙地利用錯落有致的
開片，順其自然，形成一種妙趣天成的
裝飾釉。主要出現在宋代官窯、哥窯，
汝窯青瓷表面。或稱「開片」、「龜
裂」。官窯瓷器的開片紋與哥窯器物有
所不同，其大片紋之間經常夾雜細密的
小片紋，猶如冬日江河裡的冰裂紋，層
層相疊，精美無比，頗受後人推崇。

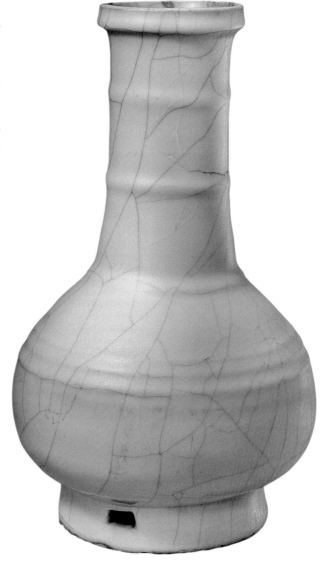

圖111　官窯青釉直頸瓶

宋　清宮舊藏

高13.2cm／口徑3.2cm／足徑5.7cm

　　瓶直口，頸部細長，腹部由凹凸的棱線形成蒜頭狀，圈足。通體施青灰色釉，釉面開大片紋，裂紋遍布器身。

　　此瓶在造型上頗具特色，器身於穩重端莊中以凹凸變化的棱線突出其精巧。釉面肥厚潤澤，閃現一種酥油般光澤，具有獨特的藝術魅力。

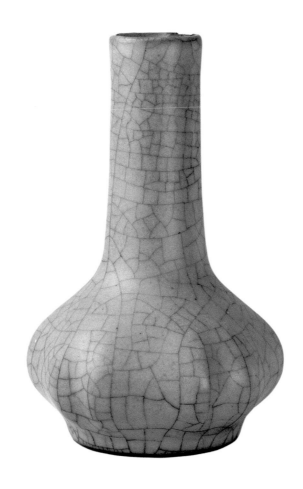

圖112　官窯青釉方花盆

宋　清宮舊藏

高9.2cm／口邊長15.3cm／足邊長13cm

　　花盆呈正方體形，敞口，直壁，下承以四矮足，底開有一滲水圓孔。器口鑲銅，底足露胎處呈黑褐色，俗稱「鐵足」。通體施粉青色釉，釉面開大片紋，裂紋遍布器身。

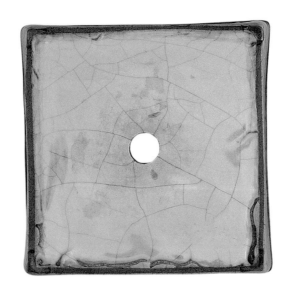

圖113　官窯青釉盞托

宋　清宮舊藏
高5.7cm／口徑8.1cm／足徑6.7cm

盞托斂口，托盤邊沿寬大，圈足外撇。內外施滿釉，釉色瑩潤，開有冰裂紋片。

盞托始製於東晉，南北朝時已較流行，唐代隨著江南地區飲茶風俗的盛行，產量增加。五代末期，盞腹加深，托變高，美觀實用。宋代盞托式樣繁多，南北瓷窯無不燒製，托口較前顯著增高，頗具特色。

此盞托造型別緻，釉面晶瑩類玉，為清宮舊藏，傳世極少，彌足珍貴。

圖114　官窯青釉圓洗

宋
高6.4cm／口徑22.5cm／足徑19cm

洗敞口，器身近直，洗裡坦平，圈足矮寬，底部邊沿露胎無釉。造型端莊典雅。通體施青釉，釉呈粉青色，純淨瑩澈。釉面上，金絲般的片紋縱橫交織，片紋間又閃現出條條冰裂紋，優美和諧。

這件官窯圓洗是宋代宮廷御用器，在造型、工藝及裝飾技巧方面都十分考究，尤以釉色及片紋突出。在釉層較薄的器口或未被釉層遮蓋的器底部分，形成「紫口鐵足」，使器物愈顯古樸莊重。

清代乾隆皇帝曾為此洗擬詩一首，由皇家玉作匠師鐫刻於洗之外底。詩曰：

修內遺來六百年，喜他脆器尚完全。
況非聱礬不入市，卻足清真可設筵。
詎必古時無碗製，由來君道重盂圓。
細紋如擬冰之裂，在玉壺中可並肩。

下署「乾隆御製」。

圖115 哥窯青釉弦紋瓶

宋
高20.1cm／口徑6.4cm／足徑9.7cm

　　瓶撇口，細長頸，扁圓腹，圈足。頸及肩部凸起弦紋四道，器內外及底心滿釉，釉面開「金絲鐵線」片紋。底足露胎處呈醬褐色。

　　由於開片大小不同，深淺層次不同，胎體露出的部位因氧化或受汙染程度也不盡相同，致使開片紋路呈色不一。哥窯瓷器釉面大開片紋路呈鐵黑色，稱「鐵線」；小開片紋路呈金黃色，稱「金絲」。於是有「金絲鐵線」之稱。

　　哥窯瓷器釉質凝厚，釉色沉穩，因其胎體中氧化鐵含量較高，燒成時口沿處釉熔融垂流，釉層變薄，遂隱現醬紫色胎骨。

　　弦紋瓶是典型的哥窯產品，造型端莊秀美，「金絲鐵線」片紋和器身凸起的四道弦紋，使單一色釉增添了起伏變化，更具韻律感。哥窯瓷器傳世不多，現主要收藏於北京故宮博物院和台北故宮博物院。

圖116 哥窯青釉貫耳瓶

宋　清宮舊藏
高11.5cm／口徑2.5cm／足徑4.2cm

　　瓶直口，長頸，垂腹，圈足。口沿對稱置貫耳。通體施米黃色釉，釉面開細碎片紋。

　　此瓶在造型上摹仿西周青銅禮器。口耳相連的曲線增加了口部力度，與扁圓形腹部上下呼應，構成視覺上的均衡，給人穩重之感。

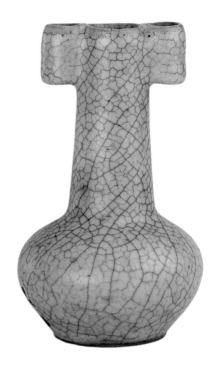

圖117　哥窯青釉魚耳爐

宋　清宮舊藏
高9cm／口徑11.8cm／足徑9.6cm

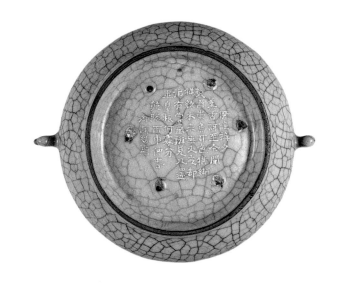

　　此爐造型仿商周青銅禮器簋，S形輪廓線上斂下豐，勾勒出端莊飽滿的體態。腹對稱置魚形耳，下承以圈足。造型古樸典雅。通體施青灰色釉，釉面密布交織如網的「金絲鐵線」開片紋，使素淨的釉面富於韻律美。外底有六個圓形支燒釘痕。

　　魚耳爐因可用來焚香且爐身對稱置魚形耳而得名，是宋代哥窯瓷器中的名品。元、明時雖有仿品傳世，但均貌似神離，無法企及原作之風韻。此件魚耳爐屬於清宮舊藏品，清代乾隆皇帝曾對其頗為賞識，摩挲把玩時曾擬詩一首，由宮廷玉作匠師鎸刻於爐之外底。詩云：

　　　　伊誰換夕薰，香訝至今聞。
　　　　製自崇魚耳，色猶纈鱔紋。
　　　　本來無火氣，卻似有雲氳。
　　　　辨見八還畢，鼻根何處分。

　　詩後署「乾隆丙申仲春御題」。「乾隆丙申」即乾隆四十一年（1776）。

圖118 哥窯青釉海棠式花盆

宋　清宮舊藏
高7.8cm／口橫14.6cm／口縱11.8cm
底橫11cm／底縱8.5cm

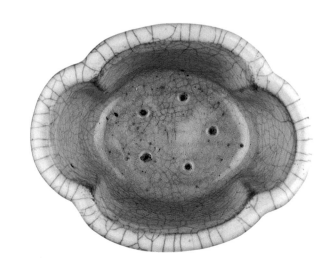

　　花盆呈四瓣海棠花式。直口微撇，
出沿，斜壁，平底，下承以四個如意頭
形足。內底有五個支燒釘痕。內外施灰
青色釉，足底邊無釉，呈黑色。釉面開
片，外壁釉面開片較大，盆內釉面則開
細碎片紋。片紋縱橫交織，有較強的藝
術魅力。

　　宋代哥窯瓷器以盤、碗、瓶、洗等
多見，花盆則較為少見。

圖119　哥窯青釉葵瓣口盤

宋　清宮舊藏
高4.1cm／口徑20.2cm／足徑7.5cm

　　盤呈六瓣葵花式，淺腹，坦底。腹壁向裡凸出六道棱線，圈足亦
隨腹壁起伏變化。通體施青灰色釉，釉面開細碎片紋。圈足露胎處呈
黑褐色。

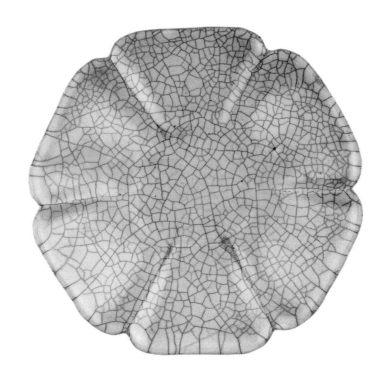

圖 120　定窯白釉刻花梅瓶

宋
高37.1cm／口徑4.7cm／足徑7.8cm

　　瓶小口折沿，短頸，豐肩，肩下漸收
斂，圈足。俗稱「梅瓶」。通體施白釉，
釉色柔和潔淨，白中閃黃。肩部刻劃菊瓣
紋一周，腹部刻纏枝蓮紋，脛部刻上仰蕉
葉紋。刻花清晰婉轉，深淺不一。特別是
所刻蓮花，簡潔典雅，線條流暢，顯示出
定窯刻花技術的嫻熟。此瓶造型挺拔，是
宋代定窯梅瓶的標準式樣。

圖 121　定窯白釉孩兒枕

宋　清宮舊藏
高18.3cm／長30cm／寬18.3cm

　　枕作孩兒伏臥於榻上狀，以孩兒背作
枕面。孩兒兩臂環抱墊起頭部，右手持一
繡球，兩足交叉上蹺，身穿長衣坎肩，長
衣下部印團花紋。榻邊模印花紋，四面
開光，其中一面凸起螭龍，相對的一面光
素，其餘兩面凸起如意雲頭紋。枕身釉呈
牙白色。底素胎，有兩孔。

　　枕是睡覺時墊頭的用具。在中國古
代，人們喜歡使用玉枕、瓷枕，這是由於
玉、瓷可以爽身怡神，甚至有「明目益
睛，至老可讀細書」的作用。瓷枕始創於
隋代，盛行於唐、宋、元各代。此件孩兒
枕塑製精美，人物形態活潑、悠然，是中
國古代瓷器中的名品。

圖122　定窯白釉刻花渣斗

宋
高7.4cm／口徑17.8cm／足徑4.6cm

　　渣斗上部形狀如盤，口內斂，中部束腰，下部形如圓盒底部，淺圈
足。通體施白釉，釉呈牙白色，細潤光滑，器內口部刻折枝花卉，底部
無釉。

　　目前所見渣斗多為宋代品種，當時南北方各窯普遍燒造。此件白釉
刻花渣斗，造型精緻，釉色純正，是不可多得的定窯白瓷精品。

圖123 定窯白釉刻花牡丹紋折沿盤

宋　清宮舊藏

高3.1cm／口徑26.7cm／足徑18.1cm

盤折沿，淺腹，淺圈足。通體施白釉，器口無釉，鑲銅口。近口沿處刻劃一周卷草紋，內底刻劃纏枝牡丹紋，其上結兩朵牡丹花，花心相對。

定窯燒造白瓷始於唐代，雖然唐代以邢窯白瓷最負盛名，但定窯白瓷精品堪與邢瓷相媲美。到了宋代定盛而邢衰，人們遂只知有「定」而不知有「邢」了。定窯白瓷之所以能夠取代邢窯白瓷顯赫於天下，一方面是由於在色調上它屬於暖白色，細薄潤滑的釉面白中微閃黃，給人以溫潤恬靜的美感；另一方面它善於運用印花、刻花、劃花等裝飾技法，將白瓷從素白裝飾推向一個新階段。元代劉祁在《歸潛志》一書中曾有「定窯花瓷甌，顏色天下白」的讚譽。此件白釉刻花牡丹紋折沿盤，堪稱定窯刻花白瓷的代表作品。

圖124　定窯白釉印花菊鳳紋盤

宋
高4.3cm／口徑19.2cm／足徑12.7cm

盤敞口，坦底，弧壁，圈足，口沿露胎無釉處鑲銅口。通體施白釉，釉色白中泛灰，外壁明顯見到拉坯留下的旋痕及蘸釉時留下的「淚痕」狀垂釉。器裡口沿模印回紋一周，內壁模印荷花紋飾，盤心模印雙鳳菊花圖案。外底鐫刻乾隆御題詩一首，詩曰：

> 古香古色雅宜心，宋定名陶器足珍。
> 質韞珠光堪作鑒，紋鏤花鳥具傳神。
> 擎來掌上掬明月，題向詩中證舊因。
> 盛得朱櫻千萬顆，滿盤琥珀為生春。

後署「乾隆甲午孟春御題」。鈐「比德」、「朗潤」兩方章。「乾隆甲午」即乾隆三十九年（1774）。

定州在北宋時是商賈雲集的商業重鎮，這裡不但生產瓷器，也鑄造金銀器，同時還是緙絲織物的集散地。在這種大環境下，定窯工匠們自然會將金銀器的模造技法和緙絲織物的圖案與白瓷的燒造技術結合在一起。所以定窯白瓷上的印花裝飾，一開始就顯得比較成熟，具有很高的藝術水準。這件定窯白瓷盤上剛勁有力的圖案線條、層次分明的構圖及以緙絲圖案為摹本的鳳穿花紋

樣，均在暖白色釉層的掩映下相得益彰。此盤在傳世宋代定窯器物中雖並非精品，如白色釉面中有黑色雜質，修足也不甚規矩。但此器留有乾隆皇帝所題御製詩一首，也足以證明當年定窯器物在宮中受寵的情形。此盤曾一度流出宮外，20世紀50年代由國家文物局購回並撥交故宮博物院收藏。

圖125 定窯醬釉蓋碗

宋
通高10cm／口徑12cm／足徑5.3cm

　　碗直口，深腹，圈足。蓋頂置瓜蒂形鈕。通體施醬色釉，碗口沿及
圈足無釉，露胎處呈白色。

　　宋代定窯除以燒造白釉瓷器著稱外，其黑釉、醬釉瓷器也相當精
美，俗稱「黑定」、「紫定」。這些器物相對於定窯白釉瓷器而言，燒
造數量較少，「物以稀為貴」，因此更顯珍貴。這種形制的蓋碗，在宋
代北方各窯場普遍燒造，以河南、河北兩省居多，除醬釉外還見有白
釉、青釉器物。這些器物一般無紋飾，也有個別以刻劃蓮瓣紋裝飾。

圖126　鈞窯月白釉出戟尊

宋　清宮舊藏
高32.6cm／口徑26cm／足徑21cm

　　尊的造型仿古代青銅器式樣，喇叭形口，扁鼓形腹，圈足外撇。頸、腹、足之四面均塑貼條形方棱，俗稱「出戟」。通體施月白色釉，釉內氣泡密集，釉面有棕眼。器身邊棱處因高溫燒成時釉層熔融垂流，致使釉層變薄，映現出的胎骨呈黃褐色。圈足內壁刻劃數目字「三」。

　　傳世宋代鈞窯瓷器以各式花盆和花盆托最為多見，出戟尊較為少見。除此件以外，目前所見還有上海博物館收藏的宋代鈞窯月白釉出戟尊、台北故宮博物院收藏的宋代鈞窯丁香紫釉出戟尊等。

圖127 鈞窯玫瑰紫釉長方花盆

宋　清宮舊藏
高15cm／口橫20cm／口縱16.5cm／足橫13.4cm／足縱10cm

　　花盆長方體。折沿，斜直壁，平底，四角有足。通體施天青色和玫瑰紫色釉。釉面呈現「蚯蚓走泥」紋。外底施醬色釉，並刻有數目字「十」。

　　花盆為鈞窯瓷器中的重要品種，是當時為滿足皇宮需要按照宮廷出樣燒造的。這件花盆造型古樸大方，釉色典雅潤澤，成為一件備受皇室青睞的藝術品。

圖128　鈞窯玫瑰紫釉葵花式花盆

宋　清宮舊藏

高15.8cm／口徑22.8cm／足徑11.5cm

　　花盆呈六瓣葵花式。折沿，沿邊起棱，深腹，圈足。內外施釉，口沿以內釉呈灰藍色，外壁釉呈玫瑰紫色，口沿下流釉，凸棱處釉薄呈醬黃色。

　　底呈深淺不同的醬色，有五個圓形滲水孔，刻有標識器物大小的數目字「七」，並有清代造辦處玉作匠人所刻「建福宮」橫排、「竹石假山用」豎列八字款識。

圖129　鈞窯天藍釉鼓釘三足洗

宋　清宮舊藏
高11.5cm／口徑25.2cm／足距16.5cm

洗口內斂，淺腹，坦底，以三雲頭形足相承。近口沿處凸起一周弦紋，洗外口下及近底處各環列鼓釘紋一周，上為二十三枚，下為十九枚。外底有一周支燒釘痕，中心刻「養心殿」橫排、「長春書屋用」豎列銘文，以及「一」字標記。通體施天藍色釉。

鈞窯之所以成為宋代五大名窯之一，並成為北宋宮廷用瓷，一方面是因為鈞瓷獨特的釉色，另一方面是因為它那典雅端莊的造型。此件天藍釉鼓釘三足洗不僅在造型、釉色上堪稱宋鈞瓷中的上乘，其上所刻宮殿銘文均為清代乾隆時期宮廷玉作匠師所刻，也說明此器具有較高的歷史和收藏價值。

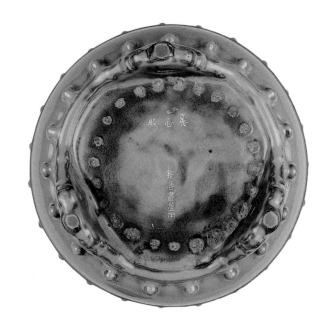

圖130　鈞窯天藍釉紅斑花瓣式碗

宋
高4.8cm／口徑9.5cm／足徑3.5cm

　　碗呈花瓣狀。口內斂，器裡凸起、
器外凹進十條棱線，將碗自然分成十花
瓣形。圈足。通體釉色為月白色，其上
顯現幾塊紫紅斑塊，紫紅斑上有鐵質斑
點結晶。

　　此碗造型別致，宛如一朵盛開的花
朵，嫵媚多姿。藍、紫相間的釉色，又
如同天空中飄浮的彩雲。我國的瓷器在
宋以前多以單一的青釉做裝飾，鈞紅的
燒製成功則開創了一個新境界。雖然鈞
瓷所呈現的紅色還雜以或深、或淺、或
呈斑塊狀，以及呈放射狀的紫紅色，並
非純正的紅色，但它仍然是一個重大成
就，因為它對後來陶瓷發展產生深刻的
影響，特別是為元、明、清各時期高溫
顏色釉的發展奠定了基礎。

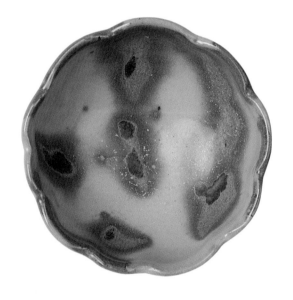

圖131　耀州窯青釉刻花雙耳瓶

宋
高24.5cm／口徑5.5cm／足徑9cm

瓶撇口，細頸，鼓腹，圈足。俗稱「玉壺春瓶」。頸部對稱置龍耳，腹上部凸起弦紋四道，下部陰刻兩朵蓮花圖案，寬圈足。灰白胎，釉色青綠。

耀州窯瓷器多為灰白胎，但多數器物透過青翠的釉層，使人感到的卻是潔白、細膩的胎體，仿佛上釉前曾施一層化妝土，此件雙耳瓶即為一例。實際上這是由於胎土和釉料在燒成過程中產生化學反應，形成一層密合層所致，這種現象在河南臨汝窯及鈞窯產品中也可見到，這是由於它們的地理構造相近，坩土所含成分相似所致。

耀州窯遺址位於今陝西銅川市，因宋代此地屬耀州管轄，故名。其始燒於唐代，以白瓷、黑瓷、青瓷為主。宋代則以燒造青瓷為主，以刻花、劃花、印花裝飾的青瓷盛極一時。北宋中期曾為皇宮燒造貢瓷。耀州窯瓷器造型、紋飾多同定窯，只是釉色有別，特別是其刻花技術嫻熟，略勝定窯一籌。此瓶紋飾立體感強，花葉陰陽向背分明，刀鋒犀利，線條流暢，別具風格。

圖132　耀州窯青釉盤口瓶

宋
高19.5cm／口徑9.5cm／足徑8cm

　　瓶盤口，短頸，圓腹，圈足。造型略呈石榴形，俗稱「石榴尊」。
內外施青釉，釉色較淺，釉質瑩潤，釉面開細碎片紋。足邊無釉。胎體
灰白，造型渾厚。

　　耀州窯瓷器中瓶式很多，瓶體修長秀麗或豐滿端莊，但像此件石榴
式樣的瓶卻較少見，應為北宋早期產品。這時期耀州青瓷釉面皆玻璃質
感強，施釉均勻，大多開有細碎片紋，胎釉結合緊密，沒有剝釉現象。
以日用瓷為主，在造型方面與五代耀州窯瓷器有明顯的繼承關係。

圖133　耀州窯青釉刻花菊瓣紋碗

宋
高5.1cm／口徑13.2cm／足徑4.1cm

碗敞口，內外均刻菊瓣紋，碗心印一團花，圈足。通體施青釉，釉色青中泛黃，足邊無釉。耀州窯瓷器裝飾題材豐富，花卉、人物、動物無其不有，即使同一題材也採用不同裝飾手法。這件菊瓣紋碗，以碗心的一朵團花為中心，放射狀地向外刻出一片片菊瓣紋，圖案繁而不亂，規整自然，反映出當時藝師們的審美觀念。

耀州窯瓷器上的刻花裝飾於北宋中期發展成熟，到北宋末期工藝更為精湛。此碗為宋代耀州窯青瓷的代表作品，反映了耀州窯瓷器刻花工藝的突出成就。其內外所刻菊瓣紋，佈局舒朗勻稱，線條活潑流暢。

圖134　耀州窯青釉印花童子玩蓮紋碗

宋
高4.5cm／口徑14.3cm／足徑3.3cm

　　碗撇口，深弧腹，矮圈足，足底沾窯渣。通體施青釉。碗內印一束
蓮花，四童子分別手持一枝蓮花，身體呈不同的姿勢作嬉戲狀。

　　宋代耀州窯青瓷裝飾題材豐富多樣，植物、動物、人物及宗教題材
應有盡有。人物題材以嬰戲較為多見，赤裸身軀的孩童，有的戲於花葉
中，有的匍匐扳枝，有的攀樹折花，有的馴鹿趕鴨，有的抱球採蓮，不
拘一格。此碗嬰戲紋飾抓住了孩童體態的主要特點，用洗練的輪廓線將
其五官的稚氣和胖呼呼的體形生動地刻畫出來。

圖135 耀州窯醬釉碗

宋
高4.5cm／口徑14cm／足徑4cm

　　碗撇口，深弦腹，圈足，近足無釉。素面無紋飾。釉為醬色，釉色
較亮。醬釉瓷器是宋代中期耀州窯瓷器中出現的一個新品種，為仿宋代
漆器之作，其數量較多，僅次於青瓷。

圖136　龍泉窯青釉盤口瓶

宋　清宮舊藏
高17cm／口徑6.7cm／足徑7.6cm

瓶盤口，細長頸，溜肩，垂腹，圈足。裡、外及足內滿施青釉，底邊無釉，凸棱處釉薄，映出白色胎骨。此瓶造型精美，釉色純淨，頗具藝術魅力。

此瓶既無精美繁複的雕飾，也無豔彩濃抹的圖案，唯以其風格之敦厚，造型之秀美，釉色之俏麗，顯示出迷人的藝術魅力，堪稱精品。

龍泉窯瓷器造型豐富多樣，如日常生活中的盤、碗、洗、爐，文具中的筆筒、筆架、水盂及塑像、陳設品、文玩器物等應有盡有。其中尤以仿商周青銅器的鬲式爐、仿玉器的琮式瓶和仿漢代銅壺等器物最為精緻。在裝飾方面，由於南宋龍泉窯青瓷釉層厚而失透，北宋盛行的刻劃花裝飾已不適用，應運而生的是以堆塑和浮雕為裝飾手段，產生了獨具特色的龍鳳、雙魚、蓮瓣、人物等具有立體感的紋樣，進一步加強了裝飾藝術的美感。

龍泉青瓷的成就，與製瓷匠師掌握先進的燒造工藝是分不開的。南宋時期龍泉窯以石灰鹼釉替代以往的石灰釉，石灰鹼釉的特點是高溫黏度大，燒成時不易流釉。其中以粉青和梅子青釉最為著名。梅子青釉的釉層厚達1.5公釐以上，釉色青翠，光澤柔和。那美玉般渾然一體的釉色，配之以硃砂底足和利用釉汁流動在器皿轉折處呈現的釉色濃淡的變化，更增添了其秀麗雅致的風采。

圖137　龍泉窯青釉貫耳弦紋瓶

宋　清宮舊藏

高31.5cm／口徑10cm／足徑11.7cm

　　瓶撇口，長頸，溜肩，鼓腹，圈足。
頸部凸起弦紋四道，兩側對稱置雙耳，耳
呈圓管狀，俗稱「貫耳」。腹部陰刻弦紋
二道。內外滿釉，釉色青翠，釉層凝厚，
足邊無釉。此瓶仿照古代青銅器中壺的式
樣製作，瓶體碩大，器形古樸端莊，為當
時龍泉青瓷中的名貴作品。

　　這件貫耳瓶上的釉為粉青釉，其色澤
和質地之美，代表了我國歷史上青釉燒製
的最高水準。

圖138　龍泉窯青釉琮式瓶

宋　清宮舊藏
高25.2cm／口徑6.2cm／足徑6cm

　　瓶仿玉琮造型，口底徑度相若，方形直腹，四面各以凸起橫豎線紋裝飾。圈足。通體施青釉，釉色瑩潤光亮，開細碎片紋。

　　琮式瓶始出現於南宋，宋代盛行仿古之風，這種瓶式係仿照周代玉琮外型並加以變化而成。明代石灣窯多產此類瓶，清代景德鎮也有燒造，但仍以宋代龍泉窯製品為最佳。

圖139　龍泉窯青釉弦紋三足爐

宋
高9.3cm／口徑14.5cm／足徑5.5cm／足距7.9cm

　　爐口沿較寬，直壁，圈足，足下又有三個雲頭形足。三足與圈足在同一平面。器身凸起弦紋四道，上下各一道，中間兩道。通體施梅子青釉，造型古樸大方。

　　爐是由商周時期的青銅鼎演變而成，多用作禮器。瓷爐最早始於東吳，宋以前常見的是托爐，宋代開始流行三足爐。

　　此器以釉色取勝，梅子青釉勝於一般青釉，可與翡翠媲美，尤為難得。

圖140　景德鎮窯青白釉刻花梅瓶

宋　清宮舊藏

高31.7cm／口徑4.6cm／足徑9.6cm

　　瓶直口，短頸，溜肩，肩以下漸瘦，
圈足，素底。瓶頸部凸起弦紋一道，肩及
足上各刻弦紋兩道，瓶身刻漩渦紋。

圖141　景德鎮窯青白釉帶蓋瓶

宋
通高21.6cm／口徑3.6cm／足徑10.8cm

　　瓶小口，短頸，碩圓腹，肩部置對稱的雙耳，圈足，底部露胎無
釉。瓶蓋形如倒扣的茶杯，口部脫釉。內外滿施青白釉，釉質光潤，釉
面開片。

圖142　景德鎮窯青白釉倒流壺

宋
高11.2cm／足徑6cm

　　壺體呈瓜棱球形，一條堆塑其上的螭
龍巧妙地形成壺流與提樑，平底，底中心
有一注酒的圓洞。通體施青白釉，釉色白
中泛青。

　　此壺設計巧妙，因利用連通器原理，
注酒時將壺倒置，從底孔注酒後，再將壺
正置，即可從螭龍嘴往外倒酒，故稱「倒
流壺」。

圖143 景德鎮窯青白釉刻花注壺、注碗

宋
通高24cm
注子：高21.5cm／口徑3.5cm／足徑9cm
碗：高12.3cm／口徑17cm／足徑9.8cm

　　注子圓口，有蓋，蓋頂置獅形鈕，折肩，彎流，曲柄，圈足。注碗葵瓣式口，碗體呈六瓣花形，圈足。通體施青白釉。

　　注子、注碗組合成套，是溫酒用具。溫酒時將注子置於注碗中，以碗中熱水溫之。其形像較早見於五代顧閎中所繪〈韓熙載夜宴圖〉中。

　　從紀年墓出土實物看，成套的注壺、注碗多為北宋遺物。其中以安徽宿松本祐二年（1087）吳正臣夫婦墓出土的一套青白釉注壺、注碗最為精美。宋孟元老《東京夢華錄》曰：「大抵都人風俗奢侈，度量稍寬，凡酒店中不問何人，止兩人對座飲酒，亦須用注碗一副，盤盞兩副，果菜碟各五片，水果碗三五只，即銀近百兩矣。」說明北宋時曾普遍流行使用注壺、注碗。

圖144 景德鎮窯青白釉印花蟠螭紋洗

宋　清宮舊藏
高3.5cm／口徑13.1cm／足徑11cm

　　洗直口，平底微內凹，淺圈足。內外施青白釉，口邊無釉，鑲銅口。洗中心飾團螭紋。為景德鎮窯南宋時期仿定窯產品。

圖145　黑釉油滴釉盤

金
高5cm／口徑21cm／足徑6.5cm

　　盤敞口，淺弧壁，圈足。內外滿施黑釉，釉色烏黑鋥亮，釉面布滿銀白色滴狀結晶，仿若大小不一的油花點點，故稱「油滴釉」。「油滴」之狀又如夜空繁星閃爍，令人目不暇給。

　　此盤神奇之處在於注水後富於各種變化。如注入清水，則銀白色結晶愈加明亮，如夜空中的群星；如注滿茶水，則結晶閃現出金黃色，十分耀眼，充滿神奇魅力。

　　此盤胎釉特徵與考古工作者在山西地區調查窯址時發現的資料類似，因此可斷定此碗應為山西窯製品。

圖146 黑釉剔花小口瓶

宋
高24cm／口徑4.3cm／足徑11.5cm

瓶小口外折，短頸，溜肩，鼓腹，圈足，砂底。通體施黑釉，釉面光亮似漆。通體運用剔刻裝飾技法。肩部為一周變形菊瓣紋，腹部裝飾四組錢形開光，開光內各剔刻出折枝花葉，線條簡練，紋飾粗獷豪放。黑亮的釉面與褐色的胎體形成對比，別具韻味，堪稱山西地區傳統技法的典型作品。此瓶1955年於山西天鎮縣夏家溝出土。底部墨書「郭舍住店」四字。

剔花是一種傳統裝飾技法，可分為留地剔花與留花剔地兩種，花紋突起，具有淺浮雕般效果。宋代南北各地瓷窯都有運用，其中以磁州窯與吉州窯剔花產品最具代表性。

圖147　吉州窯玳瑁釉罐

宋
高11cm／口徑12cm／足徑3.2cm

　　罐唇口，短頸，鼓腹，淺圈足。罐外壁施玳瑁釉，罐內及底部素胎無釉。外壁黑色的地釉形狀各異的黃褐色斑紋，與天然玳瑁極為相似，別具一番情趣。

　　玳瑁釉是一種窯變釉。其作法是在器物上先施一種氧化鐵含量較高的釉料，其上再隨意點染一種氧化鐵含量較低的釉料，燒成時產生交融、流淌，千變萬化，惹人喜愛。玳瑁釉是吉州窯瓷器上常見的一種釉，以這種釉裝飾的瓷器主要有瓶、罐、爐、碗等。

圖148 吉州窯剪紙貼花紋碗

宋
高5cm／口徑15.7cm／足徑3.2cm

碗敞口，斜壁，淺圈足，狀如斗笠，造型具有宋代瓷器典型特徵。通體施黑釉，碗心裝飾一株剪紙梅花，簡潔大方。此碗最大特色在於多種裝飾的綜合運用，外壁以玳瑁斑紋為飾，內壁為兔毫紋與剪紙帖花工藝相結合，使主題紋飾更加醒目。

剪紙貼花是吉州窯獨創的一種裝飾工藝。將各種民間剪紙圖案貼在已施或未施釉的器物之上，揭除剪紙後，直接燒製或經上釉後再行燒製，使圖案突顯，既簡化了圖案的繪製，又增加了產品的裝飾效果。

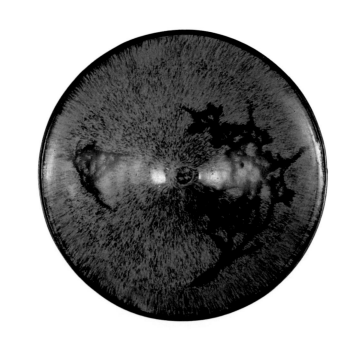

圖149 黑釉凸線紋瓶

宋
高27.5cm／口徑5.5cm／足徑8.7cm

　　瓶唇口外撇，短頸，溜肩，鼓腹，
腹下漸斂，圈足。瓶體半截施黑釉，腹
下部露胎。只在肩、腹部裝飾有多道凸
線紋，別無他飾。線紋四道為一組，
組與組之間以單線紋相隔，反復中有變
化。裝飾簡潔大方，令人耳目一新。
　　宋金時期，在河南、河北、山東等
地的瓷窯中黑釉瓶、罐等瓷器常以突起
的白色線條作裝飾。佈局可分為單線和
複綫。使單調的釉面呈現變化。

圖150 黑釉刻花玉壺春瓶

宋
高21cm／口徑6.5cm／足徑7.5cm

　　瓶撇口，細頸，圓腹下垂，圈足。通體
施黑釉，腹中部一周素胎無釉，其上刻劃兩
組水波紋，洗練大方。在深色的器物上顯露
一周淺色裝飾帶，頗為醒目。

　　宋代瓷器大都形體秀美，樸素大方，既
實用又具有較高的觀賞性。此瓶即為一例。

　　玉壺春瓶是由詩句「玉壺先春」得名。
撇口，細頸，圓腹，圈足，以變化的弧線構
成柔和的瓶體線條。唐代司空圖的《詩品·
典雅》有「玉壺買春，賞雨茆屋；座中佳
士，左右修竹」，宋人有「玉壺先春」之
詞。從唐代起人們就以「春」字代酒。玉壺
春瓶定型於宋代，定窯、耀州窯、磁州窯、
龍泉窯、景德鎮窯均有燒造。其後逐漸向陳
設器轉變，明清兩代及至以後的玉壺春瓶，
完全是以陳設品的面目出現的，它是中國瓷
器造型的典型器物。

圖151 黑釉褐彩花卉紋瓶

金
高22cm／口徑3.5cm／足徑13.5cm

瓶小口，口下出楞，短頸，溜肩，碩腹，腹下漸收，圈足。通體施黑釉，其上以毛筆蘸褐色釉料描繪折枝花卉紋。雖只寥寥數筆，圖案卻生動自然。此瓶造型敦厚渾圓，純樸可愛。此種瓶式多見於北方瓷窯，傳世器品中還見有白釉褐花、白釉剔花等品種。

黑釉褐彩係使用含氧化鐵的貧鐵礦石作為繪畫原料，先在施有黑釉的瓷坯上描繪圖案紋飾，再入窯經高溫焙燒而成，花紋呈鐵鏽色，故又稱「鐵鏽花」。此種裝飾手法多流行於北方瓷窯，以磁州窯最具代表性。器物造型有瓶、罐、缸、盤、碗等。

圖152　建窯黑釉兔毫盞

宋
高5.8cm／口徑12.8cm／足徑3.9cm

　　盞撇口，斜直壁，小圈足。胎呈鐵黑色，裡滿釉。外施釉不到底，腹下部釉垂流如淚痕。碗口釉呈醬色，口下漸為褐黑相間，近裡心為純黑色。釉中有絲狀黑褐色兔毛般結晶，俗稱「兔毫斑」。宋金時期，兔毫盞在我國很多地方如：江西、山東、河南、河北等地都有燒製，其中以建窯所燒「建盞」最為著名。

　　由於宋代建窯兔毫盞名氣很大，致使一些宋代文人對它多有讚美之辭。如蔡襄《茶錄》云：「兔毫紫甌新，蟹眼清泉煮」；黃庭堅詞曰：「研膏濺乳，金縷鷓鴣斑」。

圖153　磁州窯白地黑花花卉紋梅瓶

宋
高39.4cm／口徑3cm／足徑9cm

　　瓶小口，口下出楞，短頸，溜肩，瘦長腹。通體繪有黑彩紋飾。肩部繪雙層蓮瓣紋與朵花紋各一周，腹部繪主題紋飾纏枝花卉，花瓣肥大，花葉纖細捲曲。畫面雖然滿密，但花、葉主次分明，清晰可辨。腹下部亦繪朵花與上仰蓮瓣紋，與肩部紋飾相呼應。各層紋飾之間以弦紋相隔。

　　磁州窯中白地黑花裝飾的瓷器，最能體現出民窯那種粗獷豪放、雄健渾厚的藝術風格，人們習慣上將這種風格稱作「磁州窯型」。其最基本的特徵，是在白度不高且比較粗糙的胎體上施一層化妝土，以達到粗瓷細作的效果，然後在這層化妝土上，施用各種裝飾手法，因而形成了磁州窯特有的風格。

　　白地黑花為宋、金、元時期磁州窯最具代表性的品種，裝飾效果類似中國傳統的水墨畫，其紋飾均為民間喜聞樂見的題材，如山水、花鳥、人物、嬰戲、動物、詩、詞、曲、對聯、警句等，內容豐富。

　　紋飾繪畫用筆簡練，線條明快，圖案結構自由。描繪人物的活動，飛翔的群雁，游動自如的魚，水中搖擺的水草及畫中題詩等。形式自如活潑，富於生活氣息。

圖154 磁州窯白地黑花鎮宅銘獅紋枕

宋
高12cm／橫24.5cm／縱18.5cm／底橫19cm／底縱13.2cm

枕呈八面體形，通體白地黑彩裝飾。枕面繪一雄獅，昂首凝目，四肢緊繃，似要一躍而出。用筆流暢，物象生動傳神。一邊以黑彩書寫楷體「鎮宅」二字。枕邊緣以黑彩隨枕形描繪八方邊線，枕側面繪纏枝花草。

此枕動物形象刻畫得極為生動，寥寥數筆即讓獅子威風凜凜、咄咄逼人的形象躍然枕面。以猛獸為紋，表達了人們祈求平安、逢凶化吉的美好願望。

磁州窯的畫師以豪放灑脱的筆法，將瓷器上的花卉圖案表現為介於寫實與圖案化之間的一種裝飾畫，將植物的繁盛表現得淋漓盡致。加之黑白強烈對比的視覺效果，形成了磁州窯瓷器的特色。

圖155　磁州窯白地黑花人物紋枕

金
高14.1cm／橫39.1cm／縱17.2cm／底橫37.7cm／底縱11.8cm

　　枕長方體，枕面中心略凹。通體白地
黑花裝飾。枕面中心為開光山水人物紋，
雲霧繚繞的群山之中，仙府洞開，一隊仙
女似在歡迎來訪的二人。開光外繪海水石
榴紋。枕面四周隨枕形畫出邊框。枕側面
繪有開光竹雀、開光虎紋、開光荷葉紋
等。底部素胎無釉，戳印「古相張家造」
長方形款，下托蓮花，上覆荷葉。此枕紋
飾複雜多樣，但布局合理，疏密有致，具
有較高的藝術觀賞性。

　　傳世和出土磁州窯瓷枕中戳印張家作
坊標識的很多，可分為「張家枕」、「張
大家枕」、「張家記」、「張家窯」、
「古相張家造」等幾種，應是帶有商標性
質的作坊款式。

圖156　白釉珍珠地劃花折枝牡丹紋枕

宋
高12cm／長25.8cm／寬18.4cm

　　枕呈腰圓形，素底，後部開一圓形通氣孔。枕面以戳印的細密珍珠
狀小圓圈為地，主題紋飾為劃花折枝牡丹，兩朵盛開的牡丹花各居一
側，捲曲的枝葉充溢其間。枕四側面開光內均刻畫卷草紋。

　　珍珠地劃花瓷器係模仿金銀器鏨胎工藝燒造而成，起源於唐代，盛
行於宋代。這一品種在河北、河南、山西的一些瓷窯中可見。目前已知
的有河北磁州窯，河南密縣窯、登封窯、魯山窯、寶豐窯、修武窯、新
安窯、宜陽窯等，山西介休窯、河津窯、交城窯等。

圖157　當陽峪窯剔花缸

宋

高34.5cm／口徑16cm／足徑12.6cm

　　缸唇口，溜肩，深腹，圈足。外壁
通體以剔花裝飾。其做法是先在灰褐色
胎上施一層潔白的化妝土，劃出花葉、
纏枝牡丹、回紋等紋樣，再將花紋以外
的地子上的白色化妝土剔掉，露出灰褐
色胎，形成深色地子襯托白色花紋的裝
飾效果。

　　宋金時期，中國北方山西、河
北、河南的一些瓷窯為了解決當地製
瓷原料不夠純淨給瓷器生產帶來的
弊端，另闢裝飾蹊徑，大量採用
剔花裝飾。其中以河南當陽峪窯
的產品最受人稱道。

圖158　褐黃釉黑彩竹紋梅瓶

宋
高29.8cm／口徑5.3cm／足徑8.2cm

瓶小口出沿，短頸，豐肩，鼓腹，
腹下收斂，瘦足。胎呈粉白色，胎上施
一層化妝土。肩與足部以黑彩描繪弦紋
間波紋，腹部畫竹紋，竹葉以單筆畫
成，大而參差，簡樸生動。此瓶之黑彩
覆於褐黃釉下，呈現出與磁州窯白地黑
彩器不同的藝術效果，別具一格。

梅瓶在宋、金、元時期的北方磁州
窯、山西介休窯等地許多窯口均有燒
造，但此種在褐黃釉下繪黑彩竹紋的梅
瓶並不多見。此瓶應為盛酒用具。

圖159　琉璃廠窯雙魚紋盆

宋
高12.5cm／口徑46cm／底徑29.5cm

盆敞口，寬邊，捲沿，淺身，腹壁
斜收，平底。體大，胎厚重。通體施黃
褐色釉。盆裡心繪綠色雙游魚，四周襯
以水草，魚身刻劃鱗片。這件器物係四
川華陰琉璃廠窯製品，該窯善製黃、綠
釉瓷器，刻、劃花紋生動，工藝簡樸，
獨具一格。

圖160　西村窯青白釉刻花鳳頭壺

宋
高17.8cm／口徑3cm／足徑8.4cm

　　壺頂部為鳳頭形，高冠，大眼，曲喙，鳳頂花冠為注水口。頸上凸起三道弦紋，圓腹飽滿，寬圈足。壺體置彎流，對稱處置曲柄。腹上部刻劃纏枝花卉紋，下部刻劃蕉葉紋。通體施青白釉，釉層較薄。

　　經與窯址調查所採集的標本對比可知，此壺為廣東西村窯製品。西村窯的瓷器主要用於外銷，目前國內的出土物及傳世品都非常少，而在東南亞一帶特別是菲律賓則有大量出土。此件鳳首壺之造型雖是源於隋、唐時期受波斯風格影響的器物，但它的器腹等部位又有自己獨特的風格。

圖161　西村窯青白釉刻花褐斑盆

宋
高8.9cm／口徑33.3cm／足徑9.5cm

　　盆折沿，弧壁，圈足。通體施青白釉。盆內底刻鳳紋，並飾有五組
規則的褐色點彩。內壁刻纏枝蓮花紋，花紋上隨意點綴褐色彩點。盆外
素面無紋飾。

　　此盆形體大而規整，以刻花與點彩相結合進行裝飾，為宋代西村窯
瓷器的代表作。

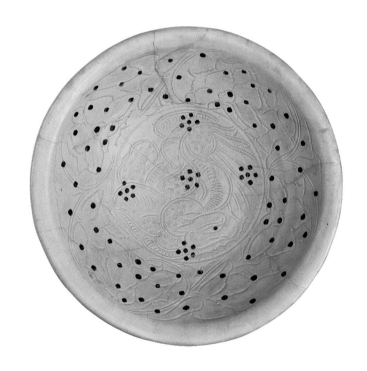

圖162　三彩剔劃花兔紋枕

宋

高10.5cm／橫36.8cm／縱17cm／底橫36cm／底縱14.5cm

　　枕呈扇形，枕面邊緣刻畫花葉紋，複綫紋框使主題紋飾更加突出，
內有一花瓣形開光，開光內刻劃碩大的黃兔、綠草、白色的土地。設色
淡雅清新。開光外為黃色剔花卷枝紋。枕側施半截釉。枕背面有一圓形
通氣孔。素底。

　　從現存實物資料看，宋代大多數三彩枕以綠色為基調，輔以黃、
白、褐等色，幾乎不見藍色，配色清新明快，柔和淡雅。紋飾主要有人
物、花鳥、動物等。

圖163　白釉絞胎罐

宋
高9cm／口徑3.6cm／足徑5.1cm

　　罐小口，豐肩，鼓腹，平底。口、
底部施白釉，罐身以褐、白兩色泥料揉
絞出有如羽毛樣花紋，新穎奇特。

　　絞胎工藝始於唐代，借鑑漆器犀毗
工藝，以不同顏色的胎土絞成各種圖
案，如羽毛紋、樹葉紋、木紋、雲朵
紋等。由於絞胎工藝頗為複雜，因此，
目前所見器物一般均為小件器，常見有
盤、碗、小罐、小壺、枕等。宋代燒造
絞胎產品的瓷窯較多，目前已知有河南
郟縣窯、登封窯、寶豐窯、新安窯、修
武窯及山東淄博窯等。傳世品有碗、
缽、罐、壺等。此罐花紋與修武窯所出
標本極為相似，因此可推斷此罐為修武
窯製品。

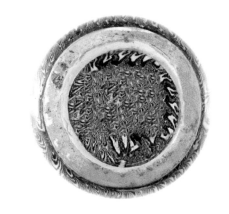

圖164　白釉剔花花卉紋枕

宋
高11cm／橫25cm／縱22cm／
底橫21cm／底縱16cm

　　枕呈腰圓形，施釉近底處。枕面出
一窄沿，前部微低，後部略高，以利於
頭部枕臥。枕面剔刻出四花一葉，呈錢
形分佈，露出的褐色地子襯托得花紋更
加鮮明。枕側光素無紋，背部有一孔。
素底無釉。

圖165　白釉刻花花口壺

遼
高32.8cm／口徑8.4cm／足徑8.2cm

　　壺口微撇，口呈六瓣花式，長頸，
肩部以45°角斜出一流，長圓腹，外撇圈
足。
　　遼代瓷器造型基本上是在本民族原
有的皮革、金屬容器造型基礎上吸收了
中原文化後逐漸形成的，實用性較強。
如雞冠壺、雞腿瓶、洗口瓶等，置於帳
中能節省空間，出行則又便於提拿攜
帶，民族特徵與實用性十分鮮明。
　　白釉瓷器在遼代較為盛行並具有民
族特色，目前已發現龍泉務窯、赤峰缸
瓦窯均有燒製。此壺式為遼代所特有。
其造型端莊秀麗，口、頸、腹分別裝飾
不同的花紋，口為花瓣形，頸飾以工整
的弦紋，腹部刻劃四朵盛開的鮮花。此
壺刻劃線條剛勁有力，圖案清晰，為遼
代白釉刻花壺中的精品。

圖166 黃釉鳳首瓶

遼
高38.1cm／口徑9.7cm／足徑7.6cm

　　瓶花口外撇，細長頸，溜肩，長
腹，束脛，圈足。頸部塑貼一鳳頭，前
有嘴、後有冠，對稱各塑出鳳鳥眼、
眉、耳，造型簡潔洗鍊，仿佛伸頸斂翼
直立的鳳鳥，誇張而不失真。頸部裝飾
弦紋多道。通體施黃釉，釉內隱現深色
的條狀與點狀斑紋，雖為釉料不純所
至，但也增加了釉色的美感。

圖167 赤峰窯剔劃花填醬釉纏枝牡丹紋尊

遼
高39.5cm／口徑19.8cm／底徑18.5cm

　　尊口沿外捲，短頸，豐肩，鼓腹，
平底。胎體粗厚而堅硬。腹部剔劃花填
醬釉纏枝牡丹紋裝飾。其做法是：先施
一層白色化妝土，外罩透明釉。然後剔
劃纏枝牡丹紋，再在紋飾以外的隙地填
醬色釉，以襯托白色花紋。肩部兩道弦
紋之間劃刻水波紋一周。

　　此尊造型飽滿端正，牡丹紋飾花繁
葉茂，生機盎然，花葉上輔以篦劃紋。
紋飾以外隙地塗以醬色釉，形成醬色地
白花，與磁州窯白地黑花器有異曲同工
之妙。

187

圖168 綠釉刻花單柄壺

遼
高14.2cm／口徑5cm／足徑7.5cm

　　壺小口內收，壺身為四瓣瓜棱形，肩部一側置多棱形短流，相對應的另一側置雙股繩形繫。壺腹一側置竹節式橫柄，柄端凸起一小鈕。肩部飾兩道凸弦紋，腹部刻劃大小扇形紋，柄與壺身連接處以螺旋形刻劃花紋巧加修飾，十分別緻。壺施綠釉，鮮翠欲滴，明亮可鑒。

　　此壺造型、紋飾獨特，是遼代早期瓷器中的珍品。

圖169　三彩刻劃花龍紋盤

遼
高2.3cm／口徑17.3cm／足徑12cm

　　盤折沿，邊沿處隆起一周，廣底，圈足。盤心褐色弦紋內刻劃一團龍，張口吐舌，龍身盤曲，龍爪伸張有力，形象威猛傳神。黃色的騰龍在綠色的盤體襯托下醒目突出。此盤製作規整，設色濃重，是遼代三彩器的代表作品。

　　遼三彩基本取法於唐三彩，並在其基礎上有所發展，形成自身風格，具有強烈的民族特徵。其圖案多為契丹民族喜見的牡丹、芍藥等；多用黃、白、綠三色釉料。

圖170 白地黑花猴鹿紋瓶

金
高63cm／口徑7.8cm／足徑13cm

瓶唇口外撇，短頸，豐肩，直腹，寬
圈足，沙底。肩部繪一周黑彩花瓣紋，兩
組下垂的卷葉紋自肩部蜿蜒至腹，如垂幔
一般把瓶腹分為兩組畫面：一側泛著漣漪
的水邊，蘆葦點點，直立前行的小猴似在
張口呼喚，小鹿駐足；一側飛翔覓食的雙
雁似要俯衝欲落。猴子的頑皮、小鹿的警
覺、落雁的動勢被刻畫得細膩傳神。

圖171 白地剔花花鳥紋枕

金
高17.7cm／橫 30.3cm／縱 26cm／底橫
30cm／底縱24cm

枕呈腰圓形，微出沿，枕面前低後
高。通體施透明釉，釉下施化妝土。枕
面中心花形開光內剔刻一株折枝花卉
紋，枝頭上的綬帶鳥正在振翅鳴叫。開
光外裝飾卷草紋。枕側上下畫弦紋，弦
紋之間剔刻纏枝花葉紋。底無釉，有兩
個圓形通氣孔。

北方地區的磁州窯、定窯、鈞窯、耀
州窯等瓷窯在金代都有一定的發展，如磁
州窯的虎紋枕、定窯的印花器、耀州黃堡
窯的月白釉器等都是典型器物。

圖172 褐釉彩繪虎形枕

金
高10.7cm／長35.6cm／寬14cm

枕呈臥虎形。虎背作枕面。虎身在黃釉下以黑彩描繪模仿虎皮斑紋。枕面白地黑彩裝飾。畫殘荷兩枝，蘆葦數莖，水草游鴨，大雁南飛。寥寥數筆，將秋景蕭瑟的意境表現得淋漓盡致。

圖173　耀州窯青釉刻花吳牛喘月紋碗

金
高7.6cm／口徑21.3cm／足徑6cm

碗敞口，深弧壁，圈足。通體內外施青釉。碗內菱形開光內刻一輪明月高懸天空，一頭水牛前腿直立，後腿彎曲而跪，頭部昂起，口微張。刻花刀法流暢犀利，構圖簡潔明快。此圖案原名「犀牛望月」，經過考證應為「吳牛喘月」。它出自《世說新語·言語》：「（滿）奮曰：『臣猶吳牛，見月則喘。』」劉孝標注：「今之水牛唯生江淮間，故謂之吳牛也。南土多暑，而牛畏熱，見月疑是日，所以見月則喘。」圖案反映了北方金人統治下的漢族人民，對戰亂帶來的沉重的生活壓力深感畏懼的心理。

圖174　白釉紅綠彩魚藻紋碗

金
高6.5cm／口徑17cm／足徑5.4cm

　　碗敞口，斜壁，圈足。內外施透明釉，釉下施一層白色化妝土。碗內以紅綠彩描繪魚藻紋，外圍以數道弦紋。構圖簡潔明快，筆法瀟灑自如。

　　此類紅綠彩器，過去一向被認為是「宋加彩」器，隨著考古發掘資料的不斷增多，人們發現這種紅綠彩器均出土於金代墓葬，不見有北宋墓出土。因此，其時代應為金代。河北觀台窯、山東淄博窯、河南鶴壁窯、山西長治窯等金代窯址都出土有此類器物。

圖175 靈武窯黑釉剔花瓶

西夏
高38cm／口徑5cm／足徑10cm

　　瓶小口，短頸，折肩，直腹，瘦
脛，淺圈足。通體施黑釉近足部。腹部
裝飾一周剔劃紋飾，花形開光內各剔
刻折枝花卉紋一組，開光外以劃花海水
紋作地子，紋飾質樸豪放，與硬朗的造
型、粗糙的胎質相得益彰。

　　西夏地區的瓷器燒造深受磁州窯
系瓷窯影響，釉色有白釉、青釉、褐
釉、黑釉、茶葉末釉等，裝飾風格亦有
些相近，有白釉剔花、白釉劃花、黑釉
剔花，白釉點褐彩等品種。裝飾多以花
卉紋為主，造型硬朗具有鮮明的民族特
色。

　　此瓶的胎、釉特徵及裝飾手法與文
物工作者調查、發掘寧夏靈武市磁窯堡
窯所獲得的標本一致，由此可斷定此瓶
係該窯產品。

圖176　青花雲龍紋梅瓶

元
高41.6cm／口徑6cm／足徑14cm

　　梅瓶折沿，細頸，豐肩，肩以下漸
斂，圈足。足底無釉，泛火石紅色。外壁
自上而下以青花雙弦線把紋樣分成五層。
肩部繪卷草紋和下垂雲肩紋，雲肩內繪纏
枝菊紋，雲肩紋間飾卷帶紋。腹部繪雲龍
紋。脛部繪卷草紋和仰蓮瓣紋。

圖177 青花纏枝牡丹雲龍紋罐

元
高28cm／口徑22.3cm／足徑18cm

　　罐直口，短頸，溜肩，鼓腹，圈足。內外施青白色釉。外壁通飾青
花紋樣，自上而下用青花雙弦線分隔成五個紋樣帶。頸部繪纏枝梔子花
紋，肩部繪卷草紋，上腹部繪雙雲龍紋，下腹部繪纏枝牡丹紋，近足處
繪仰蓮瓣紋。所繪龍紋頭小，頸細，身體細長，三爪，動感較強，形象
兇猛，是典型的元代龍紋式樣。

圖178 青花纏枝牡丹紋罐

元
高27.5cm／口徑20.4cm／足徑19cm

罐直口，短頸，溜肩，鼓腹，淺圈足，砂底。內外施白釉，外壁以青花為飾。頸上繪纏枝梔子花紋，肩部繪纏枝蓮花紋，腹部繪纏枝牡丹紋，近足處繪仰蓮瓣紋。

這件青花罐青花色調明豔，畫筆流暢，每層紋飾之間均以兩道弦紋相隔，繁而不亂，既突出了主題圖案，又增加了畫面的層次感。此罐造型飽滿莊重，是元代青花瓷器的典型作品。

圖179　青花鳳穿牡丹紋執壺

元
通高23.5cm／口徑4.7cm／足徑7.3cm

　　壺直口，口下漸展，粗頸，垂腹，腹下內斂，圈足微外撇。腹一側
置上細下粗的長彎流，另一側置曲柄，柄上端置小繫。附平頂蓋，蓋頂
置圓珠鈕。圈足內施白釉，無款識。流上繪火雲紋，柄上繪銀錠、寶釵
等紋飾，蓋上繪菊瓣紋。器身於青白釉下滿飾青花紋樣，腹兩面均繪鳳
穿纏枝花卉紋，間以火珠雲及竹石紋。

　　此壺通體花紋滿密，而主體紋樣突出，繁而不亂。青花色澤濃豔亮
麗，是傳世的元代青花瓷器中少見的佳作。

圖180　青花花卉紋鼎

元
高11cm／口徑10.1cm／足距7.7cm

　　鼎直口，口沿上對稱置雙耳，淺腹，圜
底，下承以三柱狀足。通體內外施青白色
釉。腹中間凸起弦紋一道。外口下繪青花菱
形錦紋，下腹及足繪青花折枝花紋，青花發
色豔麗。

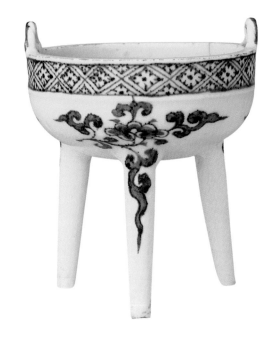

圖181　青花八卦紋筒形香爐

元
高9.5cm／口徑15.3cm／底徑12.5cm

　　爐筒形，方唇，直口，斜壁，口徑略大
於底徑。內壁近口緣處、口沿及外壁施釉，
釉層溫潤，微泛白，胎細白。沿部滿塗青花
，外壁近口沿處與近底處各繪青花弦紋兩道
，腹部繪青花八卦紋、仰蓮瓣紋。青花雖發
色深暗，但鐵鏽斑突出。尤其是仰蓮瓣紋的
瓣尖較尖、蓮瓣互不相連，明顯具有元代瓷
器上「八大碼」的時代特徵。

圖182　青花釉裡紅鏤雕蓋罐

元
高41cm／口徑15.5cm／足徑18.5cm

罐直口，短頸，溜肩，鼓腹，圈
足，砂底無釉。胎體上薄下厚，胎質細
膩，青花色彩濃豔，釉裡紅略暗。附獅
鈕傘形蓋。

罐蓋繪青花蓮瓣紋、卷草紋、回紋
各一周。罐身、口沿繪青花纏枝花紋、
卷草紋各一周。肩部繪下垂如意雲頭
紋，雲紋內繪青花水波紋托白蓮，雲頭
紋之間繪折枝牡丹紋。腹部四面堆塑雙
勾菱形開光，開光內鏤雕山石、牡丹等
四季園景。以釉裡紅繪山石、花卉，青
花繪花葉，紋飾有浮雕效果。腹下部飾
青花折枝蓮花，與雲頭紋相對應。近底
處繪卷草紋及變形蓮瓣紋，蓮瓣紋內繪
倒垂寶相花紋。造型豐滿渾厚，紋飾層
次鮮明，綜合繪、鏤、塑、貼等多種技
法。青花、釉裡紅互為襯托，紅、藍交
相輝映。

青花釉裡紅瓷器創燒於元代。青花
的呈色劑是氧化鈷，呈色穩定；釉裡紅的
呈色劑是氧化銅，極易揮發，對窯室的
燒成氣氛要求十分嚴格。元代景德鎮
工匠創造性地將二者珠聯璧合地施
於同一器物上。這一新的釉下彩品
種的出現，是元代瓷器生產技術進
步的重要標誌。

1965年出土於河北省保定市
元代窖藏（參見河北省博物館：《保定
市發現一批元代瓷器》，《文物》1965年第2
期）。

圖183　青花麟鳳蓮花紋盤

元
高7.9cm／口徑46.1cm／足徑26.1cm

　　盤折沿，菱花式口，盤心坦平，圈足。通體施青白釉，底素胎無釉。盤內外繪青花紋飾多層。折沿上繪卷草紋，內壁青花網紋地上突出白色纏枝牡丹紋，盤心邊緣環以卷草紋，中央青花地烘托麒麟、翔鳳各一，空間襯以白色的蓮花及朵雲紋。盤外壁繪纏枝蓮紋。構圖嚴謹，青花發色純正。

　　元代青花瓷器裝飾有兩種形式：一種是以青花料直接在白色胎體上描繪紋飾。另一種是以青花為地，襯托白色花紋。青花麟鳳紋盤即為藍地白花器之代表作。

圖184 青花鴛鴦荷花紋花口盤

元
高7.3cm／口徑46.4cm／足徑29.8cm

　　盤折沿，十六瓣菱花口，盤心坦平，圈足。盤內、外施亮青釉，圈足內素胎無釉。內外均繪青花紋飾。折沿上繪菱形錦紋。內壁繪纏枝蓮紋，內底繪鴛鴦戲蓮紋。盤外壁亦繪纏枝蓮紋，與內壁紋樣相對應。

　　此器造型美觀大方，為元代典型盤式。其繪畫精細，青花色澤豔麗，紋飾構圖嚴謹，以多層帶狀輔紋襯托主題花紋，各層花紋之間以青花雙弦線相隔，裝飾雖繁密，但主次分明。

圖185　釉裡紅劃花兔紋玉壺春瓶

元
高20.5cm／口徑6.3cm／足徑6.8cm

瓶撇口，細頸，圓腹，圈足。通體施青白釉，肩部及腹徑最大處各有暗刻弦紋四道，上腹部暗刻一隻野兔奔跑於花草間，刻花技法嫻熟，刀鋒犀利灑脫，線條流暢自然。小兔作回首觀望狀，以釉裡紅點睛，形象栩栩如生。花紋空白處隨意塗抹釉裡紅，形成紅地白花，增強了圖案的藝術效果。瓶內口部塗抹釉裡紅。

玉壺春瓶是元代景德鎮瓷的常見器型，其品種除釉裡紅外，尚見有青花、青白釉、孔雀綠釉青花等。從考古發現的實物看，目前所知紀年最早的釉裡紅瓷器是1979年在景德鎮元至元四年（1338）凌氏墓出土的釉裡紅堆塑四靈蓋罐和釉裡紅堆塑樓閣式穀倉（江西省博物館等：《江西豐城發現元代紀年青花釉裡紅瓷器》，《文物》1981年第11期；彭適凡：《宋元紀年青白瓷》，香港中文大學，1998年）。由於釉裡紅瓷器燒造難度大，傳世較少，故愈珍貴。以釉裡紅裝飾的玉壺春瓶，除北京故宮收藏的這件之外，還有日本大和文華館及松岡美術館收藏的釉裡紅飛鳳紋玉壺春瓶、英國倫敦大維德基金會收藏的釉裡紅花卉紋玉壺春瓶等。

圖186 釉裡紅花卉紋玉壺春瓶

元　清宮舊藏
高28.6cm／口徑7.8cm／足徑9.8cm

　　瓶撇口，細長頸，溜肩，垂腹，圈足。內外施釉，釉色青白。瓶口以釉裡紅為飾，從頸到腹刻劃弦紋，腹部刻纏枝蓮紋為主題圖案，纏枝蓮紋以外以釉裡紅為地。

圖187　釉裡紅拔白雲龍紋四繫扁壺

元
高34cm／口徑8.5cm／足橫26.5cm／足縱8.2cm

　　壺圓唇，短直頸，弧肩，肩部對稱置雙繫，扁方腹，方圈足。底露胎，胎細白。釉色白中透青灰，介於青白釉和樞府釉之間。腹前後面均刻龍紋、靈芝形雲紋、火珠紋、如意雲頭紋和折枝花紋，花紋以外釉裡紅填地。此器體現出元代釉裡紅瓷器初創時期的製作工藝和藝術風格。

圖188　釉裡紅轉把杯

元
高10cm／口徑7.7cm／足徑3.8cm

　　杯撇口，深腹，瘦底，下承以中空竹節式高足。通體施青白釉。杯身塗抹三塊釉裡紅斑，並置一小圓繫，杯底和高足以子母榫相銜接，可以自由轉動而不脫開。

　　此杯裝飾斑塊發色鮮豔，似晚霞般美麗，實屬難得之珍品。可以任意轉動的杯足更增其玩賞性。1980年，江西省高安縣元代瓷器窖藏曾出土一件元代釉裡紅印花塑貼蟠螭紋高足杯，其杯足亦可轉動。由此可知，轉把高足杯應是元代高足杯的時代特徵之一。

圖189　紅釉暗刻雲龍紋執壺

元
高12.5cm／口徑3.5cm／足徑5.3cm

　　壺體呈梨形，直口，口以下漸豐成下垂的圓腹，腹部一側置彎流，另一側置曲柄，圈足較高微外撇。無款。附傘形蓋，蓋頂置寶珠形鈕，蓋一側及壺口沿外側各置一個小圓環繫，以便繫繩連接，防止壺蓋脫落。通體及足內均滿施紅釉，腹部暗刻五爪雲龍紋。

　　龍紋細頸長嘴，形態生動，時代特徵鮮明。此壺釉面勻淨，釉色鮮豔，是元代紅釉器中的珍品。

圖190　紅釉印花雲龍紋盤

元
高3.2cm／口徑19.4cm／足徑11.9cm

　　盤撇口，淺弧腹，圈足。足牆內外均斜削。內壁模印雲龍紋，龍五
爪。內底刻劃三朵「品」字形排列的雲紋。胎細白。內外均施紅釉，口
沿及紋樣凸起處泛白。圈足內無釉。

圖191　藍釉描金匜

元
高4.5cm／口徑17cm／足徑8.5cm

匜敞口，淺弧腹，平底。口一側出槽形流，流下置一小繫。胎較薄，內外施藍釉，釉厚而不均勻。口邊和外底無釉。內底繪金彩折枝花紋，內壁畫五朵金彩祥雲。

該器造型模仿青銅匜，藍釉閃爍著寶石藍般的光澤，配以熠熠生輝的金彩，光彩奪目。這件藍釉描金匜1964年出土於河北省保定窖藏，同時出土的還有藍釉描金小杯和盤。此匜的金色花紋絲毫無損，光豔如新，實屬罕見（參見河北省博物館：《保定市發現一批元代瓷器》，《文物》1965年第2期）。

圖192 藍釉白龍紋盤

元 清宮舊藏
高1.1cm／口徑16cm／足徑14cm

　　盤折沿，淺壁，平底。通體內外施藍釉，外底無釉。盤心平坦，
在藍釉地上以白色泥料塑貼一條矯健的白龍。龍細頸，三爪，作昂首
翻騰狀。

　　這種傳世元代藍釉白龍紋盤見諸發表的共有四件，除故宮博物院收
藏的這一件以外，日本出光美術館、大阪市立東洋陶瓷美術館和英國倫
敦大維德基金會各收藏一件。

圖193　卵白釉印花雲龍紋盤

元

高4.1cm／口徑15.9cm／足徑5.3cm

盤敞口，淺弧壁，圈足。胎體潔白，內外施卵白釉。內底及內壁均模印雲龍紋。

卵白釉瓷是元代景德鎮窯創燒的一種白釉瓷的統稱。其胎體一般比較厚重，釉呈失透狀，色白微泛青，恰似鴨蛋殼色澤，故稱「卵白釉」。其主要裝飾手法是模印，題材比較簡單，常見的有雲龍紋、蘆雁紋、纏枝花紋等。

因卵白釉瓷器的花紋中間常模印「樞府」兩字，故又稱「樞府釉瓷」。「樞府」是元代掌管國家軍隊大權的重要機構「樞密院」的簡稱。在元代白瓷上模印「樞府」字樣的瓷器一般被認為是景德鎮為「樞密院」燒製的專用瓷器。除「樞府」字樣外，在元代卵白釉瓷上還見有「太禧」、「東衛」等銘文。

圖194 鈞窯帶蓋梅瓶

元
通高39.3cm／口徑3.8cm／足徑7.2cm

　　瓶小口，圓唇，短頸，肩以下漸斂，圈
足。蓋為覆杯形，蓋沿及蓋內壁下半部無
釉。灰白色胎。通體施月白釉，釉層棕眼較
多，釉垂流現象明顯。蓋及瓶腹均塗抹紫紅
色斑。足根及底部無釉，蓋、瓶無釉處均為
醬褐色。

圖195 鈞窯月白釉雙耳三足爐

元　清宮舊藏
通高25.2cm／口徑11.5cm／足距12cm

　　爐方唇，短頸，長圓腹，圈底，底下有
內凹的臍心。下承以三乳狀足，足外撇。肩
部對稱置雙耳。釉色青灰，飾紫紅色斑，釉
垂流現象及「蚯蚓走泥」紋均較明顯，釉層
中氣泡爆裂較多。凸棱及釉薄處呈淺褐色。
內壁釉層開片較多，玻璃質感較強。

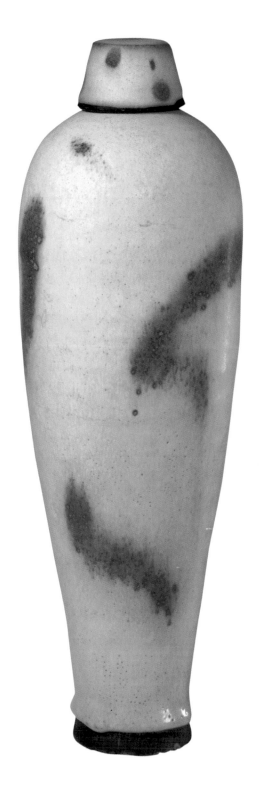

圖196 龍泉窯青釉執壺

元　清宮舊藏
高25cm／口徑4.5cm／足徑8.2cm

　　執壺直口，口下漸豐，垂腹，圈足微外撇。壺一側置長流，相對一
側置曲柄。附平頂圓鈕蓋。此執壺上瘦下豐，線條流暢，收放適度，造
型優美。口、足邊露胎。通體施青釉，釉面勻淨，釉色粉青，美若天然
古玉。

圖197　龍泉窯青釉塑貼四魚紋洗

元
高7.2cm／口徑27.6cm／底徑24.5cm

　　洗口呈花瓣形，腹較淺，坦底。外底正中有臍心內凹。胎體厚重。內外施青釉。外底一環行區域內不施釉，臍心施青釉。外壁刻凸弦紋兩道；內壁及內底用刻、劃技法裝飾水波紋、蓮花紋。內底還貼有模印的四魚紋。

圖198　磁州窯白地黑花雲鳳紋四繫瓶

元
高37cm／口徑6cm／足徑10.5cm

　　瓶圓唇，撇口，短頸，溜肩，橢圓
形腹，圈足。肩部置四繫。瓶內和外壁
下半部施黑釉。外壁上半部白地黑花裝
飾，主題圖案為雲鳳紋兩組，以山形圖
案隔開。

圖199　吉州窯白地黑花卷草紋罐

元
通高6.5cm／口徑5.5cm／足徑6cm

　　罐直口，直壁，平底，附嵌入式蓋。外壁白地褐彩裝飾，主題圖案為卷草紋。蓋面飾一折枝花卉紋。圖案簡捷流暢，自然大方。這種裝飾技法緣於北方磁州窯，但又具有吉州窯自身的特色。其白地泛黃，黑花發褐，底色與紋飾色彩的對比沒有磁州窯白地黑花瓷那樣強烈。

圖200　青花纏枝牡丹紋玉壺春瓶

明・洪武　清宮舊藏
高32.2cm／口徑8.7cm／足徑11.9cm

　　瓶撇口，細頸，垂腹，圈足。內口邊
繪青花卷草紋，外壁通體青花裝飾。頸部
自上而下繪蕉葉紋、回紋、卷草紋。腹部
主題紋飾為纏枝牡丹紋，上下分別以下垂
如意雲頭紋和變形蓮瓣紋做邊飾。圈足外
牆繪卷草紋。圈足內施白釉。無款識。

　　玉壺春瓶是明代流行的瓶式之一。這
件洪武玉壺春瓶紋飾層次分明，布局疏
朗，青花色澤沉靜，青料聚集處有凝滯黑
斑。其造型與後世永樂、宣德時期的同類
器相比，瓶口外撇的程度較大，近乎於折
沿，頸部略顯粗長，腹部重心偏低，因此
顯得敦厚穩重。

圖201　青花花卉紋執壺

明・洪武　清宮舊藏
通高27.8cm／口徑7.7cm／足徑11.7cm

　　壺撇口，細長頸，斜肩，豐腹，下部飽滿，圈足。一側置長流，流
與頸間連以橫片。另一側置曲柄，連於頸、腹之間。通體青花裝飾。口
沿下飾回紋。頸部自上而下依次為蕉葉紋、回紋、纏枝靈芝紋、如意雲
頭紋各一周。腹部繪菊花紋和山茶花紋；近足處繪蓮瓣紋，流及柄均繪
纏枝花卉紋。壺附蓋，蓋面繪纏枝花紋。圈足內施白釉。無款識。

　　此器造型優美，紋飾布局繁密，描繪細緻。是洪武青花瓷器中的
佳作。

圖202　青花纏枝花紋碗

明・洪武
高16.5cm／口徑40.5cm／足徑23cm

　　碗直口，深弧壁，圈足。內外青花
裝飾，內底一周回紋內繪折枝牡丹紋，
內壁繪纏枝菊紋，口沿內外分別描繪浪
花紋和纏枝靈芝紋，外壁繪纏枝牡丹
紋，近足處繪變形蓮瓣紋，蓮瓣內繪朵
花紋，圈足外牆繪回紋。圈足內無釉。
無款識。

　　明初洪武時的青花瓷器大都延續元
代風貌，此器就與元代樞府釉碗造型接
近，但又有向後來以秀美取勝的永樂碗
形演變的趨勢。其造型碩大規整，線條
比元代碗形更顯圓潤。

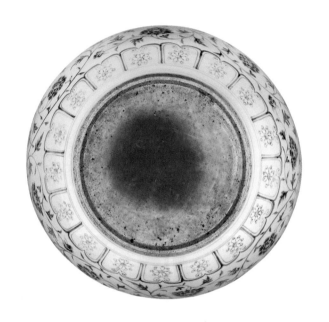

圖203　青花竹石靈芝紋盤

明・洪武　清宮舊藏
高8.1cm／口徑46cm／足徑26.7cm

　　盤折沿，弧壁，圈足。內外青花裝飾。內底菱形開光內繪竹、石、靈芝紋，開光外繪卷草紋。內壁繪纏枝牡丹、石榴、菊花、山茶四季花卉紋。折沿上飾青花拔白（即青花地留白裝飾）忍冬紋。外壁繪纏枝菊紋，近足處繪蓮瓣紋。圈足以內無釉露胎，呈火石紅色。

　　此盤形體碩大，青花色調淡雅，青料聚集處有凝滯的黑斑，紋飾構圖疏朗簡潔，盤心主題紋飾中的竹、石，象徵著文人士大夫的高風亮節，靈芝則代表長壽，寓意吉祥。

圖204 青花雲龍紋盤

明‧洪武　清宮舊藏
高3.2cm／口徑14.4cm／足徑8.8cm

　　盤撇口，弧壁，圈足。內外青花裝飾，內底雙弦紋內繪三朵「品」字形排列的雲紋，裡口邊繪卷草紋，外壁繪雲龍紋。圈足內施白釉。無款識。

　　此器胎質精細，胎體厚重，釉面瑩潤，青花色澤淺淡，少有暈散，紋飾中分散著極其明顯的深色小星點，這種小黑斑特徵，與元代和永樂時的青花器常見的塊狀黑斑有所不同。

　　值得一提的是，此盤內壁釉下模印雲龍紋，延續了元代卵白釉瓷器的裝飾風格。

圖205 釉裡紅纏枝蓮紋玉壺春瓶

明·洪武 清宮舊藏
高32.5cm／口徑8.5cm／足徑11.5cm

　　瓶撇口，細頸，垂腹，圈足。內外釉
裡紅裝飾。內口沿繪卷草紋。外壁頸部自
上而下依次繪蕉葉紋、回紋、卷草紋。肩
部繪下垂如意雲頭紋。腹部繪纏枝蓮紋。
近足處繪蓮瓣紋。圈足外牆繪卷草紋。圈
足內施白釉。無款識。

　　此瓶造型優美，紋飾層次分明，繪畫
工整細膩，釉裡紅發色略顯灰暗，表明當
時釉裡紅的燒製技術並未達到嫻熟。

圖206 釉裡紅四季花卉紋瓜棱石榴尊

明·洪武

通高53cm／口徑26.5cm／足徑23.2cm

尊呈石榴形。撇口，短頸，豐肩，肩以下漸斂，圈足。通體起瓜棱。外壁釉裡紅紋飾共十層。近口沿外繪回紋，其下繪連續如意雲頭紋。肩部紋飾自上而下依次為變形蓮瓣紋內繪折枝蓮紋、朵雲紋，連續如意雲頭紋內繪折枝蓮紋。腹部繪四季花卉十二組，均配以湖石。腹下繪變形蓮瓣紋，其內繪朵菊紋。脛部繪回紋。近足處繪變形蓮瓣紋，其內繪折枝蓮紋。足邊繪卷草紋。外底無釉。無款識。

此尊形體高大，釉裡紅發色雖略顯灰暗，但四季花的描繪卻細膩生動。其紋飾布局繁密，層次清晰，體現了元末明初瓷器粗獷豪放的藝術特色。

圖 207 釉裡紅纏枝牡丹紋軍持

明·洪武 清宮舊藏

高14cm／口徑2.3cm／足徑7.1cm

軍持小口，口下出沿，短頸，扁圓腹，圈足內凹。肩部一側置一短流，無柄。通體釉裡紅裝飾。腹部繪纏枝牡丹紋，花葉布滿器身，釉裡紅發色略顯灰暗。沿上繪蕉葉紋，莖部繪卷草紋，肩部繪蓮瓣紋。近底處繪變形蓮瓣紋。

明初洪武時，景德鎮窯燒造釉裡紅瓷器已很盛行，這件釉裡紅牡丹紋軍持為佛教僧侶用以飲水或淨手的器皿。其造型獨特，堪稱洪武釉裡紅瓷器中的珍品。

圖208 釉裡紅纏枝牡丹紋碗

明・洪武　清宮舊藏

高10cm／口徑20.6cm／足徑9.1cm

　　碗撇口，深弧壁，圈足。內外釉裡紅裝飾。內外口沿均繪回紋。內壁繪纏枝菊紋，內底雙線圈內繪折枝牡丹紋，外壁繪纏枝牡丹紋，圈足外牆繪回紋。圈足內施白釉。無款識。

　　此碗無論造型或紋飾構圖都具有鮮明的時代風格，為洪武釉裡紅瓷器的代表作品。特別是其釉裡紅紋飾的發色，在傳世或出土洪武釉裡紅瓷器中，稱得上較為純正。

圖209 釉裡紅拔白纏枝花紋碗

明·洪武
高16.7cm／口徑42cm／足徑22.7cm

　　碗直口，深弧腹，圈足。內外均釉裡紅地留白裝飾，俗稱「釉裡紅拔白」。內底一周回紋邊飾內繪折枝牡丹紋，內壁繪纏枝蓮紋。口沿內外繪卷草紋，外壁繪纏枝牡丹紋。近足處繪變形蓮瓣含朵花紋。圈足外牆繪回紋。

　　此器造型碩大敦厚，紋飾畫工精細，線條細膩流暢。此種釉裡紅拔白裝飾技法與洪武時常見的白釉釉裡紅器裝飾方法正好相反，頗為少見。

圖 210　青花纏枝花紋罐

明・永樂

高17cm／口徑14.4cm／足徑9cm

　　罐直口，溜肩，鼓腹，小圈足。通體
青花裝飾。頸上繪卷草紋，肩、圈足外牆
均繪海水紋，腹部繪纏枝花紋，近足處繪
仰、覆如意雲頭紋，仰如意雲頭內繪靈芝
紋。圈足內施白釉。無款識。

　　此器造型新穎，紋飾繁密，描繪細
膩，無論造型還是紋飾均受到伊斯蘭文化
的影響。

圖211　青花海水江崖紋爐

明‧永樂　清宮舊藏
高55.5cm／口徑37.3cm／足距30cm

　　爐闊口，短頸，鼓腹，下承以三象腿形足，肩部置二朝天耳。內施白釉，外壁通體繪海水江崖紋。

　　此器與青海省博物館藏「大明永樂年製」款銅爐器形相似。其形體碩大，青花色澤濃豔，暈散明顯，凝結的黑斑密布紋飾中。紋飾寓意江山永固。能夠燒造如此有氣魄、紋飾精美的瓷器，反映出當時景德鎮窯工高超的製瓷技藝。

圖212 青花花卉紋八方燭台

明‧永樂 清宮舊藏
高38.5cm／口徑9cm／足徑23.5cm

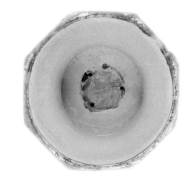

燭台為八方式，分為上下兩層，均
為束腰八方形，底內中空。通體青花裝
飾。上層台座由上到下分別描繪蕉葉
紋、回紋、變形蓮瓣紋。連接兩層台座
之間的支柱飾以錦紋及纏枝花紋。下層
台座座面為海水江崖紋，邊沿飾蓮瓣紋
一周，外壁八面繪八組各式纏枝花卉。
青花色澤濃豔，有暈散感，局部有「鐵
鏽疤」。白釉肥厚瑩澈。足內施白釉。
底心無釉。

燭台出現的歷史很早，遠在三國兩
晉時期，隨著製瓷工藝的發展，瓷燭台
隨之出現，如三國時的羊形燭台、兩晉
時的騎獸人燭台等。南北朝時盛行蓮花
狀燭台，隋唐時的燭台，底座刻劃精美
的花紋。到了明初盛行八方燭台，燭台
上有的置蠟燭形插柱，造型美觀大方，
具有很高的藝術觀賞價值。

八角燭台繪製紋樣使用的青料為進
口鈷料，即所謂「蘇麻離青」。紋飾
中出現氧化鐵結晶斑點，俗稱「鐵鏽
疤」。此外，還有暈散現象。形成這時
期獨有的裝飾效果。

圖213 青花纏枝花紋折沿盆

明・永樂　清宮舊藏
高13.9cm／口徑31.6cm／底徑21.5cm

　　盆折沿，直壁，平底露胎。內外青花裝飾。盆裡折沿處及內壁均繪
纏枝花紋。內底繪回紋一周，其內繪八個蓮瓣環繞一團花，蓮瓣內繪雜
寶。盆外近口沿處繪折枝花卉紋，腹部繪纏枝花紋，近底處繪變形朵花
紋。外底素胎無釉。無款識。

　　此盆青花呈色濃豔，有暈散現象，係使用「蘇泥勃青」料所致。紋
飾繁複生動，層次分明，是永樂時期模仿西亞國家銀器而創燒的一種新
器形。

圖214 青花描金纏枝苜蓿花紋碗

明‧永樂
高6.4cm／口徑14.9cm／足徑5.4cm

　　碗撇口，深弧腹，圈足。內外青花描金裝飾。內底繪青花荷蓮紋，內口沿下繪菱形錦紋，內壁正中用金彩描繪纏枝花紋。碗外壁近口沿處繪青花曲線紋，腹部繪纏枝苜蓿花紋。圈足內施白釉。無款識。

　　此種青花描金纏枝苜蓿花紋碗，無論造型還是紋飾均為永樂官窯首創。此件不署款，傳世或出土物中見有在外底以青花料畫雪花片狀花押款者。

圖215 青花纏枝蓮紋壓手杯

明‧永樂　清宮舊藏
高4.9cm／口徑9.2cm／足徑3.9cm

　　壓手杯是明代永樂時期景德鎮御窯
廠創制的新型瓷杯。杯體如小碗狀，口
微撇，折腰，豐底，圈足。此杯製作
精細，形體古樸敦厚。內外均繪青花紋
飾，青花色調深翠。杯心有葵花一朵，
花心署青花篆體「永樂年製」四字款。
外壁口沿下繪朵梅紋，腹部繪纏枝蓮
紋。壓手杯的特點為胎體厚重，重心在
杯的下部，口沿微微外撇，手握杯時，
正壓合於手的虎口處，給人以沉重壓手
之感，故有「壓手杯」之稱。

　　明代永樂青花壓手杯是明代瓷器中能
與文獻記載相互印證的一種實物，具有重
要的研究價值。明人谷應泰撰《博物要
覽》一書中特別提到了這種杯：「若我永
樂年造壓手杯，坦口，折腰，砂足滑底。
中心畫有雙獅滾球，球內篆書『大明永樂
年製』六字或四字，細若米粒，此為上
品，鴛鴦心者次之，花心者又其次也。杯
外青花深翠，式樣精妙，傳世可久，價亦
甚高。」在故宮博物院的藏品中，有雙獅
繡球內書年款和花心內書年款的壓手杯。
另有杯心為鴛鴦臥蓮圖案者，係萬曆時期
仿製。此種精緻高雅且帶有永樂年款的壓
手杯，據目前掌握的資料來看，僅故宮博
物院收藏有四件。

圖216　青花纏枝蓮紋壓手杯

明・永樂　清宮舊藏
高5.2cm／口徑9.2cm／足徑3.9cm

　　杯撇口，豐底，圈足。內外青花裝飾。杯心單圈內飾雙獅戲球紋，球內署青花篆體「永樂年製」四字款。外壁口沿下繪朵梅紋，腹部繪纏枝蓮紋，圈足外牆繪卷草紋，紋飾間隔以青花弦線九道。此杯製作精細，形體古樸敦厚。杯內外均有青花繪製的紋飾，紋飾安排主次分明，以柔和的線條組成二方連續纏枝花圖案，青花色澤深翠，堪稱具有很高藝術價值和研究價值的珍品，是明代永樂時期獨有的名貴器物。

　　永樂壓手杯的款識，蠅頭小字，清晰可辨。同時在畫面上的安排非常巧妙，款識與花紋融合在一起，不是單純為了寫款而寫款，而是與瓷器裝飾相結合，既告訴人們器物的年代，同時又讓人賞心悅目。如這件杯心為雙獅滾球紋壓手杯，獅子滾繡球是民間表示吉祥的一種舞蹈，以此為題材作畫，畫在杯的內心，將「永樂年製」四字寫在球內，這種巧妙的安排，充分反映了景德鎮陶瓷工匠們高雅的藝術修養。

圖217　青花園景花卉紋盤

明・永樂　清宮舊藏
高9.2cm／口徑63cm／足徑48.6cm

　　盤敞口，弧壁，圈足。通體青花裝飾。內底繪坡地、山石、花草紋，下有流水，上有浮雲。內外壁均繪八組花草紋。

　　這種大盤，國內極少見到，但在伊朗和土耳其的博物館裡均有收藏。由於一些伊斯蘭國家有用大盤盛飯，大家圍盤席地而坐，用手抓飯而食的習慣，故此種大型瓷盤，應是為伊斯蘭國家特製的餐具。

圖218 翠青釉罐

明‧永樂
高8.5cm／口徑8.8cm／足徑12.3cm

　　罐廣口，短頸，溜肩，鼓腹，淺圈足。內外及圈足內均施翠青釉，釉面瑩亮潤澤，色調清新淡雅，口邊和足邊積釉處呈青綠色。無款識。

　　翠青釉是明代永樂時景德鎮官窯創燒的一種色澤溫潤、釉色青翠如嫩竹的青釉，為永樂朝所獨有。常見的器物有蓋罐、高足碗等。均造型規整秀美，胎體致密，厚薄適中，通體青釉素裹，不另加裝飾。釉面玻璃質感強，釉中隱含密集的小氣泡。

圖 219　甜白釉僧帽壺

明‧永樂　清宮舊藏
高19.7cm／通流長16.7cm／足徑7.5cm

　　壺因口部形似僧人之帽而俗稱「僧帽壺」。闊頸，鼓腹，瘦底，圈足。壺身一側口邊至頸部置寬帶形曲柄，相對的另一側出鴨嘴狀流槽。通體施甜白釉。無款識。

　　此壺式原為藏傳佛教使用的金屬質器皿，瓷製品始見於元代的青白釉瓷。明代永樂、宣德時期，漢藏文化交流頻繁，景德鎮御器廠曾大量燒造僧帽壺，其中以白釉和紅釉製品最為名貴。清代康熙朝也曾仿燒永、宣白釉和紅釉僧帽壺。

　　此壺造型端莊秀麗，釉面恬靜瑩潤，釉色白如凝脂，優美的器形配以甜美的釉色，相得益彰。

圖220 鮮紅釉盤

明・永樂
高4.2cm／口徑19.3cm／足徑11.7cm

　　盤撇口，淺弧壁，圈足。通體施紅釉。足內施青白釉。無款識。

　　永樂紅釉素有「鮮紅」之美稱，此時的紅釉瓷器繼承了洪武朝紅釉
器製作的工藝成果，施釉均勻，釉面瑩潤，燒成火候恰到好處，釉色鮮
紅明豔，完全改變了洪武朝紅釉瓷紅中泛黑的不純色調。器物的口沿因
燒成時，釉層在高溫熔融狀態下自然垂流，致使釉層變薄，映出白色胎
骨，俗稱「燈草口」。此盤造型規整，胎薄體輕，紅釉色澤鮮豔純正，
是永樂朝官窯紅釉瓷作的典範。

圖221　青花纏枝花紋天球瓶

明‧宣德　清宮舊藏

高46cm／口徑8.9cm／底徑15.2cm

　　瓶唇口，長頸，球形腹，平底。通體青花裝飾。頸部繪纏枝蓮紋和上仰變形如意雲頭紋，如意頭內繪花蕾。腹部為纏枝花卉紋飾。素底無釉。肩上自右向左署青花楷體「大明宣德年製」六字橫排款。

　　明代是中國青花瓷器生產的黃金時期，青花瓷作為瓷器生產的主流，亦在宣德朝達到了製作的頂峰。宣德年間使用的青料大部分是「蘇泥勃青」料，青花上有金屬光澤的黑斑，形成宣德青花瓷器的重要特徵；但也有一部分使用國產青料，其特點是青花發色淡雅，少有暈散和結晶斑。這件宣德青花天球瓶上的青花色澤即顯得淡雅，當使用國產青料描繪而成。

圖222 青花牽牛花紋四方委角瓶

明・宣德
高14.5cm／口徑5.7cm／足徑7.4cm

　　瓶唇口，直頸，頸部對稱置象首耳，象鼻自然彎曲呈半圓形，方腹
折角為分棱錘狀，深圈足外撇，台階式內底。器身繪纏枝牽牛花，以瓶
腹為主，自然向頸部、腹部延伸。雙耳染青。圈足內施白釉。外底署青
花楷體「大明宣德年製」六字雙行款，外圍青花雙線圈。

　　瓶腹委角處，過度自然。器足內呈台階式，這種外撇形高圈足的內
部在宣德時往往作成台階式。牽牛花是宣德時期常用的紋飾。畫筆自然
生動，纏繞的藤蔓，盛開的朵朵喇叭形花朵，將牽牛花的花、葉、蔓表
現得活靈活現，別有新意。在青花料的使用方面，此瓶使用的是國產與
進口的混合料，青花暈散自然，並有下沉的氧化鐵結晶斑。

　　此瓶造型係模仿西亞伊斯蘭國家金屬器。

圖223　青花藍查體梵文出戟法輪蓋罐

明·宣德　清宮舊藏
通高28.7cm／口徑19.7cm／底徑24.7cm

　　罐直口，豐肩，碩腹，平底。口上
有凹槽。肩部凸起八個長方板片。胎體
厚重，釉色青白，青花濃豔並有黑疵。
罐身分層繪海水、八吉祥、藍查體梵文
及蓮瓣紋。罐附圓蓋，蓋面繪四朵雲
紋，間以五個藍查體梵文，是佛教種子
字，蓋之外壁飾海水紋。蓋內頂面繪九
個蓮瓣環圍一雙線圈，每個蓮瓣內均書
一藍查體梵文，雙線圈內從左至右書
「大德吉祥場」五個篆體字，與罐內底
面同樣的五字相對應。

　　蓋內九字中，前五字為五方佛中的
五佛種子字，後四字分別代表前四佛雙
身像中的四女像種子字。罐外壁中間一
周梵文為密咒真言，其上下各有八個相
同的梵文，代表各方佛雙身像中的女像
種子字。此種文字組合圖案被密宗信徒
稱為「法曼荼羅」。

　　此器在宣德青花瓷中極為少見，其
造型、花紋均充滿宗教含義，當為佛教
徒作道場時所用的法器，是
景德鎮專為宮廷燒製的佛事
用具。

圖224　青花折枝花紋如意耳扁壺

明・宣德　清宮舊藏
高25cm／口徑3cm／底橫10cm／底縱7.5cm

　　壺直口，細頸，豎向扁圓形腹，平底。頸、肩之間對稱置如意形耳。通體青花裝飾。頸上繪纏枝花紋，肩繪蕉葉紋，腹兩面均繪飾折枝茶花紋。素底無釉。無款識。

　　此器造型源自阿拉伯銅器，器形端莊，紋飾疏朗。花卉題材在宣德瓷器裝飾中佔據主導地位，石榴花、菊花、蓮花、茶花、牡丹、百合、寶相花、牽牛花等較為常見。每種器物多由兩種、四種、六種或更多種類花卉通過不同形式組合在一起，形成變化豐富的花紋裝飾。組合使用的同時，也流行以單獨花卉為飾，此件扁壺即為一例。其腹部兩面各繪茶花一枝，筆觸細膩，圖案寫實，別有一番情趣。

圖225 青花海水雲龍紋缽

明·宣德 清宮舊藏
高12cm／口徑26.5cm／底徑12cm

　　缽口微斂，弧腹，平底。通體青花裝飾。外口沿繪海水紋，外壁繪雲龍紋，近底處繪蓮瓣紋。內底署青花楷體「大明宣德年製」六字雙行款，外圍青花雙線圈。外底素胎無釉。

　　缽形器早在新石器時代的裴李崗文化和磁山文化的陶器中就已經出現。但「缽」字是佛門盛貯器的音譯，自佛教傳入中國後，僧人多用之。宣德時，皇家崇信佛教，特別是藏傳佛教，大批藏地僧侶紛紛入京朝貢。宣德時期景德鎮御窯廠燒製的瓷缽，斂圓口，弧形深壁，底有兩種，一為細砂平底，一為無釉淺圈足環底。有白釉、灑藍釉和青花器，灑藍釉器的外壁飾有暗刻雲龍紋。青花器外壁繪有雲龍、纏枝蓮等。清代有仿製品。此器造型敦實，紋飾生動，青龍矯健，頗有氣勢，為宣德官窯瓷器之精品。

圖226 青花礬紅彩海水龍紋盤

明・宣德 清宮舊藏
高4.4cm／口徑22cm／足徑14cm

　　盤敞口，淺弧腹，圈足。內外青花礬紅彩裝飾，內底繪海水蛟龍紋。外口沿下繪回紋，腹部繪九條蛟龍翻騰於海水浪花間。圈足內施白釉。無款識。

　　青花與紅彩相結合，是當時一種新穎的裝飾工藝，兩種色彩相互輝映，對比鮮明。宣德青花礬紅彩瓷器造型主要有花盆、盤、碗、高足碗等。紅彩鮮豔、溫潤，施彩時深淺分用，以表現紋飾的立體效果。

圖227　釉裡紅三魚紋高足杯

明·宣德
高8.8cm／口徑9.9cm／足徑4.4cm

　　杯撇口，深弧腹，豐底，下承以外撇高足。通體施白釉，釉面泛桔皮紋。杯外壁在白色的釉面上凸起三條紅魚，紅白相映，典雅清麗，仿佛三條紅魚首尾相隨於水中。內底署青花楷體「大明宣德年製」六字雙行款，外圍青花雙線圈。

　　此器造型端莊，魚紋刻畫生動逼真，其瑩潤的桔皮紋白釉與明豔的釉裡紅紋飾互相襯托，相映成趣。釉裡紅三魚紋高足杯是宣德時出現的較新穎的品種，這種高足杯在明代萬曆、天啟及清代的康熙、雍正朝都有仿製，其中以康熙仿品最為亂真，但釉面不及真品肥腴明亮，腹部欠豐滿，高足線條略顯生硬。

　　值得一提的是，此種釉裡紅瓷器上的三魚紋係高溫銅紅釉的局部使用，其魚紋凸起，具有天然紅寶石般光澤，文獻稱之為釉裡紅寶燒，它與一般意義上以銅紅彩描繪圖案紋飾的釉裡紅瓷器有所不同，不可混為一談。

圖228　鮮紅釉僧帽壺

明·宣德　清宮舊藏
高20cm／口徑16.1cm／足徑7.5cm

　　闊頸，溜肩，鼓腹，瘦底，圈足。一側口邊至頸部置寬帶形曲柄，
相對的另一側出鴨嘴狀流槽。附圓鈕傘形蓋，蓋邊和壺口後部各置一個
小圓繫，可供穿繩連接。外壁施紅釉，釉色明豔純正。圈足內和器裡施
白釉。無款識。

圖229　醬釉盤

明‧宣德　清宮舊藏
高3.6cm／口徑15cm／足徑9.5cm

　　盤撇口，弧壁，圈足。底微塌。通體內外施醬色釉。圈足內施白
釉。外底暗刻楷體「大明宣德年製」六字雙行款，外圍暗刻雙線圈。

　　醬釉因以「紫金土」配釉亦稱「紫金釉」。它是一種以氧化鐵為著
色劑的高溫釉，釉料中氧化鐵和氧化亞鐵的含量高達5％以上，其釉色
類似芝麻醬色。醬釉瓷早在宋代就多見於北方的許多瓷窯，其中以定窯
的「紫定」器最為著名。明代宣德時景德鎮官窯出產的醬釉瓷，造型規
整，色澤溫潤純正，釉面肥厚並有橘皮紋。常見器物有撇口碗、撇口
盤、收口盤和瓜式執壺等。

圖230　仿汝釉蟋蟀罐

明・宣德

高11.2cm／口徑13.6cm／足徑13cm

　　罐口底徑度相若，直口，深弧腹，玉璧形底。外壁施天青色仿汝釉，釉面瑩潤，開細碎片紋。外底署青花楷體「大明宣德年製」六字雙行款，外圍青花雙線圈。

　　明代景德鎮窯仿宋代名窯瓷器始於永樂時期，仿汝釉只見有宣德時期的製品。宣德仿汝釉器有雞心碗、盉碗、菱花式洗、蟋蟀罐、盤等，釉色有淡青和天青色，施釉肥厚勻淨，開細小紋片，釉面桔皮紋明顯，外底多署當朝年款。

圖231　仿哥釉菊瓣碗

明・宣德

高7.3cm／口徑18.7cm／足徑6.9cm

　　碗呈菊瓣形，敞口，深弧壁，圈足。通體及圈足內均施青灰色仿哥釉，釉層肥厚，釉層肥厚，釉面布滿開片紋。外底署青花楷體「大明宣德年製」六字雙行款，外圍青花雙線圈。

　　明代仿哥窯瓷器的傳世品，迄今所見最早為宣德時景德鎮官窯製品，造型有菊瓣碗、雞心碗、菊瓣盤、折沿盤、撇口盤等，多署有青花宣德年款。這些器物的釉面光潔度偏低，有油膩感，與宋代哥窯器的釉面相似，但也有桔皮紋這一宣德官窯器的典型特徵。其釉色有青灰、月白等，開片的紋路微微閃黑、閃紅，沒有宋哥窯器「金絲鐵線」和「紫口鐵足」的效果。

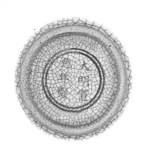

圖232　青花松竹梅紋罐

明・正統
高33cm／口徑17.5cm／足徑17.5cm

　　罐直口，短頸，豐肩，鼓腹，腹以下漸內收，圈足。造型端莊飽滿。通體青花裝飾。頸飾忍冬紋，肩飾纏枝牡丹紋，腹通景繪月映松竹梅紋，輔以花草、坡地、靈芝等。近足處繪變形蓮瓣紋。素底無釉。無款識。

　　正統朝，瓷器作為宣德製瓷風格的延續，無論是造型、紋飾，還是青花色澤，所體現的時代風格均與宣德晚期署款的官窯器接近，但又有所演變和創新。正統朝青花瓷器所用青料有兩種，一種為永樂、宣統時期使用的進口青料，青花色澤濃豔；另一種為國產青料，呈色較淡，為灰藍色。這一時期使用國產青料開始增多，造型也直接繼承宣德器物特徵，器形飽滿，瓶、罐類大型器與宣德時期相比，差異不大，正統時只是器物口部略收，與宣德時口部外撇稍有不同；器身線條宣德時期比正統時期起伏明顯，正統時期器身線條變化比較平緩。紋飾從布局方法看，正統青花亦是宣德青花的延續。瓶、罐多採用三段式布局：即肩、腹、足三部分。永、宣時瓷器上出現的雲氣紋，在正統等時期被廣泛使用，一般亦採用外粗線、裡細線的畫法。

圖233　青花麒麟翼龍紋盤

明・正統　清宮舊藏
高10.7cm／口徑52.4cm／足徑28.7cm

　　盤口微撇，淺弧壁，圈足。內外青花裝飾。內底繪一麒麟駐足於松
柏、山石與蕉葉間，麒麟所佔空間很大，幾乎佔滿盤裡心。內壁繪四行
龍穿行於雲海之間。外壁繪纏枝蓮紋。素底無釉。無款識。

　　青花呈色及畫法與明初已有所不同，不見明初那種普遍出現的鐵結
晶斑。麒麟，作為古代一種祥瑞動物廣泛出現於明代各時期的瓷繪之
中，它是古代人們心目中的祥瑞之物，象徵吉祥幸福。而紋飾中麒麟與
龍紋組合在一件器物上，在永樂、宣德青花瓷器中卻比較少見。

圖234 青花八仙慶壽紋罐

明・景泰
高35.3cm／口徑21.5cm／足徑20cm

罐直口，短頸，豐肩，鼓腹，腹下漸收，近足處外撇，足邊斜削，淺寬圈足。通體青花裝飾。頸繪菱形錦紋，肩繪雲鶴間雜寶紋。腹通景繪八仙慶壽圖，老者中有執杖者、下棋者、觀棋者、執板者、吹笛者、進香者等。童子有持物者、執傘者、執果盤者等。在人物之外，輔以山石、小橋、流水、鶴、鹿、松等。輔以大片靈芝狀雲紋，圖案寓意長壽福祿。近足處繪海水江崖紋。青花色澤濃重偏灰，釉面泛青，並有明顯的開片紋。素底無釉。無款識。

景泰青花瓷延續正統青花瓷的風格，造型敦厚，釉面青白，青花色澤藍中泛灰黑。其紋飾布局疏朗，畫風緩柔，圖案形象概括，繁簡得當，但畫面整體卻略顯簡潔，空間較大。

圖235 青花攜琴訪友圖梅瓶

明・天順

高32.5cm／口徑5.4cm／足徑10.5cm

瓶小口，頸部上收下闊，豐肩，長腹下收。通體青花裝飾。肩飾海水紋及海馬紋，腹繪〈攜琴訪友圖〉，近足處飾海水紋。素底無釉。無款識。

天順青花瓷器上的青花有濃豔的深藍色和泛灰的淡藍色的變化。此器採用進口青花鈷料，色澤濃豔，並帶有黑色結晶斑。畫面運筆自然，採用一筆勾勒，特別是中鋒運筆所繪流雲與人物有獨到之處，具較高的繪畫水準，青花圖案不似宣德之暈散，亦不像成化之纖細，帶一種飄逸感。而畫面中的人物，多逆風而行，冠帶、衣衫拂揚，神情悠然。足前是疾風下的勁草，背後是雲氣掩映的峻嶺山林。所繪雲紋，粗重豪放，呈靈芝形，並有層層的小圈密布於雲氣的一側。這種特殊的流雲紋，既與明代初期的疏簡風格不同，又與成化以後的圓柔風格有異，其時代特徵較為突出。天順青花瓷器在胎體及造型上也體現出時代特色，一般胎體較成化時期厚重，形體也較宣德時高大，此瓶也不例外，風格古樸敦厚。

圖236 青花波斯文三足爐

明・天順
高11.5cm／口徑15.3cm／足徑14cm

　　爐呈筒形，唇口，平底，下承以三足。內光素無紋飾，外青花裝飾。口沿處繪青花單線連續回紋一周，爐底邊有兩條青花弦線橫越三足。腹部以青花料書寫有三行波斯文，取自波斯詩人薩迪的詩集《果園》。譯文為：「年輕人啊，要敬主就應在今天，明朝人老，青春一去不返。只自己守齋還不算真主的穆斯林，還應分出食物賙濟貧人，如今你心無煩擾，身體有力，身在寬廣球場應把馬球猛擊。為政萬萬不可刺傷平民百姓的心，欺壓百姓就是在掘自家的根。謙遜的智者宛如一棵果樹，掛果越多枝頭越加彎曲。」內底署青花楷體「天順年」三字款。

　　這件筒式三足爐，造型比例適度，胎體厚薄適中，修胎規整。釉面白中閃青。波斯文字書寫流暢，既具有裝飾的效果，又以優美的文字內容表達了製作者的思想境界。「天順年」三字書體既具有宣德以來的渾厚風格，也初具成化一朝的矜持面貌，尤其是「天」字，逼肖成化「天」字罐上「天」字的書法。另外，它也是文獻上「天順丁丑（1457），委中官燒造」記載的實物證明。此爐由香港著名收藏家楊永德在1988年捐獻給北京故宮博物院收藏。

　　與此爐基本相似的一件天順青花爐，現藏於山西博物院，署「天順七年大同馬氏造」款。

圖237 青花纏枝蓮紋葫蘆瓶

明・成化
高41cm／口徑6cm／足徑16.5cm

瓶呈葫蘆式，直口，束腰，雙球形腹，圈足。圈足內無釉露胎。通體青花裝飾，青花呈色藍中泛灰。上、下腹部均繪纏枝蓮紋，口部繪回紋、覆蓮瓣紋，束腰處繪仰蓮瓣紋和覆變形蓮瓣紋，近底處繪如意雲頭紋。

此瓶形體秀美，上下比例協調，線條自然流暢，青花發色淡雅。傳世的成化青花瓷器多為盤、碗、杯等小件器皿，此器為當時較大的器物。葫蘆與道教有關，蓮花是佛教聖花，葫蘆瓶上畫蓮花，是成化時佛、道合一的體現。

圖238 青花人物紋蓋罐

明‧成化
通高31cm／口徑17cm／足徑16.8cm

罐直口，短頸，豐肩，鼓腹下收，圈足。附荷葉形蓋，蓋頂置蹲獅鈕。器身腹部青花繪通景〈高士圖〉，人物高雅飄逸，正是「商嶺採芝尋四老，紫陽收術訪三茅」的形象寫照。頸部繪朵雲紋。肩部兩層紋飾，上為變形蓮瓣紋，下為蕉葉紋。近足處繪變形蓮瓣紋。圈足內無釉。無款識。

成化青花以淡雅著稱，用「平等青」料取代永、宣時的「蘇泥勃青」料，呈色趨於穩定。發色藍中泛灰青，襯以潔白溫潤的胎釉和纖細的紋飾，顯得超逸脫俗，對後世青花瓷器的燒造產生深遠影響。誠如孫瀛洲所稱讚的那樣：「成化瓷器，胎質細膩潔白，白釉瑩潤如脂，彩色柔和，筆法流利，造型輕靈秀美，表裡精緻如一。」從成化時的傳世品可以看出當時極為注重製作品質。成化青花瓷器大都青花發色淡雅，透徹而明晰，無漂浮感。但是也有少數發色濃重與宣德青花相類似者，如畫「三友」、「三果」、「九秋」的盤、罐等。其中厚胎的，其紋飾上也有氧化鐵結晶。故在鑑別中不可一概而論，只認識青花色調淡雅一類，而忽視發色濃重者。此器發色淡雅，紋飾線條纖細柔和，畫意飄逸脫俗，充分體現出成化青花瓷的風貌。

圖239 青花九龍鬧海紋碗

明・成化 清宮舊藏
高7.8cm／口徑17.2cm／足徑7cm

　　碗撇口，深弧壁，圈足。外口繪錢紋一周，外腹部海水地上繪不同
形態的九條龍。碗內底青花雙圈內飾海水龍紋。圈足內施白釉。外底署
青花楷體「大明成化年製」六字雙行款，外圍繪青花雙線圈。

　　此器紋飾生動，腹部淡描海水，濃繪九龍，形態威猛生動，氣勢奪
人。成化青花器以青色淡雅著稱，此器青花深淺相襯，更烘托出神龍之
矯健，為成化青花瓷中的罕見佳作。

圖240 鬥彩海水異獸紋罐

明‧成化 清宮舊藏
高11.8cm／口徑6.6cm／足徑8.8cm

　　罐直口，短頸，豐肩，肩以下漸收，圈足。通體鬥彩裝飾。腹部繪四隻海獸及海水江崖、朵雲紋。肩與近底分別繪下覆、上仰蕉葉紋。圈足內施白釉。外底署青花楷體「天」字款。因此俗稱「天字罐」。

　　此罐是成化鬥彩瓷中的名品。以紅彩和青花為主色，黃彩和綠彩為輔。畫面海水洶湧，浪花飛濺。海獸騰空而起，兇猛異常，體現出明代成化時期景德鎮御器廠製瓷工匠高超的繪畫技法。

圖241　鬥彩開光折枝蓮紋罐

明‧成化　清宮舊藏
高12.6cm／口徑6.3cm／足徑6.5cm

　　罐直口，短頸，豐肩，肩以下漸收，圈足。通體鬥彩裝飾。腹部四面菱花形開光內繪折枝蓮花，以花葉和折枝蓮相隔。肩與近底處分別繪變形蓮瓣紋。圈足內施白釉。外底署青花楷體「大明成化年製」六字雙行款，外圍青花雙線圈。

　　此罐胎質潔白細膩，厚薄均勻，形體秀美，色彩豐富，以填彩為主，點彩為輔。紋飾描畫工整。此種成化鬥彩罐除了畫折枝蓮紋外，還見有畫菊蝶紋、寶相花紋者。

圖242 鬥彩團蓮紋高足杯

明・成化 清宮舊藏
高7.2cm／口徑6.7cm／足徑3.4cm

　　杯口微撇，深弧腹，瘦底，下承以中空高足。杯外壁鬥彩裝飾，腹部均勻分布團蓮紋四組，間以上下對稱的變形花葉紋。足內沿自右向左署青花楷體「大明成化年製」六字款。

　　此杯紋用勾勒平塗施彩，色彩均勻，微微凸起，時代特徵鮮明。此種高足杯除了畫團蓮紋以外，尚見有畫纏枝蓮、花鳥紋者，皆紋飾優美。

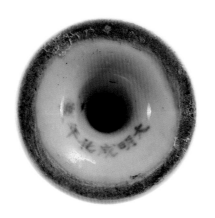

圖243　鬥彩雞缸杯

明‧成化　清宮舊藏
高3.4cm／口徑8.3cm／足徑4.3cm

　　杯口微撇，口下漸斂，平底，臥足。杯體小巧，輪廓線柔韌，直中隱曲，曲中顯直，呈現出端莊婉麗、清雅雋秀的風韻。內施白釉。杯外壁飾子母雞兩群，間以湖石、月季與幽蘭，一派初春景象。足底邊一周無釉。外底署青花楷體「大明成化年製」六字雙行款。外圍青花雙方欄。

　　此雞缸杯以新穎的造型、清新可人的裝飾、精緻的工藝而歷受讚賞，堪稱明成化鬥彩瓷器之典範。其胎質潔白細膩，薄輕透體，白釉柔和瑩潤，表裡如一。杯壁飾圖與形體相配，疏朗而渾然有致。畫面設色有釉下青花及釉上鮮紅、葉綠、水綠、鵝黃、薑黃、紫彩等，運用填彩、覆彩、染彩、點彩等技法，以青花勾線並平染湖石，以鮮紅覆花朵，水綠覆葉片，鵝黃、薑黃填塗小雞，又以紅彩點雞冠和羽翅，綠彩染坡地。施彩於濃淡之間，素雅、鮮麗兼而有之，取五代畫師黃荃花鳥畫的敷色之妙。整個畫面神采奕奕，極盡寫生之趣。

　　此杯是明代成化朝景德鎮御器廠燒造的宮廷用器，明清文獻多有所載，頗為名貴。清代唐衡銓《文房肆考》曰：「神宗尚器，御前有成杯一雙，值錢十萬。」由於雞缸杯的名貴，引來仿製不息。清康熙、雍正、乾隆、嘉慶、道光各朝無不仿燒。其中以康熙時仿品最佳，從造型到紋樣都貼近原作，鑒別時須從造型、胎釉、色彩及款識上仔細審察。

圖244　鬥彩靈雲紋杯

明‧成化　清宮舊藏
高4.4cm／口徑7.5cm／足徑3.5cm

　　杯撇口，深腹，圈足。通體鬥彩裝飾。腹部四面畫團形靈芝紋，周圍繪對稱的花草紋。此杯胎薄體輕，紋飾新穎別緻，構圖疏朗，以紅、黃、綠等釉上彩裝飾，色彩搭配協調。外底署青花楷體「大明成化年製」六字雙行款，外圍青花雙方欄。

　　雍正時期景德鎮御窯廠曾仿製此杯，與真品畫風、紋飾、造型較為相似，但畫工更加精細。

圖245　鬥彩折枝花紋淺杯

明‧成化　清宮舊藏
高3.4cm／口徑7.4cm／足徑4.8cm

　　杯敞口，淺弧腹，圈足。內底繪青花十字寶杵，圍以八個變形蓮瓣紋。蓮瓣內均書一梵文。外壁鬥彩繪折枝花四組。細沙底，無款識。外底釉及年款被後人磨去。

　　此杯為成化鬥彩瓷杯樣式之一。釉質瑩潤，突出青花和綠彩，色彩淡雅清新。此種杯除了畫折枝花以外，還見有畫五供養者，均傳世不多。

圖246　琺花鏤空孔雀花卉紋繡墩

明·成化
高35cm／面徑22.3cm／底徑23.5cm

　　繡墩呈鼓式，中空，面微鼓。墩面中心鏤刻牡丹紋。腹上下各飾凸起鼓釘紋。腹中部鏤雕《有鳳來儀》圖，朵朵牡丹鮮花怒放，枝葉縱橫交錯，洞石交疊，山影重重，祥鳳翩翩起舞。腹部對稱塑貼一獸面耳。通體施白、藍、紫及孔雀藍四種色釉。

　　繡墩又稱坐墩、涼墩，為一種古代坐具，多置於庭前院落，既實用又美觀。河南安陽隋墓中曾出土有青釉小瓷墩，宋元時期亦有製作。繡墩風行於明清兩代，其時代特徵是，明代墩面普遍隆起，而清代均為平面。主要有青花、五彩、琺花、三彩、粉彩等製品。

圖247　青花茅山道士圖三足香爐

明・弘治
高12.2cm／口徑19.9cm／足距12.4cm

　　爐呈筒式，圓口，直腹，平底，下承以三小足。通體青花裝飾，口、足上分別繪回紋與變形蕉葉紋。腹部主題圖案為〈茅山道士圖〉。相傳西漢景帝時，有茅盈、茅固、茅衷三兄弟在今江蘇省西南部的茅山修煉學道，並為民治病，後得道成仙，三人之間常乘白鶴往來。外底施白釉。無款識。

　　此爐青花略有暈散，從造型和畫風上看，是典型的民窯作品。畫面中的人物神形兼備，用筆瀟灑，自然景色寫實逼真，表現了弘治朝瓷繪的嫻熟技巧。

圖248　白釉綠彩雲龍紋盤

明・弘治
高4cm／口徑20.8cm／足徑13cm

　　盤撇口，淺弧壁，圈足。足內外壁均用刀斜修，足端相對較薄。內壁近口沿處和內底各畫青花雙弦線兩道，內底和外壁所繪雲龍紋用黑線勾出輪廓填綠彩。外壁釉下模印纏枝蓮紋和變形蓮瓣紋，口沿下畫青花弦線和朵花紋，圈足外牆畫青花弦線四道。圈足內施青白釉。無款識。

圖249　黃釉金彩犧耳罐

明‧弘治　清宮舊藏
高32cm／口徑19cm／底徑17.5cm

　　罐廣口，短頸，溜肩，腹部上豐下斂，平底，肩兩側對稱置牛頭形耳。罐內施白釉，外施黃釉。外壁自上而下飾金彩弦紋九道。底素胎無釉，無款識。

　　明代黃釉瓷器造型以盤、碗居多，罐則少見，且為弘治朝所獨有。除雙獸耳罐以外，還有綬帶耳罐。

　　明代黃釉瓷器除做御用餐具外，據文獻記載，還被用作方丘（地壇）的祭祀用器。《大明會典》卷二百零一載：「嘉靖九年，定四郊各陵瓷器：圜丘青色，方丘黃色，日壇赤色，月壇白色，行江西饒州府如式燒解。」

圖250　祭藍釉金彩牛紋雙繫罐

明・弘治　清宮舊藏
高32.2cm／口徑16.5cm／足徑18.5cm

　　罐廣口，短頸，溜肩，肩以下漸收，近底處微外撇，淺圈足。肩部
對稱置雙耳。內施白釉，外壁通體祭藍釉地上描金彩裝飾，口沿邊、肩
部、腹下和脛部各畫雙弦紋，腹部繪二牛，雙耳的輪廓線亦描金彩。圈
足內無釉露胎，無款識。

　　此罐為弘治朝景德鎮官窯燒造的皇家祭祀用器。類似的器物還見有
黃釉描金彩犧耳罐、黃釉描金彩罐等。

圖251 青花阿拉伯文燭台

明・正德　清宮舊藏
高24.6cm／口徑6.7cm／足徑13cm

　　燭台分上下兩層，上層托盤小而淺，
下承以細長的支柱，下層托盤為撇口，折
底，盤下承以喇叭形外撇高足。小托盤外
壁繪如意雲頭紋，大托盤外壁繪勾蓮花枝
紋，間以菱形紋飾。支柱及高足外壁的中
部均以圓形開光內寫阿拉伯文裝飾，開光
上下繪勾蓮花枝紋及菱形紋。近足處繪如
意雲頭紋。外底署青花楷體「大明正德年
製」六字雙行款，外圍青花雙線圈。

　　明初常以梵文、阿拉伯文裝飾瓷器，
正德時期阿拉伯文更為流行，出現在各類
器物上，文字一般多含吉祥祈福之意。有
時內容已不重要，相當一部分文字已無法
釋出原意，而只是作為裝飾紋樣。

圖252　青花穿花龍紋碗

明・正德
高10.3cm／口徑23cm／足徑9.3cm

　　碗撇口，深弧腹，圈足略高。外底青花雙圈內署四字雙行八思巴文款，譯文為「正德年製」。內外青花裝飾，裡心與外壁均繪穿花龍圖案，圈足外牆繪如意雲頭紋。

　　此碗造型端莊，釉面瑩亮，釉色白中閃青，青花呈色藍中泛灰。

　　故宮博物院還收藏有與此碗造型、紋飾完全相同的正德官窯青花碗，外底署青花楷體「正德年製」四字雙行款，外圍青花雙線圈。

圖253　素三彩花草紋長方水仙盆

明·正德

高7.2cm／口橫23.8cm／口縱15.2cm／足橫23.1cm／足縱14.2cm

　　盆呈長方體，四面略斜收，下承以六足。盆內及外底均施白釉。外壁素三彩裝飾，以黃、綠、紫設色，腹部以紫色為地，以綠彩繪花草紋。口沿下署青花楷體「正德年製」四字一排款，外圍青花雙方欄。紫釉掩映下的青花款呈藍黑色。

　　素三彩雖自成化時已初具形制，但直至正德時才享有盛譽。此器造型別緻，構圖簡練生動，色調清新明快，色彩搭配協調，給人以古樸雅致之美感。明代自正德朝開始，瓷器品質已呈下降的趨勢，琢器類多帶器座，接痕日漸明顯，大器底足遠不及永、宣、成時的細膩光滑。但就正德素三彩而言，卻成就卓著，成為顯赫一時的名貴品種。

圖254　素三彩纏枝蓮紋靶碗

明·正德　清宮舊藏
高12cm／口徑15.9cm／足徑4.6cm

　　靶碗撇口，深弧腹，下承以中空高足。足與碗底係釉接而成，在碗外底與足相接處明顯可見有修整痕跡，碗內及圈足內均施青白釉，釉面瑩亮。無款識。外壁綠地素三彩纏枝蓮紋裝飾，其上結有一黃、二白、二孔雀藍共五朵蓮花，二朵孔雀藍蓮花為黃心，其餘三朵均為孔雀藍色心。色彩搭配協調。給人以沉靜素雅之美感。

圖255 鮮紅釉盤

明・正德
高4.9cm／口徑20.3cm／足徑13.1cm

　　盤敞口，弧壁，圈足。俗稱「窩盤」。內施白釉無紋飾。外施紅釉。圈足內施青白釉。無款識。

　　明正德朝紅釉為高溫釉，傳世的正德紅釉瓷器頗為少見。此盤作工精細，胎薄體輕，底心微下塌，釉質細潤，紅色鮮豔，是罕見的明正德瓷器中的精品。

圖256 孔雀綠釉碗

明・正德　清宮舊藏
高6.6cm／口徑15.9cm／足徑6.4cm

　　碗撇口，深弧壁，圈足。腹外施孔雀綠釉，近足處釉下刻劃變形蓮瓣紋。碗內和圈足內施白釉。無款識。

　　孔雀綠釉亦稱「法翠」、「翡翠」或「吉翠」釉，它是一種以氧化銅為著色劑的中溫顏色釉，其釉色明麗蔥翠，頗似孔雀羽毛上的綠色。景德鎮窯從元代開始燒造孔雀綠釉瓷器，這一色釉的出現是對我國傳統的低溫鉛綠釉的繼承與發展。清人佚名著《南窯筆記》曰：「法藍、法翠二色，舊惟成窯有，翡翠最佳。」認為孔雀綠釉在明代始燒於成化年間，但從傳世品和出土物看，宣德時已有燒造，成化、弘治、正德、嘉靖各朝均延續燒造。若論成色之佳，則首推正德時產品。

　　此碗造型俊秀，是典型的正德宮碗式樣。

圖257 青花雲龍紋壽字蓋罐

明・嘉靖 清宮舊藏
通高54.2cm／口徑25.2cm／足徑30cm

　　罐圓口，方唇，溜肩，肩下漸斂，平底。附圓形蓋，蓋頂置寶珠形鈕。罐裡光素無紋飾，外部青花裝飾。肩繪纏枝蓮紋。蓋和腹部均繪雙行龍、盤「壽」字及朵雲紋等。腹下部還襯以海水江崖紋。近底處繪勾雲紋。素底無釉。罐外口沿下自右向左橫書楷體「大明嘉靖年製」六字一排款。

　　此罐造型渾厚雄偉，構圖繁密嚴謹，層次分明，主題突出。據文獻記載，此時期的青花瓷使用進口的「回青」料描繪，色調翠藍濃豔，微泛紫紅，具有鮮明的時代特徵。

圖258　青花龍穿纏枝蓮紋大盤

明‧嘉靖　清宮舊藏
高10.7cm／口徑77cm／足徑55cm

　　盤敞口，淺弧壁，圈足。內外均以青花描繪龍穿纏枝蓮紋。素底無
釉。外口沿下長方形青花雙線框內自右向左署青花楷體「大明嘉靖年
製」六字一排款。
　　龍穿花、雲鶴、八卦是嘉靖官窯青花瓷器上的流行紋樣。此器畫工
精細，龍紋形象生動，圖案線條自然流暢，形體碩大，應是迎合當時嘉
靖帝的喜愛而特意燒造的。

圖259　青花蟠桃仙鶴符籙紋盤

明・嘉靖　清宮舊藏
高8.1cm／口徑57.5cm／足徑41.7cm

　　盤敞口，淺弧壁，圈足。內外以青花描繪仙鶴、蟠桃及靈芝紋。盤心青花雙圈內書一符籙。素底無釉。沿下自右至左署青花楷體「大明嘉靖年製」六字一排款。

　　此盤形體碩大，作工精細，為嘉靖官窯產品。青花呈色藍中泛紫，為典型的回青料所致。嘉靖皇帝信奉道教，致使嘉靖官窯瓷器上反映長生不老的題材大量出現，如靈芝、八卦、瓔珞、八仙、雲鶴等。此盤就具有鮮明的時代特徵。

圖260　五彩魚藻紋蓋罐

明·嘉靖
通高33.2cm／口徑19.5cm／足徑24.1cm

　　罐直口，短頸，豐肩，碩腹，圈足。通體青花五彩裝飾。肩部繪變形蓮瓣紋。腹部繪蓮池魚藻紋。近底處繪蕉葉紋。蓋面繪纓絡紋。圈足內施白釉。外底署青花楷體「大明嘉靖年製」六字雙行款。

　　此罐形體高大規整，胎體厚重，色彩豔麗，構圖疏密有致。所繪鯉魚鱗鰭清晰，與周圍的蓮花、浮萍、水草融合在一起，顯得生動逼真。

圖261 五彩天馬紋蓋罐

明·嘉靖 清宮舊藏

通高18cm／口徑8.5cm／足徑8.7cm

罐直口，短頸，圓腹，圈足。附傘形蓋，蓋頂置寶珠形鈕。通體釉上五彩裝飾。腹部繪四匹天馬在雲海間躍奔。頸部繪蕉葉紋，肩部繪纏枝蓮紋，近足處繪變形蓮瓣紋。圈足內施白釉。外底署青花楷體「大明嘉靖年製」六字雙行款，外圍青花雙線圈。

此罐突出使用紅、綠二彩，並以黃、黑、紫彩作局部的點綴，增強了畫面的立體感。

圖262　五彩靈芝桃樹紋盤

明・嘉靖
高2.8cm／口徑14.5cm／足徑9.3cm

　　盤敞口，淺弧壁，圈足。內外青花五彩裝飾，內底青花雙圈內畫一
棵桃樹，樹幹盤繞成「壽」字，樹上結滿壽桃。樹下長有靈芝。外壁繪
三株桃樹，間以靈芝，樹上碩果累累，樹幹均盤繞成「壽」字。圈足內
施白釉。外底署青花楷體「大明嘉靖年製」六字雙行款。

　　嘉靖五彩瓷器上常見用所繪樹幹盤繞成「福」、「壽」、「康」、
「寧」等字作為裝飾，可謂新穎別致，此類題材與嘉靖皇帝崇信道教有
密切關係。

圖263　鬥彩靈芝紋盤

明・嘉靖　清宮舊藏
高3.6cm／口徑14.8cm／足徑8.6cm

　　盤撇口，淺壁，折底，圈足。內外鬥彩裝飾。內底繪如意雲頭一
周，外壁繪靈芝紋七組。此盤彩色鮮豔，施彩精細，靈芝描畫嚴謹工
整，寓意長壽、吉祥。圈足內施白釉。外底署青花楷體「大明嘉靖年
製」六字雙行款，外圍青花雙方欄。

圖264　黃地紅彩海水雲龍紋蓋罐

明・嘉靖　清宮舊藏

通高18.5cm／口徑7.2cm／足徑9.2cm

　　罐直口，短頸，豐肩，鼓腹，腹以下收斂，圈足。蓋面中部凸起寶
珠形鈕，蓋口沿下弧收。外壁紅地黃彩海水雲龍紋裝飾。圖案輪廓及細
部均用金彩勾描。蓋內、罐內及圈足內均施青白釉。外底署青花楷體
「大明嘉靖年製」六字雙行款。

圖265 白地素三彩纏枝牡丹紋瓶

明・嘉靖 清宮舊藏
高63.4cm／口徑7.9cm／底徑17.8cm

瓶口微撇，口緣鑲銅，溜肩，鼓腹，腹以下收斂，平底。外壁白釉地素三彩裝飾。近口沿處繪如意雲頭紋，腹部繪纏枝牡丹紋，近足處繪卷草紋。所施色彩有孔雀綠、黃、紫、草綠等。素底無釉。無款識。

圖266 回青釉爵杯

明・嘉靖 清宮舊藏
高16.1cm／口橫12.7cm／口縱6.6cm／足距7cm

杯造型和紋飾均模仿古代青銅器。橢圓形口，配一銅製珊瑚圓鈕鏤空蓋。深腹，下承以三柱形足。通體施回青釉，釉色呈淡紫藍色。腹部飾回紋、獸面紋和鼓釘紋各一周。釉面勻淨潤澤，釉薄處映出白色胎骨。杯底無釉露胎，署陰刻楷體「大明嘉靖年製」六字雙行款。

回青釉是明代嘉靖時特有的一種以進口「回青」料配釉燒成的高溫藍釉，它是在元代以來景德鎮窯燒成的高溫鈷藍釉基礎上所衍生出的新品種，其釉色與祭藍釉相近，但略顯淺淡。

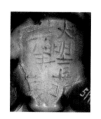

圖267　礬紅釉梨式執壺

明・嘉靖
通高15cm／口徑3.7cm／足徑6.2cm

　　壺身呈梨形，直口，溜肩，垂腹，圈足，壺身對稱置曲柄和彎流，
柄上部置一圓繫，可供繫繩以防蓋脫落。附傘形蓋，蓋頂置寶珠形鈕。
通體施礬紅釉，釉色紅中泛黃，色調溫潤柔和。壺腹釉下隱約可見以青
花料描繪的雲鶴紋。圈足內施白釉。外底署青花楷體「大明嘉靖年製」
六字雙行款，外圍青花雙線圈。

　　高溫銅紅釉瓷器自元代由景德鎮窯創燒成功後，經歷了明初永樂、
宣德時期的輝煌，到了嘉靖時已趨於沒落，雖仍有少量的製品傳世，但
其釉色已不鮮豔，色調發暗，色澤紅中泛黑。因此以氧化鐵為著色劑的
低溫礬紅釉瓷器大量出現。這種礬紅釉瓷器一般要經過兩次燒成，即高
溫燒成白瓷胎，再塗抹礬紅料入窯低溫焙燒成器，因而這一品種又稱
「抹紅」。

圖268　瓜皮綠釉暗花雲鳳紋尊

明・嘉靖　清宮舊藏
高11.2cm／口徑14.1cm／足徑8cm

　　尊廣口外撇，闊頸，腹部上豐下斂，高
圈足外撇。內外滿施瓜皮綠釉，釉下暗劃紋
飾。頸部和腹部各劃兩飛鳳，間以朵雲紋，
腹下部劃變形蓮瓣紋，足牆外劃卷草紋。圈
足內施白釉。外底署青花楷體「大明嘉靖年
製」六字雙行款，外圍青花雙線圈。

　　瓜皮綠釉創燒於明代早期，它是一種玻
璃質的低溫銅綠釉，因釉色似西瓜皮，故俗
稱「瓜皮綠」。嘉靖時景德鎮官窯燒造的瓜
皮綠釉器以碗、盤等小件圓器為主，尊、罐
等大件琢器較少見。

圖269　青花雲龍紋蟋蟀罐

明・隆慶

通高10.6cm／口徑13.2cm／足徑13.4cm

　　罐口微斂，腹壁略顯弧形，圈足。附
蓋，蓋面隆起，蓋中心鏤空古錢紋。形制規
整，作工精細。通體青花裝飾。青花藍中泛
紫，色澤豔麗。蓋面與外壁均繪雙龍戲珠
紋。近底處繪變形如意雲頭紋。外底署青花
楷體「大明隆慶年造」六字雙行款。外圍青
花雙線圈。

　　此罐為當時流行式樣。畫面紋飾疏密有
致，年款筆畫工整有力。隆慶以前各朝官窯
瓷器上的年款絕大多數用「製」字，極少用
「造」字，而隆慶官窯瓷器上的年款絕大多
數用「造」字，極少用「製」字。

圖270　青花龍鳳紋出戟花觚

明・萬曆　清宮舊藏
高21.9cm／口徑15.7cm／足徑11.3cm

　　觚撇口，長頸，鼓腹，腹兩側各出三個長方形戟，高圈足外撇。通體青花裝飾。腹部主題圖案繪雲龍和雲鳳紋。頸部繪洞石牡丹兩組，足上繪雲朵、折枝花和圓點紋。圈足內施白釉。外底署青花楷體「大明萬曆年製」六字雙行款，外圈青花雙線圈。

　　此觚仿商周青銅器式樣，造型端莊，雄渾古樸。青花呈色藍中泛紫。圖案寓意吉祥，龍鳳紋組合描繪寓意「龍鳳呈祥」。

圖271　青花嬰戲圖圓盒

明·萬曆
通高11.3cm／口徑20.8cm／足徑16.2cm

　　盒上下子母口套合，口微內斂，弧形
壁，圈足。通體青花裝飾。蓋面主題紋飾
為〈嬰戲圖〉，下襯以雲龍戲珠、雜寶、
卷草紋等。圈足內施白釉。外底署青花楷
體「大明萬曆年製」六字雙行款，外圍青
花雙線圈。

　　這種蓋盒胎體厚重堅硬，為萬曆朝的
典型式樣。青花色澤豔麗明快，藍中泛
紫。小童在庭院中嬉戲玩耍，人物眾多，
形象誇張，寓意子孫繁衍。

圖272 青花經文觀音菩薩圖碗

明・萬曆
高7.6cm／口徑16.5cm／足徑7cm

　　碗撇口，弧壁，玉璧形底。通體青花裝飾。碗心書寫青花楷體「南無無量壽佛」六字，環以纏枝花紋。外壁繪觀音像，渡海觀音居中，足下波浪翻騰。善財童子合掌相拜，韋馱雙手合十，橫置金剛杵護法。一側青花楷書經文一百一十二字，首句為「南無大慈大悲救苦救難觀世音菩

薩」，落款為「皇明萬曆四十四年歲次丙辰仲冬月吉日精造」。外底素胎無釉。無款識。

　　此碗青花設色清新淡雅，富有層次，人物形象準確生動，最為珍貴的是署有紀年款，萬曆四十四年即1616年。以往認為康熙時始有斜削式細砂玉璧底，此碗證明明代萬曆時已首開先河。

圖273　青花開光異獸花果紋盤

明・萬曆　清宮舊藏

高9.5cm／口徑50cm／足徑32cm

盤撇口，淺弧壁，塌底，圈足。通體青花裝飾。盤心錦地八方菱形開光內繪松柏、異獸。內壁畫八個蓮瓣形開光，開光內繪花果紋。外壁八組開光內繪靈芝紋。圈足內素胎無釉。

這種被歐洲人稱為「嘉櫓」，被日本人稱為「芙蓉手」的瓷器，是當時外銷瓷中的重要品種之一。

圖 274　鬥彩折枝蓮托八吉祥紋碗

明・萬曆
高8.7cm／口徑16.5cm／足徑7.1cm

　　碗撇口，深弧腹，圈足。內壁施白
釉，內心繪鬥彩靈芝紋。外壁鬥彩裝飾。
腹部繪八組折枝蓮托八吉祥紋，八吉祥屬
於藏傳佛教使用的八種吉祥物，即法輪、
法螺、寶傘、白蓋、蓮花、寶罐、金魚、
盤腸。近底處繪變形蓮瓣紋。圈足內施白
釉。外底署青花楷體「大明萬曆年製」六
字雙行款，外圍青花雙方欄。

　　此碗是佛前供器，造型和紋飾均模仿
成化鬥彩瓷器，但與成化鬥彩折枝蓮托八
吉祥紋碗相比，其色彩更為豔麗。

圖275 五彩魚藻紋蒜頭瓶

明・萬曆 清宮舊藏
高40.3cm／口徑7.8cm／足徑13.7cm

　　瓶蒜頭口，長頸，圓腹下垂，圈足。通體青花五彩裝飾，釉上彩有紅、黃、綠、褐、紫彩等。腹部繪魚藻紋，頸部繪折枝梅花紋。上下襯以變形蓮瓣、卷草紋等。口沿下自右向左署青花楷體「大明萬曆年製」六字一排款。

　　此瓶屬於當時宮中的陳設用瓷。明代萬曆青花五彩風格與早期五彩迥然不同，用色具有強烈的裝飾性，顏色多用紅、黃、綠、紫等飽和色，而不用淺淡的中間色。以紅濃綠豔取勝，用筆豪放不羈，線條挺健有力。像魚藻紋蒜頭瓶這類大件彩瓷，均為萬曆時新創。這種瓶除了以魚藻紋裝飾以外，尚見有以鴛鴦蓮花紋裝飾者。

圖276　五彩雲鳳紋葫蘆式壁瓶

明・萬曆

高31cm／口橫3.7cm／足橫11.7cm

　　瓶呈半個葫蘆形，半圈足。外壁青花五彩裝飾。上腹部繪雲鳳紋，下腹部繪花鳥鳳凰紋。背部上端署青花楷體「大明萬曆年製」六字雙行款，外圍青花雙方欄。上覆荷葉，下托折枝蓮花。

　　壁瓶又稱轎瓶，為萬曆時的創新器形。此瓶所施色彩濃重鮮豔，雖紋飾滿密，但主題鮮明，堪稱萬曆五彩瓷器中的代表作。

圖277　五彩鴛蓮紋提樑壺

明・萬曆
高20.5cm／口徑8.7cm／足徑11.8cm

　　壺唇口，短頸，豐肩，圓腹，圈足。肩上架起提樑。附傘形蓋，蓋頂置寶珠形鈕。通體青花五彩裝飾。腹部繪〈蓮池鴛鴦圖〉。蓋面繪花卉、飛雀和蝴蝶。所用釉上彩以紅、黃、綠彩為主，紋飾線條較粗，構圖飽滿，圖案生動活潑。圈足內施白釉。外底署青花楷體「大明萬曆年製」六字雙行款，外圍青花雙線圈。

　　此壺為宮中飲茶用器。

圖278　綠地黃彩開光暗劃雲龍紋蓋罐

明・萬曆　清宮舊藏
高19.1cm ／ 口徑9.4cm ／ 足徑11.3cm

　　罐直口，短頸，豐肩，鼓腹，圈足。罐外壁綠地黃彩裝飾，肩部飾
變形蓮瓣紋，腹部四個菱形開光內均飾雲龍紋，菱形開光上下分別以八
吉祥紋相隔。蓋面中心飾雲龍紋，外環以十一個變形蓮瓣紋。所有圖案
均先在素胎上刻劃，再施以低溫釉彩。圈足內施白釉。外底署青花楷體
「大明萬曆年製」六字雙行款，外圍青花雙線圈。

圖279 黃地素三彩二龍戲珠紋盤

明‧萬曆 清宮舊藏
高4.4cm／口徑23.3cm／足徑16cm

　　盤敞口，弧壁，圈足。盤心微下塌。
通體黃地素三彩裝飾。內底飾雙龍戲珠
紋，外壁飾纏枝蓮紋。所有紋樣均先用黑
彩勾出輪廓，其內再填以紫、綠、孔雀
綠、黑彩等。外壁黑彩暈散嚴重，盤造型
不太規整，龍紋隨意性較強，爪如花朵，
口、腹、足底均有窯裂，反映出萬曆時期
御器廠瓷器生產品質趨於下降的狀況，圈
足內施黃釉。外底署青花楷體「大明萬曆
年製」六字雙行款，外圍青花雙線圈。在
黃釉的掩映下，青花款呈藍黑色。

圖280 淡茄皮紫釉暗花雲龍紋碗

明・萬曆 清宮舊藏
高7.3cm／口徑15cm／足徑5.5cm

　　碗撇口，弧壁，深腹，圈足。內施白釉。外壁施淡茄皮紫色釉，釉下刻劃二雲龍趕珠紋。圈足牆外亦暗劃回紋。圈足內施白釉。外底署青花楷體「大明萬曆年製」六字雙行款，外圍青花雙線圈。

　　茄皮紫釉創燒於明代早期，它是一種以氧化錳為呈色劑的高溫釉，釉料中的鐵、鈷等其他金屬元素則具調色作用。其釉色有深、淺之別，深者如熟透的黑紫色茄皮，常施於尊、罐、大盤、大碗等器上；淺者則似未熟的茄皮呈淡紫色，多施於小件盤、碗之上。此碗即屬於後者。

圖281　青花羅漢圖爐

明·天啟

高17.5cm／口徑28.5cm／足徑18cm

　　爐口微侈，束頸，鼓腹下斂，高圈
足。底心處有一圓孔。造型古樸，胎體
厚重，白釉閃青。器裡光素無紋，外壁
通體青花繪三十二個羅漢，三五成群笑
談於山水之間，人物姿態生動自然，繪
畫線條清晰流暢。周圍襯以捲雲、松
柏、溪水、花草。山水交融，雲霧繚
繞，景致幽雅，意境深遠。畫面遠山近
水層次分明，青花一改單線平塗的技
法，富有色階變化。圈足內施白釉。無
款識。

　　香爐在明末清初時頗為流行，明末
時香爐造型較清初香爐略高，更顯古樸
莊重。

圖282 五彩人物紋海棠式盤

明‧天啟
高2.3cm／口橫18.2cm／口縱11.7cm／底橫14.8cm／底縱8cm

盤呈海棠式，敞口，淺腹，圈足。口沿施醬釉，內底畫紅彩海棠式開光，開光內以五彩描繪〈江中泛舟圖〉。江面上一位船伕正在用力地划槳，船上坐有二人正在交談，岸邊襯以松樹、山石。外底署青花花押款。

此盤造型別緻，釉面潔白，器足圓潤，畫面主要以紅彩為主，綠彩點綴其間，整體色彩淡雅，筆意粗率奔放，雖寥寥數筆，人物姿態卻極為生動。據考證，此種海棠式盤係當時為適應日本市場需求而專門燒造的外銷瓷，具有鮮明的時代特徵。

圖283　青花人物紋缸

明‧崇禎
高14.5cm／口徑19cm／底徑9.5cm

　　缸直口，平沿，深腹，腹下漸收
斂，平底，底心略凹。內施白釉。外壁
繪青花人物紋。山石掩映的軍帳前，旌
旗招展，大將呂布頭戴束髮冠，身穿百
花袍，身後有一侍者，周圍站立幾名武
士，手持各式兵器。呂布對面李肅手捧
珍寶，獻給呂布，其身後的幾名隨從，
也各持寶物。周圍繪有旗幟、軍帳、城
池、山水、草木等。青花色澤濃豔，人
物形象生動。外底素胎無釉。無款識。

　　明末清初時期，文學藝術繁榮，不
僅為瓷器紋樣提供了豐富的創作題材，
而且還深刻影響著瓷器裝飾畫面的藝術
表現守法。民窯瓷器中的許多人物畫
中除了常見的〈嬰戲圖〉、〈八仙祝
壽〉外，戲曲故事特別盛行，《三國演
義》、《西廂記》、《水滸傳》等故事
中的內容比比皆是，這與明代萬曆以來
帶有版畫的戲曲劇本的大量流行有關。
此缸故事出自《三國演義》中的「饋寶
說呂布」一節，李肅受董卓之命，帶著
赤兔寶馬、黃金、珠寶、玉帶等寶物，
來到洛陽城下的呂布軍帳中，說服呂布
投降。匠師巧妙地將此故事情節移植到
器物的裝飾畫中，畫意生動，為崇禎朝
青花瓷器中的上乘之作。

圖284 德化窯白釉達摩塑像

明
高25.4cm

　　達摩廣額深目，耳戴雙環，滿臉虯鬚，身披袈裟，其頭部微低，雙目凝視遠方，雙手拱於胸前，赤足站在浪花翻滾的海濤上，作乘風破浪、疾馳而行狀。其衣衫被海風微微拂起，神情默然，耐人尋味。

　　達摩又稱菩提達摩，是印度禪宗第二十八代祖師。傳說他是剎帝利族出身，原為王子。於南北朝時來華傳揚佛法，篤信佛教，曾三次捨身寺廟的梁武帝曾於達摩攀交。爾後達摩折葦化舟，來到嵩山少林寺，面壁靜修。他提倡斷絕一切念想雜思以求悟得佛理，被奉為中國禪宗的始祖，民間流傳不少關於他專意修行的故事，成為藝術家創作的常見題材。此尊塑像不落傳統窠臼，獨闢蹊徑，以達摩渡海為主題進行創作。達摩頭臉清奇矍鑠，五官緊湊，眼聚沉思，踏波逐浪而行。洶湧翻捲的海浪，隨風飄拂的衣衫，安然從容的神色，體現出達摩直契佛心自明永恆的堅定與淡然。

　　達摩渡海瓷像如凝脂，似美玉，滋潤柔滑。其工藝成就代表了明代德化窯的製瓷水準。此達摩像的刻畫手法，與故宮博物院收藏的明代德化窯「何朝宗」款達摩像相似，只是尺寸較小。

圖285 德化窯白釉鶴鹿老人雕像

明 清宮舊藏

通高39cm

　　鶴鹿老人鶴髮童顏，雙眼微眣，面帶
慈祥笑容，身穿寬大鶴氅，怡然自得地盤
坐於洞石之上。其頭微偏，兩手交叉扶於
石桌之上，右手托一經卷，儼然是一位仙
風道骨的老神仙。在洞石左側臥一小鹿，
昂頭豎耳，凝視老人。洞石右側立一仙
鶴，長腿，曲頸，作尋覓狀。這一靜一動
的完美結合，給瓷塑增加了不少生氣和情
趣。老人背後戳印陰文「何朝宗」三字篆
體葫蘆形印記。

圖286　德化窯白釉觀音座像

明　清宮舊藏
高28cm／底徑13.3cm

　　觀音低首垂目，面形長圓，飽滿豐
潤，神情慈祥，似在俯瞰塵世眾生。其髮
髻高束，正中插如意形頭飾，頭戴風帽，
身披長巾，胸前瓔珞珠佩亦作如意形。雙
手隱於衣衫下，一足半露，一足屈掩。其
衣紋自然，透過垂拂流轉的衣褶，可領略
觀音的肢體形態。通體施白釉，中空。背
後戳印陰文葫蘆形「何朝宗」三字篆體印
章款。

　　明代德化窯白瓷極力追求完美的玉質
感，獨樹一幟。此像出自明代德化瓷塑藝
術大師何朝宗之手，其工藝成就代表了德
化窯的最高水準，是何朝宗傳世塑像中的
經典之作。

圖287　德化窯白釉象耳弦紋尊

明　清宮舊藏
高26.2cm／口徑11.4cm／足徑10.4cm

　　尊廣口，方唇，粗長頸，頸上對稱置象耳，圓腹，圈足。通體施白
釉，口沿下模印回紋一周，頸、肩處有數道凸起的弦紋。

　　此尊造型端莊古樸，釉面質感如象牙般光潔溫潤，是明代德化窯白
瓷中的精品。

圖288　德化窯白釉暗刻夔龍紋雙耳三足爐

明　清宮舊藏
高25.4cm／口徑16.2cm／足距13cm

　　爐方唇，深腹，圓底，下承以三中空柱足。口沿對稱置雙耳。通體施白釉，釉質瑩潤，釉色白中略泛象牙黃色。腹部兩道凸起弦紋間暗刻回紋地夔龍紋，八夔龍兩兩相對。胎質潔白細膩。無款識。

　　這爐非但胎、釉精美，而且以古樸的青銅器紋飾作為裝飾，別具風格。

圖289 德化窯白釉瓷簫

明　清宮舊藏
長56cm

簫為樂器，呈竹節式，豎吹。下端出邊，鏤空錢紋裝飾，上端有一吹口，五個音孔朝上，一個音孔朝下。

明代福建德化窯是一處頗負盛名的地方窯，它以燒造優質而風格獨特的白瓷聞名於世。從外觀上看，德化白瓷光潤明亮，乳白如凝脂，因此有「豬油白」、「象牙白」之美稱。德化瓷簫造型秀麗精巧，釉質瑩潤潔白，可吹奏出優美的旋律。製造瓷簫工藝較複雜，它不僅要求形同竹簫而且要求音質純正。據清代陸廷燦《南村隨筆》記載，明代德化瓷簫「百枝中無一二合調者，合則其聲淒朗，遠出竹上」。由此可見明代德化瓷簫屬於名貴的樂器。

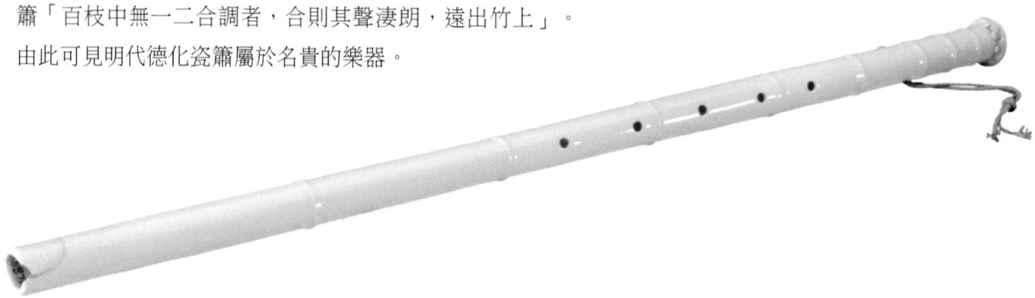

圖290　龍泉窯青釉刻花石榴尊

明
高36.4cm／口徑18.4cm／足徑15.5cm

尊口沿刻菱形紋，沿面刻卷枝紋，外環凸起乳釘紋，頸中部凸起，上半部刻纏枝花卉紋，下半部刻纏枝如意雲頭紋。肩上刻錢紋，腹部刻纏枝菊紋，輔以葉紋，空間飾篦劃紋。近足處刻菊瓣紋。內外及圈足內均施青釉。圈足寬厚。此器紋飾精細生動，釉色瑩澈明潔，清新雅致。

龍泉窯是宋代南方著名瓷窯，南宋晚期其瓷器燒造達到鼎盛，元明時期仍在繼續燒造。明代龍泉窯的生產仍很興旺，成為景德鎮以外較大的窯場。明初龍泉窯瓷器在製作工藝上與元代基本一致，裝飾技法以刻花、劃花為主。明代龍泉窯瓷器一般胎體厚重，造型雄渾粗獷，在明代瓷器中別具風格。其釉層肥厚，色調雖不如宋代粉青和梅子青那樣青翠，卻也保持了龍泉窯釉色淡青泛灰、明豔沉著的特色。

龍泉窯刻花石榴尊，是傳世明代龍泉窯瓷器的珍品。其造型摹仿石榴的形狀，但不拘泥，而是結合瓷尊造型的特點，力求使造型符合瓷器的特有本色。

309

圖291　龍泉窯青釉刻花葡萄紋大盤

明　清宮舊藏
高7.5cm／口徑50.6cm／足徑33.2cm

　　盤敞口，弧壁，盤心凸起，圈足。通體施青釉。器外壁雙線弦紋間刻折枝蓮一周，內壁刻纏枝竹葉夾靈芝紋，內底刻葡萄紋。外底有一圈不規則的無釉支燒痕。

　　此器體大而周正，胎體厚重，釉質光潔瑩亮，這些都是明初龍泉窯青瓷的典型特徵。

圖292 彭城窯白地黑花開光山水花卉紋瓶

明
高28.7cm／口徑3.8cm／足徑10.2cm

　　此瓶造型係梅瓶的變體。小口，短頸，溜肩，腹部上豐下斂，平底內凹。通體白地黑花裝飾，頸部飾變形蕉葉紋，肩部飾花卉紋，腹部開光內繪山水圖案，周圍間以雲紋，近足處飾變形蓮瓣紋。底素胎無釉。

　　明代以後彭城窯的範圍較宋元時期有所收縮，只集中在河北彭城附近設窯燒造。所製白瓷及白地繪黑花瓷器，以盤、碗、壺、罐、瓶類居多，然而大都較明代以前的產品稍顯粗糙，花紋也較簡單，以畫簡單的折枝花為主，這類器皿多為供應華北一帶民間使用。另有小部分產品做工較細。此器是當時為數不多的精細產品之一。

圖293 宜興窯凸纏枝蓮紋梅瓶

明

高28.1cm／口徑4.9cm／足徑14.2cm

瓶小盤口，短頸，溜肩，鼓腹，腹下收斂，近足處外撇，平底內凹。通體施月白色釉，釉質細膩而光潤，釉面開細碎片紋。腹部凸起蓮花紋。無款識。

圖294 宜興窯天藍釉鵝頸瓶

明 清宮舊藏

高24.3cm／口徑2.4cm／足徑7.6cm

瓶的上半部分呈鵝頭形，瓶口開在鵝頸上，彎下的鵝頭作流，扁圓腹下垂，淺圈足。通體施天藍釉，釉面開片。頸下部凸起弦紋。無款識。

這瓶選取鵝首、鵝頸製成流與頸，可謂造型別緻。微微張開的鵝嘴、充滿神韻的眼睛、彎而勻細的鵝頸，甚是生動。其寧靜而雅致的色調，配合優雅的造型，是一件頗具美感價值的實用器皿。

圖295　宜興窯天藍釉仿古銅紋尊

明　清宮舊藏
高15.3cm／口徑15.4cm／底徑15.4cm

　　尊仿古銅器造型。撇口，闊頸，中空。平底。通體施天藍釉，釉色
淺淡。頸部飾各種仿古銅花紋，花紋凸起，立體感強。無款識。

　　此器造型和紋飾模仿古銅器，釉色模仿宋鈞窯天藍釉，釉色之精美
不亞於鈞窯製品。

　　宜興窯位於今江蘇省宜興市，據考古發掘證明，早在新石器時代，
當地就已製作陶器。明代開始盛行燒造紫砂器，有「陶都」之稱。明清
時期，宜興窯生產的仿鈞產品，俗稱「宜鈞」。宜鈞胎有褐色與白色兩
種，白胎用宜興白泥製成，褐色胎用宜興紫泥製成。釉色以天青、天藍
等色居多，以灰藍釉最為名貴。

圖296 宜興窯天藍釉桃式水注

明 清宮舊藏

通高11.9cm／腹徑12cm

水注為橫臥桃形，一側以雕琢枝幹為柄，另一側的桃尖處開注口。通體施仿宋鈞窯天藍釉，灰藍色釉地中密佈白色、橘黃色的斑點。釉層較厚，開片細密。胎質灰白，胎薄體輕。無款識。

此水注色調淡雅，造型設計巧妙，實用性與觀賞性相結合，別具匠心。

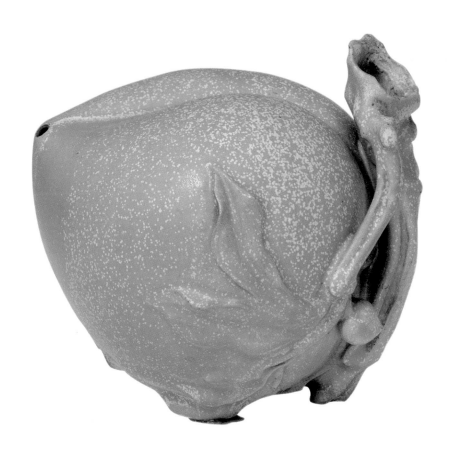

圖297　廣窯凸螭虎紋方瓶

明
高14.6cm／口橫6.8cm／口縱6.7cm／足橫5.1cm／足縱5cm

　　瓶呈四方體形，唇口，直頸，腹部略鼓，腹下漸收，方圈足。通體施釉，釉色光潤而細膩，釉面有細碎開片紋，足露黑胎。瓶身對稱各飾一凸螭虎紋，顯得頗有氣勢。無款識。

　　廣窯遺址因在廣東省佛山市石灣鎮，故亦稱「石灣窯」。盛於明、清兩代。其產品胎體厚重、胎骨灰暗，釉厚而光潤，釉色有鈞紅、月白、翠毛、雲霞等。因善於仿宋鈞窯釉，故亦稱「廣鈞」。又因其胎以陶土製成，故又稱「泥鈞」。

　　石灣窯是利用當地自然資源製作陶瓷，其窯變機理雖與宋代鈞釉相同，但其窯變釉陶瓷的外觀效果與宋代鈞窯瓷器相去甚遠，頗具濃郁的地方特色。石灣窯陶瓷上的釉以藍色為基調，而宋代鈞窯瓷器之窯變釉則以紫紅色為基調。從傳世品看，石灣窯仿鈞釉多為藍色釉中夾雜白、紅、紫等色，絢麗多彩，斑駁陸離，獨樹一幟。

圖298　廣窯楸葉式洗

明
高6.7cm／長26.3cm／寬18.9cm

　　洗通體仿楸葉形，內外雕刻凹凸的葉脈，葉邊堆貼四朵盛開的花朵，並刻出七枚花蕾。胎體厚重，釉層凝厚，深藍色釉中滲化出蔥白色雨點狀花斑。此洗造型新穎，窯變花釉揮灑自如，捲曲的葉邊仿佛被風吹動，頗具天然韻致。無款識。

圖299　琺花人物紋罐

明
高35cm／口徑20cm／足徑23cm

　　罐圓唇，短頸，豐肩，鼓腹，瘦脛，近足處外撇。罐身有明顯的接痕。通體琺花釉裝飾。紋樣的安排從上至下共有四層，頸部飾朵雲紋。肩部飾如意雲頭紋。腹部繪仙人樓閣，周圍輔以雲紋。近足處飾變形蓮瓣紋，內有如意頭。底素胎無釉。無款識。

　　器身凸起的線條勾勒有致，形成凹、平、凸三層立體圖案，使之既有工整的圖案特色，又有傳統的繪畫效果。

　　琺花係用貼花、堆塑、鏤空等手法進行裝飾，經二次燒成的低溫釉陶器，它吸收壁畫採用的瀝粉彩繪方法，即先在經素燒的陶胎上用一種特殊的帶管泥漿袋勾出凸起的紋飾之輪廓，經過素燒然後在輪廓內分別填入各色釉料，再入窯焙燒而成。創燒於元代，盛行於明，清代逐漸衰退。主要產於山西晉南地區。其產品以黃、綠、藍、紫為主要色釉，底色多為孔雀綠和孔雀藍，極少以黑色為底色。琺花原為陶胎器，明、清時期景德鎮用瓷胎仿製成功。它與琉璃釉化學成分基本一致，屬同一個系統，所不同的是琉璃釉以氧化鉛作主要助熔劑，而琺花釉則用牙硝（KNO_3）作主要助熔劑。傳世和出土的琺花器多為香爐、瓶、罐或仙佛人物，生活用器很少。

　　琺花器以明代的製品最精。其主要裝飾圖案為民間常見的人物、花鳥等。除堆塑外，還用刀刻裝飾，在器物表面形成立體圖案。

圖300　青花加官進爵圖盤

清・順治
高7cm／口徑33.7cm／足徑17.5cm

　　盤敞口，弧壁，坦底，圈足。口沿施醬釉。白釉閃青。盤內青花繪
〈加官圖〉。庭院內花樹草坪，洞石盆景，景色宜人。一官人站在華蓋
之下，身後有一侍者，手舉華蓋。官人面前，差人敬獻官帽，畫面有
「升官進爵」的吉祥寓意。圖案空白處署青花楷體「戊戌冬月贈子墉賢
契魯溪王鍰製」紀年款。外壁及圈足內施白釉。外底署青花篆體「玉堂
佳器」四字雙行款，外圍青花雙線圈。

　　戊戌年為順治十五年（1658），當時王鍰任江西饒州守道，此盤應
是其訂製送給友人的禮品。此盤畫工精細，人物形象生動，時代風格鮮
明，為順治時期瓷器斷代的標準器之一。

圖301　五彩牡丹玉蘭紋花觚

清・順治
高38.7cm／口徑18cm／底徑12.3cm

　　觚撇口，直腹，中間略凸，脛部外
撇，平底。通體白釉閃青，口沿施醬釉。
器身通體青花五彩裝飾。畫面分三層，上
部繪月影洞石花卉，牡丹、玉蘭等眾多花
卉簇擁在洞石周圍，競相開放，五彩斑
斕。腰部繪兩組飽滿的石榴紋，脛部繪垂
枝海棠。外底澀胎。無款識。

　　順治五彩瓷器造型基本保留晚明時期
古拙的風格，多以色調對比強烈的紅、綠
彩描繪粗獷的紋飾。此觚胎體致密，釉面
光亮，釉色白中閃青。構圖疏朗，以釉下
青花來描繪洞石，青花色澤藍中閃灰。花
卉則以釉上黃、綠、紅等彩描繪，各色彩
料均鮮豔明亮，予人清晰雅緻之美感。

圖302　青花五彩雉雞牡丹紋尊

清·順治　清宮舊藏
高35.3cm／口徑12.5cm／底徑12cm

　　尊唇口外撇，短頸，溜肩，筒形腹，平底內凹。通體青花五彩裝飾。頸部繪山石花卉紋。腹部繪青花雉雞牡丹紋，畫面中一輪紅日掛在天邊，青花岩石上立一長尾雉雞，岩石周圍盛開朵朵牡丹、玉蘭，花繁葉茂，幾隻蜜蜂在花叢中飛舞。外底素胎無釉。無款識。

　　此瓶造型古樸厚重，施彩豐富，具有中國傳統花鳥畫的特色。

圖303　青花山水人物圖方瓶

清·康熙
高52.7cm／口徑14.6cm／底邊長12.1cm

　　瓶撇口，短頸，折肩，長方形直腹，方底內凹。通體青花裝飾。頸部繪對稱的竹枝紋，方形器腹四面分別繪「漁家樂」、「高士」、「江中飲酒」、「攜琴訪友」等紋樣。漁家樂圖案上方書有「得魚換酒江邊飲，醉臥蘆花雪枕頭」詩句，末尾有一方形篆書「木石居」閒章。另一面高士圖案上方書「庚午秋月寫於青雲居玩」紀年款，末尾鈐「二詹」圓形篆體閒章。器底方臍內施白釉，署青花偽托楷體「大明嘉靖年製」六字三行款。

　　此瓶為康熙二十九年（1690）製品，胎體潔白堅硬，畫面構圖舒朗，青花色澤明淨豔麗，濃淡有致，層次分明，筆法纖細有力，人物姿態各異，形象生動，將高士的閒情逸致表現得淋漓盡致。

圖304 青花山水紅佛傳圖棒槌瓶

清·康熙
高45.3cm／口徑13.3cm／足徑14.7cm

　　瓶盤口，短頸，豐肩，長直腹，圈足。通體青花裝飾。口沿繪三角紋，頸部繪如意紋，腹部繪傳奇故事《紅佛傳》。畫面居中人物為隋煬帝的重臣楊素，身後站立二歌妓，其中一人為紅佛女張凌華，她傾慕前來參謁的李靖的才華，便夜盜令箭偕李奔逃，結為夫婦，並輔李建功立業。這一典故又稱為「慧眼識英雄」。

　　此器造型為康熙時新創，因形似舊時洗衣用的棒槌而得名。胎體堅硬，胎質縝密，青花色澤青翠豔麗，與瑩潤潔白的底釉形成鮮明的色彩對比，具較高的藝術欣賞價值。

圖305 青花山水人物圖鳳尾尊

清・康熙
高43.7cm／口徑22.8cm／足徑15cm

　　尊撇口，長頸，溜肩，腹以下漸斂，近足處外撇，圈足。通體青花裝飾。頸部及腹部採用全景式構圖，均繪山水人物紋，畫面中高山聳立，流水潺潺，幾位高士坐於石板之上或談笑風生，或舉杆垂釣，悠然自得，表現出士大夫避世隱逸的生活情趣。青花色澤青翠豔麗，工藝上採用「分水皴」技法，以濃淡不同之青料描繪遠山近水，恰似中國傳統水墨畫般效果。肩部一側以青花料書寫「信士生員和德威喜助清溪古洞神前花瓶一枝祈保闔家清泰康熙乙未（1715）仲夏吉立」四行楷書供養銘文。

　　為寺廟訂燒供奉器物的習俗，自明晚期開始流行後至清代大為盛行。此類器物一般多為民窯製品，器物上留有訂燒者及其家屬姓名、訂燒日期、所居地點及祈福內容，是民窯瓷器斷代的標準器。

圖306　青花釉裡紅聖主得賢臣頌文筆筒

清・康熙
高16.2cm／口徑19.4cm／足徑19.2cm

　　筆筒呈圓桶形，直壁，口足尺寸相若，玉璧形底足。內外施白釉，外壁的主題圖案為青花楷書〈聖主得賢臣頌〉一篇。文章的結尾用書寫的形式鈐釉裡紅「康熙傳古」篆體印。文字筆劃工整，娟秀清晰。底心施白釉，署青花楷體「大清康熙年製」六字三行款。

　　〈聖主得賢臣頌〉為漢代蜀人王褒應漢宣帝劉詢之詔所作。帝因其頌揚稱旨，頃之擢諫大夫。此篇文章在康熙時期的筆筒上出現，體現出康熙皇帝對漢文化的重視。

圖307　青花十二月花卉紋杯（12件）

清・康熙　清宮舊藏
每件：高5.5cm／口徑6.6cm／足徑2.7cm

杯十二件一套，均撇口，深弧壁，圈足。內外施白釉，外壁青花裝飾。其上分別繪有代表十二月的花卉，並配有與之相對應的詩句。分別是：一月，水仙花，「春風弄玉來清書，夜月淩波上大堤」。二月，玉蘭花，「金英翠萼帶春寒，黃色花中有幾般」。三月，桃花，「風花新社燕，時節舊春濃」。四月，牡丹花，「曉豔遠分金掌露，春香深惹玉堂風」。五月，石榴花，「露色珠簾映，香風粉壁遮」。六月，荷花，「根是泥中玉，心承露下珠」。七月，蘭花，「廣殿輕香發，高台遠吹吟」。八月，桂花，

「枝生無限月，花滿自然秋」。九月，菊花，「千載白衣酒，一生青女香」。十月，芙蓉花，「清香和宿雨，佳色出晴烟」。十一月，月季花，「不隨千種盡，獨放一年紅」。十二月，梅花，「素豔雪凝樹，清香風滿枝」。詩句的結尾用書寫的形式鈐青花篆體「賞」字。

十二月花卉紋杯，是康熙時期皇宮中使用的酒杯。其形體輕巧秀美，胎薄釉潤，圖案裝飾體現出詩畫並茂的意境。是康熙時期青花瓷器中頗具代表性的玲瓏小品。康熙十二月花卉紋杯也有青花五彩品種。

圖308　釉裡紅雲龍紋缽缸

清・康熙　清宮舊藏
高36cm／口徑40.5cm／足徑40cm

　　缽缸圓口內斂，鼓腹，圈足。內外施白釉。外壁釉裡紅裝飾。以釉
裡紅描繪海水江崖雙龍戲珠圖案，用青花點飾龍睛。近口沿處繪青花弦
線兩道。外底素胎無釉。無款識。

　　此缽缸造型古樸端莊，胎體堅硬，釉色瑩潤，釉裡紅的發色純正，
雙龍戲珠，從海水中騰起，威武矯健。

圖309　釉裡三色山水紋筆筒

清·康熙
高15.5cm／口徑18.8cm／足徑18.5cm

　　筆筒圓口，直壁，玉璧形底。內外施
白釉。外壁青花、釉裡紅、豆青三種釉下
彩裝飾。畫面由遠山、近水、堤岸、樹
木、人物組成。將青花、釉裡紅、豆青等
不同色調組合在一起，同時又把青花分成
不同的色階，形成一種色彩斑斕的畫面。

　　筆筒胎體厚重，釉面潔白，繪畫筆觸
飄逸瀟灑，予人朦朧的美感。釉裡三色創
燒於清代康熙時期，它是在青花釉裡紅的
基礎上增加了豆青色，使物像的表現力進
一步增強。

圖310　鬥彩石榴花卉紋罐

清·康熙
高8.3cm／口徑3.5cm／足徑4.7cm

　　罐撇口，短頸，豐肩，圈足。通體施
白釉，釉面光潔，外部鬥彩裝飾。瓶身繪
兩組對稱石榴花卉紋。無款識。

　　此罐造型雋秀，構圖疏朗，器身只繪
折枝石榴花紋，別無其他輔助紋飾，釉上
彩以紅綠彩為主。頗顯清新雅緻。

圖311　鬥彩山水人物紋菱花口花盆

清・康熙　清宮舊藏
高31.8cm／口橫59.3cm／口縱41.5cm／足橫45.5cm／足縱26.7cm

　　花盆呈六方體，折沿，沿邊呈菱花形。深腹，二層台外撇六邊形足，底有兩個滲水圓孔。器內上半部施白釉，下半部、底露胎。折沿上繪石榴花果紋，間以「壽」字。盆外壁六面皆繪鬥彩〈群仙祝壽圖〉。足邊凸起如意雲頭紋，如意雲頭紋內繪折枝花紋。折沿下自右向左署青花楷體「大清康熙年製」橫排款。

　　康熙時期鬥彩瓷器，繼承明代而又有所發展，器物的造型品種更加豐富多樣，大件器物層出不窮。此花盆所施釉上彩有紅、黃、綠、藍、黑、紫等，繽紛華麗。紋飾繪畫筆觸細膩，人物刻畫尤為生動，堪稱康熙鬥彩大件器物中的精品。

圖312 五彩人物紋棒槌瓶

清·康熙
高45.1cm／口徑11.9cm／足徑12.8cm

　　瓶盤口，直頸，斜肩，直腹，圈足。
這種造型的瓶因形似古代洗衣用的棒槌，
故被稱作「棒槌瓶」。內外施白釉，外壁
五彩裝飾。口邊飾紅彩，頸部繪竹石花卉
兩組，肩部分布斜方錦地四組開光，開光
內分別繪山村草舍。腹壁主題圖案表現的
是《隋唐演義》中的戰爭場面──秦叔寶
策馬迎戰尉遲恭，唐王李世民和徐茂公臨
城觀戰。空間襯以矮山花樹。這種圖案俗
稱「刀馬人」，清代康熙時期經常用在陶
瓷的裝飾畫中。圈足內施白釉。無款識。

圖313 五彩雉雞牡丹紋瓶

清‧康熙　清宮舊藏
高45cm／口徑12.3cm／足徑14cm

　　瓶撇口，直頸，頸間凸起弦紋一道，
豐肩，腹部上豐下斂，束脛，近足處外
撇，圈足。內外施白釉。外壁五彩裝飾。
頸部繪洞石菊花，腹部的主題圖案為洞石
雉雞牡丹紋。一隻色彩絢麗的雉雞立在
茂密樹叢掩映的洞石之上，牡丹花盛開其
間，彩蝶在花卉中飛舞。圈足內施白釉。
外底署青花偽托楷體「大明成化年製」六
字三行款，外圍青花雙線圈。

圖314　灑藍地五彩人物紋筆筒

清・康熙
高14.3cm／口徑18.3cm／底徑18.3cm

　　筆筒呈圓筒形，圓口，直壁，玉璧形底。內施白釉。外壁灑藍地五彩裝飾。主題圖案繪五彩魁星右手執神筆，左手於胸前握一銀錠，立在梅花樹樁之上，作向前奔跑狀。外底心施白釉。無款識。

　　此筆筒所繪圖案具有吉祥含義。因「筆」與「必」諧音、「錠」與「定」諧音，魁星手執筆與銀錠，當寓意「必定奪魁」。如此畫面適合作為筆筒的裝飾。

圖315　粉彩花蝶紋盤

清‧康熙
高3.5cm／口徑17.5cm／足徑10.5cm

　　盤撇口，弧壁，圈足。外底署青花楷體「大清康熙年製」六字雙行款，外圍青花雙線圈。

　　盤內外粉彩裝飾。內底繪一折枝果，旁有一隻蝴蝶。內壁繪折枝四季花卉紋三組，一組為牡丹、玉蘭花；一組為海棠、梅花；一組為折枝桃花果。盤外壁繪折枝花果紋及蝴蝶紋，以墨彩、紅彩勾繪紋飾輪廓線，內填繪其他彩料。

　　粉彩瓷器初創於康熙晚期，是在五彩的基礎上受琺瑯彩瓷器的影響而創燒出的一種新型彩瓷。康熙粉彩瓷器處於初創階段，造型見有盤、水丞等。此盤用平塗法繪畫，畫筆簡練，施彩較厚，色階不夠豐富，顯示出粉彩瓷器初創階段的特點。此種盤也見署楷體「大明成化年製」仿款者。

圖316 黃地開光琺瑯彩花卉紋碗

清·康熙 清宮舊藏

高6cm／口徑10.8cm／足徑4.4cm

　　碗撇口，弧腹，腹部略下垂，圈足。圈足內施白釉。外底署紅料彩楷體「康熙御製」四字雙行款，外圍紅料彩雙方框。

　　碗裡光素無紋飾。外壁黃地開光琺瑯彩裝飾。黃釉地上有四個花瓣形開光，開光內以松石綠釉為地，彩繪牡丹與菊花。開光外黃色釉地上繪折枝蓮花紋。

　　此碗所繪紋飾工整細膩，畫面色彩鮮豔奪目。琺瑯彩瓷器為名貴的宮中御用瓷器，因燒造數量有限，傳世不多，故彌足珍貴。

圖317　紅地開光琺瑯彩牡丹紋杯

清・康熙　清宮舊藏

高4.2cm／口徑6.3cm／足徑2.3cm

　　杯敞口，弧腹，圈足。器內光素無紋飾。外壁胭脂紅地開光琺瑯彩裝飾。胭脂紅色地上繪三個花瓣形開光，開光內以松石綠色作地，彩繪折枝牡丹、菊花和蘭草紋。開光外紅色地上繪折枝花卉紋。施彩以紅、綠、藍、紫、黃彩等為主，色彩繽紛豔麗。外底署胭脂彩楷體「康熙御製」四字雙行款，外圍胭脂彩雙方欄。

　　琺瑯彩瓷器初創於康熙晚期。據清宮造辦處檔案記載，其製作程式是：先在景德鎮燒造裡白釉外無釉的瓷器，送進宮中（個別的使用宮中收藏的明代永樂白瓷），再由清宮造辦處琺瑯作畫師遵照御旨，在碗的外部澀胎上用進口琺瑯料描繪紋飾，然後入窯燒焙燒而成。雍正以後則以景德鎮新創的細白瓷為胎，在白釉上施彩。康熙時期琺瑯彩瓷器主要模仿銅胎畫琺瑯器，傳世品多為色地畫琺瑯瓷器，均署「康熙御製」款。

圖318 礬紅彩描金雲龍紋直頸瓶

清・康熙　清宮舊藏
高42.2cm／口徑4.2cm／足徑12cm

　　瓶小口，細頸，垂肩，球形腹，圈
足。內外施白釉。外壁紅彩描金裝飾。口
部繪六周龜背錦紋和一周蕉葉紋。腹部的
主題圖案為雲龍趕珠紋，近足處繪仰蓮瓣
紋，與口沿部的邊飾上下呼應，烘托出龍
紋的矯健兇猛。圈足內施白釉。無款識。

　　紅彩描金裝飾畫面在清代康熙時期頗
為盛行，這件器物上的裝飾繁縟細膩，將
龍的神態刻畫得惟妙惟肖。

圖319 礬紅彩人物紋碗

清‧康熙　清宮舊藏
高8cm／口徑18.7cm／足徑8cm

　　碗敞口，深弧壁，圈足。內外施白釉，外壁及內底均以礬紅彩裝飾。外繪八仙人物，八位仙人神態各異，身披彩霞，手持寶物，足踏祥雲。碗心繪有桃紋。圈足內施白釉。無款識。

　　此碗胎質潔白細膩，釉面瑩亮，繪畫筆觸細膩。所喻示的吉祥含義明確。畫面寓意「八仙祝壽」。

圖320 礬紅彩雲龍紋杯、托盤

清・康熙
通高3.8cm
杯：高3.2cm／口徑5.5 cm／足徑3cm
托盤：高1.5cm／口徑10.9cm／足徑9.6cm

　　杯敞口，深弧壁，圈足。托盤撇口，淺斜壁，圈足。杯內外施白
釉，外壁以紅彩團狀雲龍紋裝飾。托盤內外施白釉，內底紅彩龍紋裝
飾。杯、托盤之圈足內均施白釉。無款識。

　　這一套礬紅彩雲龍紋杯、托盤，作工精細，釉色瑩亮，色彩純正。
畫面以雲龍紋作為主要的裝飾圖案。堪稱康熙時期礬紅彩中的精品。

圖321 素三彩海馬雜寶紋罐

清‧康熙
高29.8cm／口徑13.2cm／底徑13.5cm

罐唇口，短頸，豐肩，肩以下內斂，平底。內施白釉。外壁素三彩裝飾。口沿、肩、脛及近底處有五道青花弦線將紋飾分為四組，頸繪海水江崖雜寶紋，肩飾海水浪花雜寶紋，腹繪四匹海馬穿行於海水江崖及雜寶之間，海馬分別用素三彩中的黃、紫、深綠、淺綠四種顏色塗繪，足邊為海水浪花雜寶紋飾。細砂底。無款識。

景德鎮燒造的素三彩瓷器，目前最早的實物資料為明成化年間遺物，20世紀80年代以來，景德鎮明代御器廠遺址出土了多件明成化素三彩鴨薰。明代正德、嘉靖、萬曆時期，素三彩工藝已具較高成就，至清代康熙朝得以進一步發展，並成為康熙時期具有特色的瓷器品種之一。康熙素三彩瓷器基本上是以黃、綠、紫三種低溫色料裝飾，入窯經800至900℃的低溫二次燒成，因不使用紅彩，畫面顯得典雅素淨。

民初許之衡撰《飲流齋說瓷》（說彩色第四之「素三彩」條）曰：茄、黃、綠三色繪成花紋者謂之素三彩……「西人嗜此，聲價極高，一瓶之值，輒及萬金。以怪獸最為奇特，人物次之，若花鳥，價亦不貲也。同一年代，而三彩之品視他彩乃騰踴百倍。」可見素三彩器頗受歐洲人青睞，且身價頗高。

圖322　素三彩鏤空八方香熏

清・康熙　清宮舊藏
高17cm／徑20cm／邊長7.8cm／底徑20.3cm／底邊長7.8cm

　　熏呈八方體，下承以連燒在一起的八方束腰台座。通體鏤空素三彩
錦地開光裝飾。頂部一圓形開光內透雕「卍」字圖案。周圍以素三彩描
繪纏枝花紋。熏體八面均有上下呈弧形的長方開光，開光內均透雕錢
紋，開光以外均以綠釉上塗點黑色麻點為地，八個棱上各繪一條螭龍。
底座束腰處繪三角形幾何紋。整個畫面以黃、綠、紫彩為主，藍彩為
輔。熏內素胎無釉。無款識。

　　此熏形體線條硬朗，用彩素雅，是一件既美觀又實用的宮廷用瓷。
康熙素三彩香熏除八方體造型外，也有四方體造型的。

圖323　素三彩茄式壺

清・康熙　清宮舊藏
| 高37.5cm／口徑2.5cm／腹徑27.2cm

　　壺小口，曲長頸，口至頸漸粗，球形腹。因形如圓茄，故俗稱「茄式壺」。通體施白釉。頸之近肩處以黃、綠、墨三種色彩繪卷枝紋裝飾帶。腹下部繪綠彩繡球花紋一組。無款識。

　　此器造型奇特，胎體厚重，為康熙官窯所獨有。從其造型看，當為宮廷醫療用器。

圖324　素三彩漁家樂圖長方几

清・康熙
高7.5cm／面縱23.5cm／面橫13.5cm／足縱17.7cm／足　橫11.5cm

　　几面呈長方形，下有四長條形戧，戧四角下承以四條腿。几面以素三彩繪〈漁家樂圖〉。畫面描繪漁夫有的在捕魚，有的在往魚簍裡裝魚，一幅繁忙的景象。周圍亭台高聳，樹木林立，一行大雁在空中飛行。側面繪冰梅紋。足邊對稱繪變形夔龍紋。四腿足心均有一孔。外圍墨彩雙方欄。施彩以綠、紫、墨、黃彩為主。几背面中心署一異體字款。

　　此件長方几為康熙素三彩瓷器中的珍品，此種器形在康熙朝較為少見，當為文房用具。

圖325 素三彩暗雲龍花果紋盤

清・康熙
高4.7cm／口徑25.1cm／足徑16.7cm

　　盤口微外撇，弧壁，圈足。此盤內外白地素三彩裝飾，暗刻雲龍紋。盤內在刻畫紋飾上彩繪石榴等折枝花果紋，外壁在刻畫紋飾上彩繪折枝牡丹花紋。花卉施以綠、紫、黃、黑等低溫彩釉。以黑彩勾繪紋飾輪廓線，將果實的飽滿、豐碩表現得淋漓盡致。紋飾層次分明，色彩素雅。圈足內施白釉。外底署青花楷體「大清康熙年製」六字雙行款，外圍青花雙線圈。

　　此器燒製方法是先在素胎上暗刻雲龍紋飾，施透明釉後，入窯高溫燒成白釉暗雲龍紋瓷盤。然後在瓷器的表面用素色彩料繪花果等紋飾，再入窯經低溫焙燒而成。此種裝飾技法將釉下刻花與釉上彩繪相結合，在彩繪紋飾下還透著另一種若隱若現的刻花紋飾，可謂新穎別緻。

圖326 虎皮三彩撇口碗

清‧康熙　清宮舊藏
高5.4cm／口徑12.5cm／足徑5.8cm

　　碗撇口，弧腹，圈足。內外施黃、綠、紫、白色相間的釉斑，俗稱
「虎皮釉」。圈足內施白釉。外底署青花楷體「大清康熙年製」六字雙
行款，外圍青花雙線圈。

　　虎皮三彩瓷器為康熙素三彩瓷器中的新穎品種。器表以黃、綠、
紫、白等色釉點染成斑塊狀，猶如虎皮斑紋，故俗稱「虎皮釉」或「虎
皮三彩」。傳世品中多見康熙虎皮三彩碗、盤等。

圖327　郎窯紅釉琵琶式尊

清‧康熙
高36.6cm／口徑12.6cm／足徑13.6cm

　　尊撇口，束頸，垂腹，二層台式圈
足。通體施高溫銅紅釉，釉層肥厚細潤，
釉面布滿開片。口部因釉層垂流，釉層變
薄，透出白色胎體。底部紅釉凝聚，釉色
濃重。圈足內施白釉。無款識。

　　郎窯紅釉是康熙時期江西巡撫郎廷極
（1663-1715）督理景德鎮窯務時在模仿
明宣德寶石紅釉基礎上所創燒的一種高溫
銅紅釉，故名郎窯紅。因其釉色濃艷，如
初凝的牛血，故又稱「牛血紅」。它是以
氧化銅為著色劑，經1300℃以上的高溫還
還原焰焙燒而成。燒造過程中對燒成的氣
氛、溫度等技術指標要求很高，燒製一件
成功的產品非常困難，所以郎窯紅釉瓷器
在當時就很名貴，民諺有「若要窮，燒郎
紅」的說法。此尊造型挺拔俊秀，胎體厚
重，釉面鮮紅明亮，具有康熙郎窯紅釉瓷
器的典型特徵。

圖328 豇豆紅釉萊菔尊

清‧康熙 清宮舊藏
高19.9cm／口徑3.2cm／足徑3.9cm

　　瓶撇口，細長頸，豐肩，長腹，窄圈足。造型輕靈秀美。修胎規整，釉質勻淨光亮，外壁施豇豆紅釉。口部紅釉夾雜少許綠色苔點，頸下部凸起弦紋三道，弦紋凸起處釉層較薄，透出白色胎骨。圈足內施白釉。外底署青花楷體「大清康熙年製」六字三行款。

　　萊菔尊又稱蘿蔔尊，為清代瓷器流行器形之一，因其形狀類似蘿蔔，故名。此造型另有天藍釉、蘋果青釉等品種。

　　豇豆紅釉為康熙晚期景德鎮創燒的高溫銅紅釉，它是各種銅紅釉器物中最精妙的一種，因釉面酷似豇豆皮的顏色而得名。由於紅釉的深淺及綠色斑點分佈在不同的部位，所以還有「美人醉」、「桃花片」、「娃娃臉」等美稱。清人洪亮吉（號北江，1746-1809）曾作詩讚譽其釉色「綠如春水初生日，紅似朝霞欲上時」。豇豆紅釉瓷器常見有太白尊、石榴尊、菊瓣瓶、柳葉瓶、洗、印盒等小件器，主要是以文房用具為主，另見有盤。無大件器。

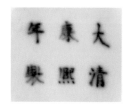

圖329　霽紅釉筆筒

清・康熙
高16.7cm／口徑18.5cm／足徑16.3cm

筆筒撇口，斜壁，足微外撇，台階底，淺圈足。通體施霽紅釉，口沿釉薄透出白色胎骨。近足處凸起兩道弦紋，微透白色胎骨。圈足內施白釉。無款識。

康熙時期的高溫銅紅釉瓷器主要有郎窯紅釉、豇豆紅釉、霽紅釉三種。康熙霽紅釉係仿明代宣德紅釉的品種，但紅釉色澤多泛黑紅，個別的較為淺淡鮮亮，色調都很均勻。胎體堅硬細密。有的釉面亦有細小桔皮皺紋。有的因釉層較厚而呈垂流狀，足邊往往因垂流積釉而呈黑褐色。常見的器形有僧帽壺、梅瓶、缽、盤、碗、高足碗等。或署官窯款，或無款。除用作祭器以外，也用作文房用具、日用瓷等。此件筆筒胎體堅硬細密，濃重的紅釉與口、足部白色的胎骨相互襯托，避免了色彩的單調，別有一番情趣。

圖330　烏金釉描金山水紋筆筒

清・康熙
高15.8cm／口徑18.5cm／底徑18cm

　　筆筒口底相若，直壁，平底。內施白釉，外壁通體施烏金釉，釉面漆黑明亮。釉上以金彩描繪紋飾，金彩雖全部脫落，但迎光側視，仍可見金彩脫落後的圖案痕跡。一面有委角方形開光，開光內繪山水人物紋。另一面書蘇軾〈後赤壁賦〉全文，文末書「己丑歲仲冬月右錄赤壁賦」及兩枚圓、方閒章款。外底施白釉，中間有一周玉璧形澀圈。無款識。

　　用整篇辭賦作為筆筒裝飾，在康熙朝達到極盛，其內容有〈四景讀書樂〉、〈前赤壁賦〉、〈後赤壁賦〉、〈出師表〉、〈滕王閣序〉等。大多書寫通篇文字，沒有紋飾。此件筆筒不僅以金彩書寫〈後赤壁賦〉全文，且配有相應的山水樹石小景，圖文並茂，尤為精美。特別是所署「己丑」干支紀年，對判斷康熙烏金釉瓷器製作的具體年代提供了重要依據。

圖331　蘋果青釉瓶

清‧康熙　清宮舊藏
高21.2cm／口徑8.4cm／足徑8.9cm

　　瓶撇口，束頸，溜肩，橢圓形腹，圈
足。通體施蘋果青釉，色調柔和，釉面光
潤有開片。外底署青花楷體「大清康熙年
製」六字三行款。

　　青釉是我國傳統色釉，是以微量的氧
化鐵作呈色劑，經高溫還原焰燒造而成，
釉色清淡含蓄，類冰似玉，深受人們的喜
愛。清代康熙、雍正、乾隆時期，青釉瓷
器進一步發展，在釉色控制技術方面更加
嫻熟，燒造出大量粉青、冬青、翠青釉等
名貴青釉瓷器。

　　此瓶造型為康熙時期所獨有，胎質細
膩，釉面勻淨，釉色青綠，恰似青蘋果的
色澤。秀麗的瓶體在含蓄的青釉映襯下，
尤感素雅莊重。

圖332　青花枯樹棲鳥圖梅瓶

清‧雍正
高21.2cm／口徑3.4cm／底徑7.9cm

　　梅瓶小口，短頸，豐肩，腹以下內斂，近底處外撇。玉璧形底。內施白釉。外壁通景繪青花山雀棲落在枯樹上。山雀兩兩相對，野趣十足，別有情趣。底心施白釉，署青花楷體「雍正年製」四字雙行款。此瓶圖案疏朗大方，畫意生動自然。

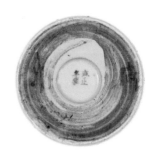

圖333 青花龍穿花紋撇口尊

清・雍正
高68.8cm／口徑23.7cm／足徑23cm

　　尊撇口，粗長頸，圓腹下收，近底處
外撇，圈足。內施白釉。外壁青花裝飾。
瓶頸與腹部，分別繪通景龍穿四季花卉圖
案，以海水紋、回紋、如意雲頭紋相隔。
近足處襯以海水江崖邊飾。圈足內施白
釉。外底署青花篆體「大清雍正年製」六
字三行款。

　　此尊形體高大，挺拔蒼勁。青花顏色
濃郁豔麗，紋飾畫工精細，具備清代前期
陶瓷大器的偉岸風格。

351

圖334　青花夔鳳紋雙陸尊

清・雍正　清宮舊藏
高18.6cm／口徑3.7cm／底徑10.3cm

　　尊圓口，長直頸，溜肩，直腹，圈足。內施白釉。外壁青花裝飾。瓶體通過大部分留白的裝飾技法，頸、腹間繪有青花夔龍紋樣。圈足內施白釉。外底署青花楷體「大清雍正年製」六字雙行款，外圍青花雙線圈。

　　雙陸尊的名稱源自模仿雙陸棋的造型，係用於插花的陳設瓷。此器青花色澤淡雅細膩，體現了雍正朝的風格，是雍正官窯瓷器的代表作。

圖335 釉裡紅花蝶紋筆筒

清‧雍正　清宮舊藏
高15.6cm／口徑18.3cm／底徑18.3cm

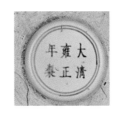

　　筆筒呈圓筒形，直壁，玉璧形底。內施白釉。外壁釉裡紅裝飾。主題圖案有兩組，一組繪洞石、菊花、牡丹，以及飛舞的三隻蝴蝶；另外一組繪喜鵲登梅。圈足內施白釉。外底署青花楷體「大清雍正年製」六字三行款，外圍青花雙線圈。

　　此筆筒胎堅、釉潤。釉裡紅的發色稍微不足，但正是這種缺陷所形成的層次，為其畫面平添幾分情趣。筆筒上兩幅畫面的喻意是「探花及第」和「喜上眉梢」。用這種圖案裝飾筆筒，可謂恰到好處。

圖336　青花釉裡紅鳳穿花紋壯罐

清・雍正
高28.7cm／口徑12.5cm／足徑11.2cm

　　壯罐圓口，短直頸，窄圓肩，直腹，圈足。附傘形蓋，蓋面隆起，蓋頂置寶珠形鈕。內施白釉。外壁青花釉裡紅裝飾。主題紋飾為釉裡紅鳳穿花紋，輔以青花釉裡紅雲蝠紋、青花釉裡紅纏枝蓮紋和青花回紋。蓋鈕繪釉裡紅團花及青花如意雲頭紋。圈足內施白釉。外底署青花偽托楷體「大明宣德年製」六字雙行款，外圍青花雙線圈。

　　此罐造型源自明代宣德時期，端莊大方，胎體堅硬，釉色瑩潤，釉裡紅發色純正，青花顏色翠藍，紋飾布局嚴謹，是一件雍正官窯瓷器中的上乘之作。

圖337 青花釉裡紅纏枝蓮紋雙螭耳尊

清‧雍正　清宮舊藏
高44.3cm／口徑16.3cm／足徑24.7cm

　　尊圓口，粗頸，垂肩，圓腹，圈足。肩、腹相交處對稱置透雕螭龍
耳。內施白釉。外壁青花釉裡紅裝飾。口沿處繪纏枝蓮紋，腹壁的主題圖
案是青花釉裡紅纏枝蓮花紋。近底處繪青花釉裡紅仰蓮瓣紋，足邊繪卷草
紋。圈足內施白釉。外底署青花篆體「大清雍正年製」六字三行款。

　　此尊因形狀如同倒放的鹿頭，故又名「鹿頭尊」。其造型穩重飽
滿，釉色瑩潤，釉裡紅顏色亮麗，以青花、釉裡紅裝飾的纏枝蓮紋飾，
紅花藍葉，色彩搭配巧妙。它代表了雍正時期高超的製瓷工藝。

圖338　鬥彩花卉紋梅瓶

清‧雍正　清宮舊藏
高26.3cm／口徑5.5cm／足徑11.9cm

　　瓶圓唇，小口，短直頸，豐肩，肩以下漸斂，近足處外撇，圈足。通體鬥彩裝飾。頸部繪四組朵花紋，肩部飾勾蓮紋，腹部以六組折枝花卉紋為主題紋飾，上下以夔形勾蓮紋相隔。脛部繪纏枝寶相花紋。圈足內施白釉。外底署青花楷體「大清雍正年製」六字雙行款，外圍青花雙線圈。

　　雍正鬥彩瓷器代表了清代鬥彩瓷器的最高水準，由於在畫面中引入了粉彩、金彩，從而形成了鬥彩加金彩、鬥彩加粉彩的新工藝，這是對明代鬥彩瓷器的重大突破。由此器亦可看出所用釉上彩，除紅、黃、綠外，尚有珍貴的胭脂紅彩，致使所繪花卉更顯富麗。

圖339　鬥彩纏枝花卉紋三足洗

清・雍正
高5.4cm／口徑17.5cm／足距13.5cm

　　洗直口，淺壁，平底，下承以三足。外底留有九個細小支釘痕。內施白釉，外壁鬥彩纏枝蓮紋裝飾。三足上均繪折枝菊紋。外口沿及近底處均畫青花弦線兩道。外底施白釉，署青花楷體「大清雍正年製」六字三行款。

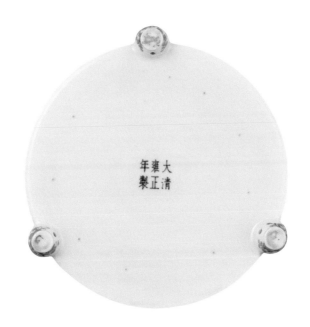

圖340 五彩人物紋碗

清・雍正
高4.6cm／口徑9.6cm／足徑3.6cm

　　碗敞口，深弧壁，圈足。內外施白釉，外壁五彩裝飾。通景繪人物故事〈王羲之愛鵝圖〉。王羲之垂手凝視河中雙鵝，書童背負畫卷跟隨其後。岸邊蘆葦叢生。圈足內施白釉。外底署青花楷體「大清雍正年製」六字三行款，外圍青花單線圈。

　　此碗人物繪畫生動，筆觸細膩，逼真傳神，用歷史故事作為陶瓷裝飾，高雅別緻。

圖341　五彩人物紋盤

清・雍正
高3.4cm／口徑15.8cm／足徑9cm

　　盤敞口，淺弧壁，圈足。內外施白釉。盤內以五彩描繪芭蕉樹、洞石、菊花、高士、童子等圖案。圈足內施白釉。外底署青花偽托楷體「大明成化年製」六字雙行款，外圍青花雙線圈。

　　畫中長者穿淡綠色長衫，坐於石旁，童子著綠衣短衫，立在長者前面。人物繪畫筆觸生動，細緻入微。畫面先用墨彩勾勒，再填以深綠、淺綠、紫、赭、墨等色彩，頗顯典雅。此畫面又稱〈教子圖〉。

圖342　粉彩桃花紋直頸瓶

清·雍正
高37.6cm／口徑4.1cm／足徑11.6cm

　　瓶直口，長頸，圓腹，圈足外撇。通
體白釉粉彩裝飾。外壁繪桃樹一株，蔓遍
器身，彩蝶飛舞其間。花蕾含苞，花朵婀
娜，綠葉青翠。胭脂紅彩描繪的花朵顏色
深淺不同，花心部分色料最厚，從花心到
花瓣邊沿紅色漸趨淺淡。圈足內施白釉。
外底署青花楷體「大清雍正年製」六字雙
行款，外圍青花雙線圈。

　　雍正粉彩瓷以白地彩繪為主，其胎體
薄輕，釉面純淨，溫潤似玉，可充分襯托
出粉彩之嬌麗。有些盤、碗類小件器物玲
瓏剔透，若迎光透視，另一面的圖案清晰
可見。雍正粉彩瓷器裝飾題材以花鳥、山
水、人物圖案為主，尤以花卉見長。它吸
收了中國傳統繪畫中的「沒骨」技法，突
出陰陽向背，濃淡相間，層次清楚，富有
立體效果。

　　此瓶造型優美，色彩絢麗，繪畫精細
入微，圖案逼真，是一件頗能代表雍正粉
彩瓷器燒造水準的佳作。

圖343 珊瑚紅地粉彩牡丹紋貫耳橄欖瓶

清·雍正
高31.4cm／口徑7.1cm／足徑9.6cm

　　瓶直口，削肩，圓腹，腹以下漸斂，圈足。器身呈橄欖狀，頸部對稱置貫耳，足邊有兩長方形孔可供穿帶用。通體以珊瑚紅釉為地，上繪數枝粉彩牡丹，其中三朵盛開，分施黃、白、粉三色，在綠葉的襯托下，嬌豔無比。圈足內施白釉。外底署青花楷體「大清雍正年製」六字雙行款，外圍青花雙線圈。

　　珊瑚紅釉係將配好的釉料吹於細白瓷器上，經低溫燒成後，釉色均勻，呈色紅中微閃黃，近似天然珊瑚之色，故名。

　　此瓶造型端莊，圖案描繪精細，以珊瑚紅釉為地襯托粉彩牡丹，色彩嬌豔。為雍正時期珍貴的陳設用瓷。

圖344 粉彩過枝桃紋盤

清‧雍正 清宮舊藏
高8.4cm／口徑50.6cm／足徑28.1cm

　　盤撇口，弧壁，圈足。內底彩繪一株
桃樹沿盤壁蜿蜒伸展至外壁，上結有九枚
桃實，六枚在盤內，三枚在盤外。枝旁飛
舞著數隻紅蝙蝠。桃花盛開，果實累累，
紅色的桃實，粉色的桃花，嫩綠的枝葉，
畫面喜慶吉祥。圈足內施白釉。外底署青
花楷體「大清雍正年製」六字雙行款，外
圍青花雙線圈。

　　此盤形體碩大，造型端莊，紋飾主題
寓意「洪福齊天」、「福壽雙全」。這
種從器內延伸至器外的畫面俗稱「過枝
花」。清末寂園叟撰《陶雅》曰：「庚子
後，所出五彩過枝之盤碗甚多，有桃實八
枚綴於枝上者，索價亦甚巨。過枝雲者，
自此面以達於彼面。枝幹相連，花葉相屬
之謂，皆雍正官窯也。」此種畫法起源於
康熙時期，並影響及道光時期，亦見有
「過牆龍」、「過牆鳳」等。晚清以後這
種畫法不多見。

圖345　胭脂紅地開光琺瑯彩花鳥紋碗

清‧雍正
高4.5cm／口徑9.2cm／足徑3.6cm

　　碗撇口，深腹，圈足。內施白釉，內壁模印〈鷺鷥蓮花圖〉，內底心模印「永樂年製」陰文四字篆書款。外壁胭脂紅地開光琺瑯彩裝飾。胭脂紅地上畫三個團扇形開光，開光內分別繪〈壽山福海圖〉、〈福壽萬代圖〉、〈竹梅雙雀圖〉。開光之間以綠、紫、黃等彩描繪皮球花紋。外底繪一碩桃，桃實內署胭脂紅彩楷體「雍正年製」四字雙行款。

　　這種集模印、彩繪於一體的裝飾方法在雍正琺瑯彩瓷器中極為罕見。此外，這種將年款署於一枚桃實中的做法也是非常獨特的。

　　康熙、雍正時期，琺瑯彩瓷器所用白瓷胎絕大多數是由景德鎮御窯廠提供的，個別的也使用宮廷遺留的明代永樂景德鎮官窯暗花白瓷，這件琺瑯彩花鳥紋碗即為一例。

圖346　琺瑯彩梅花牡丹紋碗

清・雍正　清宮舊藏
高6.9cm／口徑14.6cm／足徑6cm

碗撇口，弧壁，圈足。內施白釉。外壁以琺瑯彩描繪梅花兩株，枝幹蒼老虯勁，設色嬌豔。樹下牡丹花朵怒放。一側墨彩題「百蕊千聲隨意好，琪花瑤草逐時新」七言詩句。引首鈐閒章「先春」，末尾鈐章「壽古」、「香清」。圈足內施白釉。外底署藍料彩楷體「雍正年製」四字雙行款，外圍藍料彩雙方欄。

此碗圖案描繪細緻入微，設色清雅，令人賞心悅目。據清宮內務府造辦處案記載，琺瑯彩瓷器的畫匠多出自供奉於內廷的如意館畫師，雍正朝有戴恒、鄒文玉、唐岱、賀金昆、宋三吉、焦國俞等。正是畫工的精湛技藝和非凡的藝術修養，方使琺瑯彩瓷器具如此高超的藝術成就。

圖347 淡黃地琺瑯彩蘭石紋碗

清・雍正　清宮舊藏
高5.2cm／口徑10.3cm／足徑4cm

　　碗撇口，弧壁，圈足。內施白釉。外壁黃釉地上繪洞石蘭花圖。
一側以黑彩題寫「雲深瑤島開仙徑，春暖芝蘭花自香」七言詩句，引
首鈐「佳麗」，句末鈐「金成」、「旭映」三枚胭脂彩篆體閒章。圈
足內施白釉。外底署藍料彩楷體「雍正年製」四字雙行款，外圍藍料
彩雙方欄。

　　雍正早期琺瑯彩瓷器雖沿襲康熙時在色地上繪花卉的做法，但逐步
加繪雀鳥，而後新增各種不同的山石花鳥題材，更配以詩句、印章。後
期逐漸脫離銅胎畫琺瑯的影響，發展成集詩、書、畫、印於一體的白地
琺瑯彩瓷，形成雍正朝獨特的儒雅風格。此碗造型優美，繪畫精細，堪
稱詩、書、畫、印俱佳的精品。

圖348　黃地琺瑯彩桃花紋杯

清・雍正　清宮舊藏
高4.5cm／口徑7.4cm／足徑2.8cm

　　杯撇口，弧腹，圈足。杯內光素無紋
飾。外壁黃色地上一側繪桃樹一株及兩枝
梨花，另一側題寫「蠟珠攢作蒂」五言詩
句。引首鈐「佳麗」，句末鈐「金成」、
「旭映」紅彩篆體閒章。集詩、書、畫、
印於一體。此杯胎體輕薄，圖案色彩鮮
豔，筆觸細膩。赭色的枝幹、粉紅的桃
花、潔白的梨花、嬌黃的花蕊、嫩綠的花
葉相互映襯，妖嬈美麗。圈足內施白釉。
外底署藍料彩楷體「雍正年製」四字雙行
款，外圍藍料彩雙方欄。

　　此件器物係沿襲康熙琺瑯彩色地裝飾
風格。由於雍正瓷胎潔白輕薄，在其上用
琺瑯料直接繪畫，更能突出彩料的玻璃質
感和鮮豔色調，因而雍正琺瑯彩瓷大多繪
於素白器上，只有少數襲用康熙時期色地
裝飾。

圖349　礬紅彩加綠彩魚藻紋瓶

清・雍正
高46.5cm／口徑12.5cm／足徑11.5cm

　　瓶撇口，短直頸，溜肩，腹上豐下斂，
圈足。內施白釉。外壁礬紅彩加綠彩裝飾。
畫通景魚藻紋，魚兒游弋在水草漂浮的池塘
中，以礬紅彩畫鯉魚，以淡綠彩畫水草，生
動傳神。圈足內施白釉。無款識。

　　此瓶上的圖案繪畫筆觸細膩，將魚的神
態刻畫得惟妙惟肖。並且借著「魚」表達了
「吉慶有餘」的美好願望。

圖350 礬紅彩甘藤紋瓶

清・雍正　清宮舊藏
高 22.7cm／口徑6.2cm／足徑5.5cm

瓶撇口，細長頸，豐肩，肩以下漸收，圈足。通體在白釉地上描繪礬紅彩纏枝甘藤紋。圈足內施白釉。外底署青花楷體「大清雍正年製」六字雙行款，外圍青花雙線圈。

圖351 礬紅彩雲龍紋盤

清・雍正　清宮舊藏

高3.4cm／口徑17cm／足徑11cm

　　盤敞口，淺弧壁，圈足。內外礬紅彩裝飾。內外口沿及足外牆處均繪弦紋兩道，盤心繪一立龍，周圍襯以火焰紋。外腹部繪雙龍戲珠紋。圈足內施白釉。外底署青花楷體「大清雍正年製」六字雙行款，外圍青花雙線圈。

圖352　霽紅釉膽式瓶

清・雍正　清宮舊藏
高27.8cm／口徑3.5cm／足徑8cm

　　瓶直口，細長頸，削肩，鼓腹，圈
足。因形似懸膽，故名「膽式瓶」。通體
施高溫銅紅釉，釉面勻淨，色澤純正。圈
足內施白釉。外底署青花楷體「大清雍正
年製」六字雙行款，外圍青花雙線圈。

　　膽瓶屬於陳設用瓷，一般用於插花。
創燒於宋代，當時鈞窯、哥窯、耀州窯均
有燒造。宋代著名詩人楊萬里有「膽樣銀
瓶玉樣梅，北枝折得未全開。為冷落寞空
山裡，喚入詩人几案來」詩句。

圖353　胭脂紅釉盤

清‧雍正
高2.9cm／口徑15cm／足徑9.3cm

　　盤敞口，弧壁，圈足。盤內及圈足內均施白釉。外壁施胭脂紅釉。外底署青花楷體「大清雍正年製」六字雙行款，外圍青花雙線圈。

　　胭脂紅釉創燒於清康熙末年，雍正、乾隆、嘉慶、光緒等朝均有燒造，其中以雍正朝產量最大，品質最精。它是一種以微量金做為著色劑、在爐內約經800℃焙燒而成的低溫紅釉。由於這種紅料是從歐洲傳入，故被稱為「洋金紅」或「西洋紅」，而西方多稱之為「薔薇紅」、「玫瑰紅」。又因這種紅釉頗如婦女化妝用的胭脂之色，故又名「胭脂紅」。胭脂紅釉的呈色有深、淺之分，深者稱「胭脂紫」，淺者稱「胭脂水」，比胭脂水更淺淡者稱「淡粉紅」。雍正十三年（1735）督陶官唐英所撰《陶成紀事》中記載當時歲例貢御的五十七種釉、彩瓷器中即有「西洋紅色器皿」。從傳世品看，雍正朝胭脂紅釉瓷器造型有瓶、罐、盤、碗、杯、碟等，均胎體輕薄，玲瓏俊秀，多數為內白釉，外胭脂紅釉，極少數為內外均施胭脂紅釉。

圖354 爐鈞釉鋪首耳壺

清·雍正 清宮舊藏
高23.5cm／口徑9.5cm／足徑10cm

壺仿青銅器造型。撇口，束頸，豐肩，腹下漸收斂，高圈足外撇。肩部置對稱象耳御環，俗稱「鋪首」。口、肩、腹、脛部凸起弦紋。通體施爐鈞釉，釉質凝厚，釉色以深藍與淺藍為主色融熔於一體，流動自然，形成長短不一的垂流條紋，色彩斑駁。外底陰刻篆體「雍正年製」四字雙行款。

爐鈞釉係清雍正時期景德鎮御窯廠創燒的一種瓷器顏色釉，盛行於乾隆時期。因史籍中有「爐鈞一種，乃爐中所燒」的記載，故稱「爐鈞釉」。其工藝是先以高溫燒成瓷胎，掛釉後於低溫彩爐中二次焙燒成器，釉面呈現紫紅、月白、蔥綠等色，因釉面流動，多種釉色融熔於一體，有的藍中有紅色斑點，有的青藍色中閃現點點藍斑，頗顯華美。

此壺造型古樸，釉色素雅，其肩部以象耳裝飾，寓意太平吉祥。

圖355　仿哥釉塑貼三羊瓶

清・雍正
高27cm／口徑7.3cm／足徑9.8cm

　　瓶口呈淺筆洗狀，細長頸，豐肩，肩
以下漸收斂，撇足。瓶身凸起弦紋四道。
瓶內外及足內滿施仿哥釉，灰黑色的紋路
迂迴交錯，分割釉面，使平靜的釉面產生
動感，給人美的感受。脛部塑貼三羊，呈
醬黑色，姿態各異。外底署青花篆體「大
清雍正年製」六字三行款。

　　雍正六年（1728），唐英以內務府
員外郎的身份被派駐景德鎮御窯廠主持窯
務。至雍正十三年（1735），御窯廠仿
古創新的各種釉彩已達五十七種之多，仿
哥釉是其中之一。此瓶在仿哥釉上加飾三
羊，因「羊」與「陽」諧音，故寓意「三
羊開泰」。《易經》云：「正月為泰卦，
三陽生於下。」喻冬去春來，陰消陽長，
有吉亨之象。人們常以「三陽開泰」寓意
歲首吉祥，祈祝國運昌盛。

圖356　青花八仙過海圖葫蘆瓶

清·乾隆　清宮舊藏
高57.5cm／口徑15.5cm／足徑21cm

　　瓶呈葫蘆形，撇口，短直頸，圓腹上
小、下大，圈足外撇。內外施白釉，外壁
青花裝飾。頸部對稱置夔鳳耳，頸部裝飾
青花如意雲頭紋、瓔珞紋、蕉葉紋、回
紋。上腹繪畫吉祥雲蝠紋，下腹繪〈八仙
過海圖〉作為葫蘆瓶的主題圖案。八位仙
人身披彩霞、足踏祥雲漂於海上。足邊裝
飾錦地四蝠紋。圈足內施白釉。外底署青
花篆體「大清乾隆年製」六字三行款。

　　因「葫蘆」與「福祿」音近，故葫蘆
瓶寓意「福祿」，含「祝福」之意。葫蘆
瓶是明、清時期瓷器中常見的造型。此器
配有八仙圖案，喻意「八仙祝福」。

圖357　青花纏枝蓮紋如意耳扁壺

清・乾隆　清宮舊藏
高53cm／口徑7.5cm／足縱16cm／足橫10cm

　　扁壺蒜頭形口，短頸，口與肩之間對稱置如意形耳，圓腹，腹壁對
稱各凸飾一個鼓釘。長方形圈足。內外施白釉，外壁青花裝飾。通體繪
青花纏枝蓮紋，輔以花卉、靈芝、梅花等邊飾。圈足內施白釉。外底署
青花篆體「大清乾隆年製」六字三行款。

　　這是一件清代乾隆時期景德鎮御窯廠燒造的宮廷用瓷，其造型、紋
飾皆源於明代永樂、宣德時期的官窯青花瓷器，表現了乾隆時期在陶瓷
器皿製作方面尚古之風的興盛。

圖358　青花釉裡紅雲龍紋天球瓶

清・乾隆　清宮舊藏
高47cm／口徑10.7cm／足徑15.5cm

　　天球瓶直口，長頸，腹渾圓，似圓
球，圈足，故名。內外施白釉。外壁青
花、釉裡紅裝飾。主題圖案是一條釉裡紅
龍穿行在雲氣中，龍頭露出，龍身在雲中
若隱若現。口沿及足邊均繪海水紋，上下
呼應，烘托出龍的兇猛強悍。外底署青花
篆體「大清乾隆年製」六字三行款。

　　天球瓶是明永樂、宣德時期景德鎮窯
的創新器形。多以青花裝飾。清代雍正、
乾隆時期又燒造青花釉裡紅、鬥彩、粉彩
等品種。此瓶造型穩重端莊，是乾隆時期
官窯瓷器中比較常見的器形。圖案畫法借
鑑了清代順治時期經常使用的「龍身在雲
中三現」表現形式。順治瓷器以雲龍為題
材的紋飾較多見，官窯器上的龍紋，形狀
整肅；民窯器的龍形高大雄壯，以頓捺娿
點手法渲染游龍浮雲，翻騰轉側，龍身只
露出三段，其他部分被浮雲遮掩，故稱
「一身三現」，確有「雲從龍」之感。
此種斑片雲紋，順治時最為流行。
康熙時亦常用，到乾隆時期畫
面更加寫實。

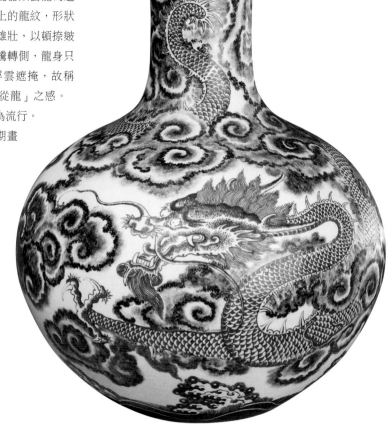

圖359 黃地青花纏枝花紋交泰轉心瓶

清‧乾隆 清宮舊藏

高19.8cm／口徑9.2cm／足徑11.3cm

瓶撇口，短頸，扁圓腹，圈足外撇。內施松石綠釉。外通體黃地青花裝飾。口沿下繪卷草紋，頸部繪仰蕉葉紋及圓點紋，肩部繪回紋及如意雲頭紋。腹部上、下繪纏枝蓮紋，中部為鏤空仰覆勾連「T」字形紋。瓶內套一小瓶，與外瓶口部相連，可以轉動。小瓶以紫紅彩為地，上繪梅樹一株。圈足內施松石綠釉。外底松石綠釉地留白署青花篆體「大清乾隆年製」六字三行款。

此瓶中部鏤空，上下互不相連，可作微小移動，但不能拆開。這種工藝被稱作「交泰」。寓意「上下一體，天下太平，萬事如意。」經查唐英奏摺，可知乾隆八年（1743）督陶官唐英和協造之催總老格曾「新擬得夾層玲瓏交泰瓶等共九件，謹恭折送京呈進」。此交泰轉心瓶當為其中的一件。這是唐英為討乾隆皇帝歡心而「自行擬造」的。

轉心瓶為乾隆時的創新品種，其造型新穎奇巧，工藝水準極為高超。

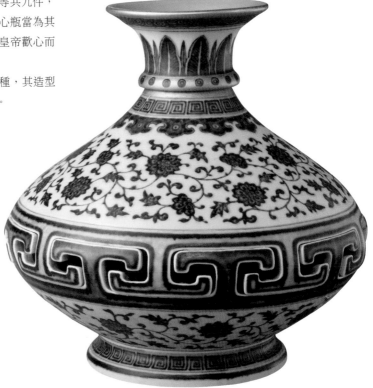

圖360 鬥彩勾蓮紋壽字葫蘆瓶

清・乾隆 清宮舊藏
高33.1cm／口徑3.6cm／足徑8cm

瓶葫蘆形，小口，短頸，瓶身由兩截黏合成為上小下大的束腰葫蘆形。通體鬥彩裝飾。上半部主體部紋飾為纏枝蓮和蝙蝠紋，下半部主題紋飾為纏枝蓮和篆體「壽」字。口沿及中腰部位繪如意雲頭紋，近足處繪變形仰蓮瓣紋。圈足內施白釉。外底署青花篆體「大清乾隆年製」六字三行款。

圖361　粉彩折枝花卉紋燈籠尊

清・乾隆
高24.6cm／口徑8.2cm／足徑8.2cm

　　尊撇口，短頸，溜肩，筒形腹，圈足。因形如燈籠，故稱「燈籠尊」。內施松石綠釉。外壁錦地上錯落有致地排列折枝卷蓮紋、卷葉牡丹紋、卷葉月季紋等。頸部天藍色卷枝錦紋地上繪卷枝紋。肩部及近底處均畫連續的紅彩如意雲頭紋，如意雲頭內均繪朵花紋。圈足內施松石綠釉。外底松石綠釉地留白署青花篆體「大清乾隆年製」六字三行款。

　　燈籠尊造型源於明初，清乾隆以後頗為流行。

圖362　霽藍釉描金地開光粉彩花鳥紋方瓶

清・乾隆　清宮舊藏
高32.8cm／口橫10.2cm／口縱7.9cm／足橫11.6cm／足縱9.3cm

　　瓶呈四方委角形，口微撇，長頸，
直腹，外撇四方委角足。內施松石綠
釉。外通體霽藍釉描金纏枝蓮紋裝飾。
頸、足部各繪描金樹葉紋。瓶腹四面均
畫長方形留白開光，其內以粉彩分別描
繪〈鴛鴦蓮花圖〉、〈桃花雀鳥圖〉、
〈文竹螳螂圖〉和〈牡丹菊花圖〉。圈
足內施松石綠釉。外底松石綠釉地留白
署礬紅彩篆體「大清乾隆年製」六字三
行款。

　　此器造型為方形委角，成型工藝複
雜，燒造難度頗大。開光內圖案設色淡
雅，與霽藍釉描金地形成鮮明對照，相
得益彰。

圖363　粉彩鏤空暗八仙紋雙耳轉心瓶

清·乾隆　清宮舊藏
高37.3cm／口徑16cm／足徑13cm

　　瓶撇口，長頸，折肩，肩以下漸
收，下承以外撇圈足。頸上對稱置紅釉
描金螭龍耳。內施松石綠釉。頸部以紫
地粉彩裝飾，繪纏枝花卉紋。腹部鏤空
暗八仙紋並塗以金彩。內瓶可以轉動，
通體以粉彩繪八仙人物紋。圈足內施松
石綠釉。無款識。

圖364　黃地粉彩鏤空干支字象耳轉心瓶

清・乾隆　清宮舊藏
高40.2cm／口徑19.2cm／足徑21.1cm

　　瓶撇口，短粗頸，頸上對稱塑貼象耳，垂肩，鼓腹，圈足。瓶內套一直腹小瓶，與外瓶頸部相接，可以轉動。小瓶白釉地上飾粉彩。外瓶頸、肩處各有十二個開光，上下對應。頸部開光中書寫楷體「萬年」、「甲子」及篆體十天干名；肩部開光內書寫篆體十二地支名。腹部飾黃地軋道纏枝花紋，並鏤空出四組四季園景開光景窗，透過景窗可以看到套瓶上的〈嬰戲圖〉，童子們或騎馬、或打太極旗、或持傘蓋、或擊鼓、或打燈籠，姿態各異。瓶之象耳、口沿及鏤空景窗邊緣部位均施金彩。瓶內及圈足內均施松石綠釉。外底松石綠釉地留白署青花篆體「大清乾隆年製」六字三行款。

　　此瓶的口、頸部位皆能轉動，尤其是頸、肩部開光內文字對合組成一部萬年曆。在工藝上，各部位的收縮比例要控制好，避免在組裝、黏接、補彩後出現紕漏，否則會功虧一簣。由此可知此種鏤空轉心瓶製作難度之大。這件陳設器是乾隆八年（1743）特製的新式品種。因唐英奏摺稱乾隆八年「工匠人等以開春正當甲子萬年之始」，「復敬謹造得萬年甲子筆筒一對，循環如意，蝠輳連綿」。由此可知，此件萬年甲子鏤空轉心瓶亦當是乾隆八年製品。

圖365 粉彩嬰戲圖壯罐

清·乾隆 清宮舊藏
高14.9cm／口徑5.8cm／足徑5.5cm

　　罐直口，短頸，筒形腹，圈足。附蓋，蓋面隆起折沿，蓋頂置寶珠形鈕。內施松石綠釉。外以粉彩裝飾。蓋面、肩及近底均繪紫地軋道粉彩仰覆如意雲頭紋，如意雲頭內繪折枝花紋。腹部主題紋飾為〈嬰戲社火圖〉。頸、脛上均以藍料彩繪回紋。畫面上嬰孩有的舉燈，有的敲鼓、打鑔、吹號，有的舉獅戲球，有的騎馬、舉魚，有的在燃放爆竹。周圍襯以山石、房屋、芭蕉、洞石等。一派喜氣洋洋、熱鬧非凡的場面。圈足內施松石綠釉。外底松石綠釉地留白署礬紅彩篆體「大清乾隆年製」六字三行款。

　　〈嬰戲圖〉在唐代長沙窯瓷器上已經出現，至宋、金時期磁州窯枕面上多見。唐、宋、金瓷器上的嬰戲圖主要反映民間生活場景，人物、動作、場景單一，係民窯產品。明代這種喜聞樂見的紋飾被官窯瓷器吸收採納，表現人物、場景擴大，發展至清代，逐步成為官窯瓷器上的一種格式化的象徵圖案，寓意喜慶太平。

圖366 黃地開光粉彩山水人物紋四方茶壺

清・乾隆 清宮舊藏
通高15.9cm／口邊長6cm／足邊長6.2cm

壺方形。附蓋，蓋面隆起三層台形，蓋頂置寶珠形鈕。壺短直頸，壺身一側置長流，另一側置曲柄。方足微外撇。蓋面三層裝飾分別為紅彩蕉葉紋、綠彩蕉葉紋及黃地藍彩雲頭紋。內施白釉。外壁黃地粉彩「軋道」上加繪粉彩紋飾，頸部繪折枝蓮紋，肩部為錦地幾何紋，壺身四面各有一個花瓣形開光，開光外及流、把柄均繪粉彩洋花圖案。前後二開光內分別繪折枝牡丹和折枝梅花紋，兩側開光內均繪〈山水樓閣圖〉，分別題有「峰黛疑靈鷲，波

光是若耶」、「漫步天街草，閒探上苑花」詩句。圈足外牆繪垂葉紋。圈足內施松石綠釉。外底松石綠釉地上署藍料彩篆體「乾隆年製」四字雙行款，外圍藍料彩單方欄。

此壺在色地上借用琺瑯彩的軋道工藝，並加繪洋花形成「錦上添花」裝飾。

此件茶壺開光內繪山水、人物、花卉、花鳥等圖案，並配上乾隆御題詩。開光外繪錦地洋花紋飾，錦地與開光形成主次、疏密等多種變化，在繁縟的「錦上添花」中突出了亮點。

圖367 琺瑯彩勾蓮紋象耳瓶

清・乾隆 清宮舊藏
高14.4cm／口徑5.3cm／足徑6.2cm

　　瓶撇口，短頸，圓腹，圈足。內施松石綠釉。肩部對稱置鎏金象耳銜環鋪首，器表以金彩畫七道弦線，將紋飾分為六組，腹部二組主題紋飾為金彩錦紋地上繪寶相花紋，其上下分別為金彩錦紋地上繪朵花紋，並有紅、藍彩雲頭紋裝飾，口沿下為綠地朵花紋。近底處為藍地紅彩如意雲頭紋。圈足內施松石綠釉。外底松石綠釉上署青花篆體「乾隆年製」四字雙行款，外圍青花雙方欄。

　　此瓶裝飾繁縟華麗，體現了乾隆晚期瓷器的裝飾風格。乾隆晚期，琺瑯彩工藝多採用百花地、色地軋道及仿鎏金工藝，與雍正白胎琺瑯彩清新典雅的風格形成鮮明對比。

圖368　黃地開光琺瑯彩西洋人物紋綬帶耳葫蘆扁瓶

清・乾隆　清宮舊藏
高10cm／口徑0.6cm／足橫2.8cm／足縱2.1cm

　　瓶呈扁葫蘆形，小口，長方形足，瓶身對稱置二綬帶狀耳。通體施黃釉，以琺瑯彩滿繪勾蓮枝葉紋。瓶身對稱上下開光，上部橢圓形開光內以胭脂彩繪〈山水樓閣圖〉，下部海棠形開光內繪〈西洋母子圖〉。足內施白釉。外底署藍料彩楷體「乾隆年製」四字雙行款。

　　此瓶紋樣描繪細膩，尤其是開光內的西洋女子衣著華麗，因採用了西洋畫的明暗透視技法而具有立體效果。葫蘆形的瓶體和山水圖案則體現了中國傳統的文化意味。東西文化的交融在這件器物上達到了和諧統一。

圖369 琺瑯彩折枝花紋合歡瓶

清・乾隆
高16.8cm／口徑6.8cm／足徑7.5cm

　　瓶體雙聯式，盤口，短頸，溜肩，圓腹，束脛，圈足微外撇。附蓋，蓋面隆起，折沿，蓋頂置寶珠形鈕。蓋鈕、蓋邊、瓶口及瓶足均描金彩。瓶裡及蓋內均施松石綠釉。器外以紫、藍色為地交錯裝飾，色地上採用軋道工藝，其上彩繪折枝花卉。圈足內施白釉。外底自右向左署藍料彩篆體「大清乾隆年製」六字橫排款。

　　此瓶造型優美，設計精巧。清代宮廷檔案稱之為「合歡瓶」。軋道工藝是在琺瑯色地上用鐵錐劃出細如毫芒、宛如鳳尾狀的花卉紋，為乾隆時期創制的新型裝飾技法。在軋地道上繪洋花圖案，具有銅胎畫琺瑯的藝術效果。此種工藝頗為費工，清宮內務府記事檔中稱這種新創紋飾為「錦上添花」。

圖370 胭脂紅彩山水紋小瓶

清・乾隆 清宮舊藏
高9.6cm／口徑2.2cm／足徑2.2cm

　　瓶撇口，細頸，折肩，筒形腹，圈足。器身
以胭脂彩描繪田園山水圖，圖中山林盡染，屋
舍、小橋旁攜琴訪友的隱士漫步於山林。頸、肩
空白處題「晚峰晴露巔」五言詩句，引首鈐閒章
「旭映」，句末鈐閒章「山」、「高」。外底署
藍料彩楷體「乾隆年製」四字雙行款。

　　胭脂彩料是一種低溫釉彩，不透明，彩面有
油亮的光澤，是琺瑯彩料中的一種。清中期《南
窯筆記》中記載：「今之洋色則有胭脂紅、薑水
紅，皆用赤金與水晶料配成，價甚貴。」因用金
作主要呈色劑，所以又稱「金紅」。唐英撰《陶
成紀事》中的「新仿西洋紫色器皿」、「西洋紅
色器皿」即指胭脂彩器。乾隆以後根據實用的要
求，對配方加以調整，胭脂彩又成了粉彩中的一
種彩色，也可作為一種低溫釉彩使用。

　　此件琺瑯彩瓷器色彩油亮凝厚，紋飾微微突
起，用彩時注意畫中景致的遠近、深淺、濃淡的
變化，筆觸精細，立體感很強。應為宮廷名畫家
所繪。

圖371　廣彩人物紋盤

清・乾隆
高2.7cm／口徑12.6cm／足徑7.3cm

　　盤敞口，淺弧壁，圈足。通體內外施白釉。盤外光素無紋飾。盤內廣彩裝飾。內底圓形開光內繪有一歐洲婦女的半身肖像，筆觸細膩，形象逼真，具有強烈的立體感。

　　此種瓷盤是當時專門為適應歐洲市場對中國瓷器的需求而特製的外銷瓷。其所需白瓷胎是在景德鎮燒造的，彩繪和燒彩則是在廣州完成的，故有「廣彩」之稱。

圖372　廣彩花鳥紋盤

清・乾隆
高4.1cm／口徑25.2cm／足徑15cm

　　盤敞口，淺弧壁，圈足。盤外施白釉，光素無紋飾。盤內白釉地青
花、粉彩裝飾，腹部以青花繪蝴蝶花卉紋，內底以粉彩繪兩鳳戲於洞石
花卉之中。口沿輔以礬紅彩描金邊飾。其造型規整，設色豔麗，紋飾清
新，是廣彩瓷器中的精品。

圖373 仿古銅彩出戟花觚

清‧乾隆　清宮舊藏
高28.4cm／口徑20.8cm／足徑14.6cm

　　觚廣口，鼓腹，圈足外撇。四面出戟。器身以青銅色為地，輔以綠松石釉、金銀彩，間飾青銅鏽色。外底刻陽文篆體「大清乾隆年製」六字三行款，外圍金彩雙方欄。

　　此出戟花觚無論造型還是顏色均刻意模仿青銅器，達到了使人僅憑肉眼無法辨別是瓷還是銅的地步。反映出乾隆時期瓷器製作技術之高超。

圖374　像生瓷海螺

清·乾隆　清宮舊藏
高5.3cm／長9cm／寬6cm

　　海螺中空，下開闊口，鋸齒形邊，外壁凸起條狀螺紋形裝飾，內壁光滑。外壁粉彩裝飾，以白、褐彩為主要色調，刻意模仿天然海螺的質感，達到了形肖逼真的程度。

　　像生瓷是景德鎮御器廠工匠利用瓷土，所仿胡桃、蓮子、棗、栗子、花生、菱角、石榴、螃蟹、海螺等各種動植物形象燒製的瓷器，釉色和形制都達到了逼真的程度，故有像生瓷之稱。以清乾隆朝製品為最佳。

　　像生瓷的標新立異，是乾隆時期瓷器造型成功的顯著標誌之一。它是專門為宮廷生產的高級陳設和觀賞品，因此更顯珍貴。

圖375　仿朱漆菊瓣式蓋碗

清·乾隆　清宮舊藏

通高9.1cm／口徑11.5cm／足徑4.5cm

　　蓋碗屬於飲茶用具。碗呈菊瓣式，圓口，深弧腹，圈足外撇。蓋為覆碗式，菊瓣形口，蓋面隆起，上置圈形抓鈕。蓋內金彩書乾隆御題詩一首：

　　　製是菊花式，把比菊花輕。

　　　啜茗合陶句，浥露掇其英。

　　乾隆丙申春御題。乾隆丙申即乾隆四十一年（1776）。碗內外通施仿朱漆釉，色質逼真。外底及蓋頂抓鈕內均署金彩篆體「乾隆年製」四字雙行款。

　　飲茶是文人墨客的雅事。乾隆皇帝嗜茶，常作詩品茗，在許多陶瓷茶具上都留有乾隆帝的御題詩句。

菊是菊
苍式把此菊
苍輕綴若合陶
句裏露綴其英
乾隆露綴其英
御題丙申春
御題圖

圖376　像生瓷山子

清・乾隆
高6cm／長12.3cm／寬4cm

　　山子模仿天然山峰形狀，高低錯落。顏色亦模仿天然山色，係先燒成白胎後，再施釉彩經低溫焙燒而成。底部自右至左暗刻楷體「蝸寄居士清玩」六字一排款。

　　蝸寄居士為清代著名督陶官唐英的號。唐英生於康熙二十一年（1682）五月初五日，卒於乾隆二十一年（1756）七月二十九日。字俊公。他於雍正六年至乾隆二十一年負責督理景德鎮御窯廠窯務，深諳陶理。在任期間，親自督理陶務，創燒出不少精美的陶瓷製品，尤其是仿製其他各類工藝品的瓷器，達到了奇巧、逼真的藝術效果。

　　此件山子應為唐英親手製作的文房用具。

圖377　仿黑鯊魚皮嵌鐘錶式壁瓶

清·乾隆　清宮舊藏

高23cm／口橫7cm／口縱3.5cm／足橫7.4cm／足縱3.6cm

壁瓶呈剖開的半個葫蘆形，圈足外撇。背壁為平面，上部開錢形洞孔，用於懸掛。上腹部與瓶頸間對稱置如意耳。腹部圓形開光內繪金魚游於魚藻中。下腹部對稱置夔龍形耳，腹部鑲嵌鐘錶。通體以黑色珍珠地裝飾，其上飾金彩浮雕纏枝牡丹紋，輔以圓點、梅花、仰蓮瓣等紋飾。瓶內及背面施松石綠釉。足底前壁自右向左署青花篆體「大清乾隆年製」六字橫款，內鑲嵌四銅製螺絲。

這種黑色珍珠地係模仿鯊魚皮效果，在陶瓷器中極為罕見。其造型古樸，形制端莊，既美觀又實用。

圖378　乾隆白釉凸雕蓮瓣口瓶

清・乾隆　清宮舊藏

高27.4cm／口徑9.3cm／足徑8.5cm

　　瓶蓮瓣口，長頸，豐肩，圈足。胎體潔白細膩。通體施白釉，釉色恬淡。外壁頸、腹部凸印蓮花花葉及花蕾紋飾，花葉內以極細的線條刻畫出花葉的筋脈紋理，紋飾清晰，具有較強的裝飾效果。外底署陰刻篆體「大清乾隆年製」六字三行款。

　　此瓶造型優美，構思巧妙，工藝精湛，顯示出乾隆時期高超的製瓷技藝。

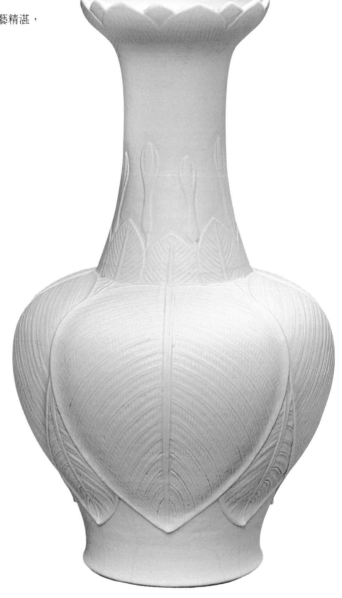

圖379 淡黃釉蓋盒

清·乾隆 清宮舊藏
通高12cm／口徑18cm／足徑10.6cm

　　盒圓形，上下子母口套合，蓋面四層隆起，蓋頂置寶珠形鈕。盒底內設七格。圈足。內施白釉。外通體施淡黃釉。圈足內施白釉。外底署青花篆體「大清乾隆年製」六字三行款。

　　此盒胎體略厚，釉面略顯不勻，黃釉淡雅宜人。

　　淡黃釉瓷創燒於雍正時期，其著色劑為氧化銻，由於其釉色比氧化鐵為著色劑的傳統澆黃釉淺淡，故名。又因其釉色淡雅似蛋黃色，故又稱「蛋黃釉」。《陶成紀事》中稱之為「西洋黃」。

圖380　爐鈞釉琮式瓶

清‧乾隆　清宮舊藏
高37.3cm／口徑8.6cm／足徑12.1cm

　　瓶小口，短頸，折肩，長方形腹，高圈足
外撇。器腹折角處凸飾八卦紋。通體施爐鈞
釉，釉面藍紫相間，色彩斑駁，外底署陰刻篆
體「大清乾隆年製」六字三行款。

　　乾隆爐鈞釉以藍、綠、月白色釉為主，釉
面流淌小，以藍色釉點多見，造型更加豐富。
此器仿宋代瓶式，古樸敦厚，釉色清新素雅，
天藍與淡紫色相互浸潤襯托，具有不同凡響的
藝術效果。

圖381　仿汝釉花囊

清・乾隆
高13cm／口徑5.8cm／足距8.5cm

　　花囊盤口，束頸，扁鼓腹，平底，底下承
以三乳狀足。肩部對稱置雙繫，腹下凸起一周
十二個乳釘。通體施仿汝釉，釉面有細密開片
紋。底心內凹，署青花篆體「大清乾隆年製」
六字三行款。

　　此器為插花器物，因形似魚簍，故又稱魚
簍尊。始見於雍正朝。此花囊形制新穎，造型
規整，釉面瑩潤，為乾隆仿汝釉瓷器之精品。

　　汝窯為宋代五大名窯之一，曾為北宋宮廷
燒造御用青瓷。汝窯青瓷胎體輕薄，釉色素潔
高雅，青中閃藍，故有「雨過天青」之美譽。
雍正、乾隆時期以唐英為督陶官的景德鎮御窯
廠，曾大量仿製宋代五大名窯器物，仿汝釉瓷
器主要是仿宋代汝窯瓷器的釉色，造型襲古又
有創新，器物外底多有以青花料書寫或以鐵錐
刻劃的本朝篆體年款。

圖382　窯變釉缽缸

清・乾隆
高33.2cm／口徑31.2cm／足徑20.7cm

　　缽缸斂口，弧壁，深腹，瘦脛，圈足。通
體施窯變釉。釉面勻淨，釉色以玫瑰紅色為
主，間以淡紫、月白色，互相映襯，豔麗華
美。圈足內施醬釉。外底陰刻篆體「大清乾隆
年製」六字三行款。

　　窯變釉是清代雍正時期仿宋代鈞窯而創燒
的一種高溫顏色釉。乾隆時多有燒造。其燒造
工藝，據成書於雍正年間的《南窯筆記》載：
「其鈞窯及法藍、法翠乃先於窯中燒成無釉澀
胎，然後上釉，再入窯複燒乃成。惟藍、翠一火
即就，鈞釉則數火乃得流淌各種天然顏色。」此
器造型端莊，胎體厚重，釉汁自然流淌，釉色豔
麗，配上端莊秀美的器形，極富美感。

圖383 茶葉末釉犧耳尊

清·乾隆 清宮舊藏

高51cm／口橫24.5cm／口縱19cm／足橫26.7cm／足縱21cm

　　尊仿古代青銅器造型，橢圓口微撇，闊頸，鼓腹，圈足外撇。頸部
置對稱犧耳。尊內外及足內均施茶葉末釉。通體裝飾條帶紋。外底陰刻
「大清乾隆年製」六字三行篆體款。

　　茶葉末釉為廠官釉中的一種。廠官釉屬於鐵、鎂結晶釉，由於燒成
工藝的某些差異，其色調有多種變化，有的似鱔魚腹之色，俗稱「鱔魚
黃」，有的像茶葉研成的細末之色，俗稱「茶葉末」。此尊上的釉即可
稱作茶葉末釉。

圖384　青花雲龍紋螭耳瓶

清・嘉慶　清宮舊藏
高25cm／口徑6.5cm／足徑7cm

　　瓶撇口，直頸，溜肩，圓桶形腹，圈
足。頸部對稱置螭耳。內外施白釉，外壁
青花裝飾。以雲龍紋作為瓶體的主題紋
飾，輔以如意雲頭紋、海水紋、圈點紋等
邊飾。圈足內施白釉。外底署青花篆體
「大清嘉慶年製」六字三行款。

　　此瓶所繪雲龍體態矯健兇猛，穿行在
海水上面的火雲之中，給人以剽悍的視覺
感受。兇猛的龍紋線條透著纖細。嘉慶青
花的紋飾題材豐富，受乾隆青花的影響甚
為明顯。繪畫技巧上，隨形變化，筆法纖
細、流暢，構圖由繁縟逐漸為疏朗，工筆
多於寫意。此瓶上龍的形態體現了乾隆到
嘉慶社會轉變時期的裝飾風格。

圖385 鬥彩瓜蝶紋瓶

清·嘉慶 清宮舊藏
高36cm／口徑8cm／足徑10.5cm

　　瓶撇口，長頸，圓腹，圈足。通體鬥
彩裝飾。瓶頸及腹部均繪纏枝瓜蝶紋，頸
肩相接處繪回紋和如意花卉紋。近足處繪
仰蓮瓣紋。口沿下與圈足外牆分別繪如意
雲頭紋和蕉葉紋。圈足內施白釉。外底署
青花篆體「大清嘉慶年製」六字三行款。

圖386　粉彩龍鳳穿牡丹紋雙耳瓶

清・嘉慶　清宮舊藏
高25.5cm／口徑9.3cm／足徑9.4cm

　　瓶撇口，束頸，長腹，腹下漸斂，圈足。肩部對稱置紅釉描金螭龍
耳。圈足內施白釉。外底署青花篆體「大清嘉慶年製」六字三行款。瓶
外壁粉彩裝飾。頸部繪寶相花紋，肩部繪如意雲頭紋，近足處繪變形仰
蓮瓣紋。腹部主題紋飾繪一龍穿行於盛開的牡丹、蓮花之中，一鳳口銜
牡丹花枝緊隨其後。造型規整，設色豔麗，是一件頗能體現嘉慶官窯粉
彩瓷器製作水平的佳作。

圖387 青花纏枝蓮托八吉祥紋雙耳瓶

清・道光
高32cm／口徑8.5cm／足徑9.3cm

瓶撇口，長頸，溜肩，鼓腹，圈足。頸部對稱置如意形耳。通體青花裝飾。口部繪如意雲頭紋，頸部繪折枝蓮花，頸肩交接處繪回紋，肩部繪蝙蝠和折枝蓮紋。肩、腹交接處繪變形如意雲頭紋。腹部主題圖案纏枝蓮托八吉祥紋。近足處繪變形蓮瓣紋。圈足內施白釉。外底署青花篆體「大清道光年製」六字三行款。

此瓶造型端莊沉穩，青花呈色豔麗，紋飾繁而不亂，圖案工整，層次清晰，主題紋飾突出，是道光青花瓷器中的優秀作品。

圖388　粉彩折枝梅花紋蓋碗

清·道光　清宮舊藏
通高10cm／口徑11.5cm／足徑4.7cm

　　碗直口，深腹，圈足。蓋為覆盤式，蓋頂置圈形抓鈕。內施白釉。外通體粉彩裝飾。蓋及外壁均依次裝飾如意頭紋、折枝梅花紋、如意頭紋等。圈足內施白釉。外底及蓋頂抓鈕內均署礬紅彩楷體「慎德堂製」四字雙行款。

　　「慎德堂」為道光皇帝在圓明園內的行宮，道光皇帝的御用品中常見署「慎德堂製」款的瓷器，製作工藝相當精細。

圖389　黃釉刻花仿竹雕筆筒

清・道光

高10.5cm／口徑16.3cm／足徑16cm

　　筆筒呈圓筒狀，口、足徑相若，圈足。通體及圈足內均施淡黃釉。
外壁刻劃三組圖案，分別為蘭、菊、梅花紋。外底署陰刻篆體「大清道
光年製」六字三行款。

　　筆筒形狀與顏色逼肖竹製品，浮雕紋飾清新流暢。

圖390　青花竹石芭蕉紋玉壺春瓶

清‧咸豐
高28.5cm／口徑8.6cm／足徑11.6cm

　　瓶撇口，長頸，圓腹下垂，圈足略高
微外撇。通體青花裝飾。頸部繪蕉葉紋，
下繪卷草和變形如意雲頭紋。腹部主題圖
案繪翠竹、芭蕉、洞石、花草和欄杆。近
足處繪變形蓮瓣紋。圈足外牆繪朵花紋。
圈足內施白釉。外底署青花楷體「大清咸
豐年製」六字雙行款。

　　咸豐官窯瓷器存世較少，此瓶為咸豐
官窯青花瓷的代表作品。

411

圖391　綠地粉彩開光花鳥紋方瓶

清・咸豐　清宮舊藏
高29cm／口邊長9cm／足邊長8.8cm

　　瓶呈四方體。撇口，短頸，折角，肩
以下漸收，方圈足。瓶內滿施松石綠釉。
外壁淡綠地粉彩纏枝花卉紋開光裝飾。頸
部四圓形開光，開光內分別繪四季花卉
紋。腹部四面均畫長方形開光，開光內分
別繪四季花卉、花鳥紋。圈足內施松石綠
釉，外底松石綠釉地上署礬紅彩楷體「大
清咸豐年製」六字雙行款。

圖392 茶葉末釉鋪首耳爐

清·咸豐
高13cm／口徑19.8cm／足徑13.5cm

　　爐撇口，鼓腹，圈足。腹上部對稱置鋪首耳，通體施茶葉末釉。外底署陰刻篆體「大清咸豐年製」六字三行款。

圖393　黃地紅蝠金彩團壽字渣斗

清·同治　清宮舊藏
高8.6cm／口徑8.5cm／足徑5.8cm

　　渣斗撇口，闊頸，溜肩，鼓腹，圈
足。內施白釉，外壁黃釉地上書寫金彩團
「壽」字，間以紅彩蝙蝠紋，疏密隨形變
化。圈足內施白釉。外底署礬紅彩楷體
「同治年製」四字雙行款。

圖394　霽紅釉玉壺春瓶

清·同治
高29.5cm／口徑9.4cm／足徑10.8cm

　　瓶撇口，束頸，垂腹，圈足外撇。瓶
內及圈足內均施白釉。外壁通體施霽紅
釉。外底署青花楷體「大清同治年製」六
字雙行款。

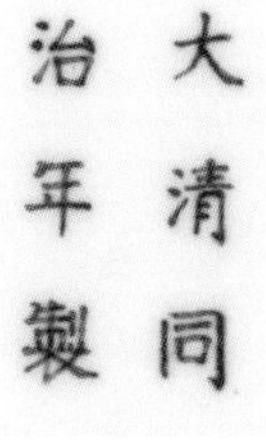

圖395 青花礬紅彩雲蝠紋瓶

清・光緒 清宮舊藏
高33.5cm／口徑7.6cm／足徑23cm

　　瓶直口，長頸，圓腹，圈足。通體青花繪祥雲、紅彩繪蝙蝠，蝙蝠上又加繪金彩。近足處繪海水江崖紋。輔以回紋、變形如意雲頭紋、忍冬紋等邊飾。圈足內施白釉。外底署青花楷體「大清光緒年製」六字雙行款。

　　此瓶造型古樸，青花豔麗，紅彩加金，更顯精美、富麗，是一件雅俗共賞的藝術佳作。

圖396　青花松鼠葡萄紋碗

清・光緒
高11.2cm／口徑22.3cm／足徑8.8cm

　　碗撇口,深弧腹,圈足。內施白釉。外壁繪青花松鼠葡萄紋,葡萄
枝葉繁茂,松鼠跳躍其間。圈足內施白釉。外底署青花楷體「大清光緒
年製」六字雙行款。

圖397　青花花卉紋花盆、盆托

清·光緒　清宮舊藏
通高12.8cm
花盆：高11.4cm／口徑17cm／足徑11.7cm
盆托：高3.6cm／口徑17cm／足徑13.4cm

　　花盆折沿，深腹，圈足，底有兩個對稱
圓孔。通體青花裝飾。折沿上以青花料書寫
篆體「壽」字，間繪蝙蝠紋，口沿邊繪朵
花。外壁繪松樹、芍藥、芭蕉紋。與之配套
的盆托折沿，淺壁，圈足。通體青花裝飾。
折沿上繪菱形花卉，口沿邊繪回紋，外壁繪
折枝芍藥。花盆及盆托的外底均署青花篆體
「體和殿製」四字雙行款。

　　體和殿為慈禧太后住儲秀宮時的用膳
處，慈禧太后用器中常見署「體和殿製」款
的瓷器。

圖398　黃地粉彩芭蕉花卉紋圓
　　　　　花盆、盆托

清·光緒　清宮舊藏
通高13cm
花盆：高11.1cm／口徑17cm／足徑11.7cm
盆托：高3.4cm／口徑17cm／足徑13.1cm

　　花盆圓形，折沿，深腹，圈足。底有兩
滲水圓孔。內施白釉。口沿及外壁均淡黃釉
地粉彩裝飾。折沿上書寫篆體藍彩「壽」
字，間飾蝙蝠紋。折沿邊飾回紋。外壁飾芭
蕉、牡丹、松樹紋。盆托圓形，敞口，折
沿，淺壁，圈足。折沿及外壁均淡黃釉地粉
彩裝飾。折沿上繪花卉紋，折沿邊飾回文，
外壁飾折枝牡丹花卉紋。花盆及盆托外底均
施白釉，外底中心均署礬紅彩篆體「體和殿
製」四字雙行款。

圖399 粉彩花鳥紋圓花盆、盆托

清‧光緒　清宮舊藏
通高13.5cm
花盆：高11.5cm／口徑17.6cm／足徑11.9cm
盆托：高3.6cm／口徑17.6cm／足徑13.5cm

　　花盆圓形，折沿，深腹，圈足。底有兩滲水圓孔。內施白釉，外壁
白地粉彩裝飾。口沿上繪藍彩回紋，外壁繪牡丹、梅花、雀鳥紋。盆托
圓形，敞口，折沿，淺壁，圈足。內施白釉。外壁白地粉彩裝飾。折沿
上繪藍彩回紋，外壁飾花卉紋。花盆及盆托外底均施白釉。花盆外壁口
沿下署礬紅彩楷體「大雅齋」三字款及篆體「天地一家春」印章款。

圖400 窯變釉貫耳方瓶

清・光緒 清宮舊藏
高29.5cm／口橫10.7cm／口縱9cm／足橫11.8cm／足縱9.2cm

瓶四方體，直口，溜肩，鼓腹，長方形足。頸部對稱置貫耳。口下至肩轉折處呈委角狀。通體施窯變釉。足內露白胎，外底陰刻楷體「大清光緒年製」六字雙行款。

圖401　醴陵窯釉下五彩花鳥紋瓶

清・宣統
高30.3cm／口徑6.3cm／足徑6.3cm

　　瓶撇口，細長頸，長圓腹，圈足。
內外通體施白釉。胎體輕薄。腹部繪粉
彩花鳥紋。構圖簡練，色彩淡雅。外底
署青花楷體「大清宣統三年湖南瓷業公
司」款，外圍綠彩雙線圈。

　　在中國近代製瓷史上，清末民初的
醴陵釉下五彩瓷在製作技術和裝飾方面
都達到了較高水準。堪稱陶瓷藝苑中的
一支奇葩。

　　湖南瓷業公司，在光緒三十二年
（1906）由熊希齡（1870-1937）在湖南
創立。

圖402　冬青釉凸八卦紋琮式瓶

清・宣統　清宮舊藏
高27.6cm／口徑9.3cm／足徑10.6cm

　　瓶仿玉琮造型，小口，圈足。通體施冬青釉。外壁四面各凸起四組
八卦紋。外底署青花楷體「大清宣統年製」六字雙行款。

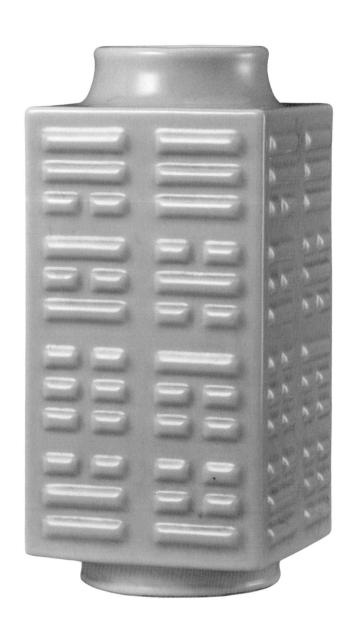

圖403　德化窯白釉楸葉式洗

清‧康熙
高2.9cm／長13.2cm／寬11cm

　　洗呈楸葉式，淺腹，底下承以不規則六足。通體施白釉。內光素無
紋飾，外壁清晰可見其葉脈，底堆貼盛開的梅花。此洗形態優美，具有
較高的觀賞價值。

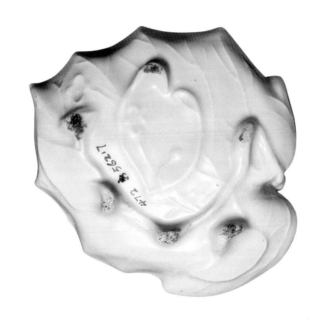

圖404　德化窯白釉暗花膽式瓶

清
高33.7cm／口徑6cm／足徑9cm

　　瓶呈懸膽式。小口，細長頸，鼓腹，圈
足。通體施白釉，釉面瑩亮。腹部暗刻花
紋，刀法自然流暢。圈足內無釉。

　　清代德化白瓷與明代相比，有一個顯著
差別，就是它不像明代那樣在釉中微微閃
紅，而呈「豬油白」色。清代德化白瓷色澤
是釉層微微閃青，因此，與明代德化白瓷相
比，就缺少了溫潤的感覺。這是胎、釉中含
氧化鐵增加的結果。

圖405 德化窯白釉雙獸耳瓶

清
高33.5cm／口徑8.1cm／足徑8.9cm

　　瓶撇口，束頸，端肩，細長腹，圈足。
腹部對稱置獸耳。通體施白釉。

圖 406　德化窯白釉葫蘆式執壺

清
高12cm／口徑3.5cm／足徑5.5cm

　　壺體呈葫蘆式，單孔彎流，曲柄，附
平頂圓蓋，蓋頂置寶珠形鈕。內外施白
釉，光素無紋飾。

圖 407　德化窯白釉獸耳爐

清
高7cm／口徑13cm／足徑10.5cm

　　爐撇口，束頸，鼓腹，圈足。頸、
肩部對稱置獅形耳。內澀胎無釉，
外施白釉，釉面瑩亮，具有德化
窯瓷器的典型特點。

圖408　德化窯白釉刻花牡丹紋盤

高3.8cm／口徑22cm／足徑14cm

盤撇口，淺壁，圈足。胎體厚重，通體施白釉。盤心刻劃牡丹花
紋。刻劃技法嫻熟，圖案清晰。

圖409　宜興窯紫砂泥繪蘆雁紋茶葉罐

清　清宮舊藏
通高12.7cm／口徑3cm／足徑5.2cm

　　罐小口，短頸，長腹，臥足。附平頂圓蓋，上刻楷體「珠藍」二
字。腹部泥繪蘆雁紋，四隻大雁或飛、或鳴、或食、或宿於蘆葦叢中，
形態各異，甚為生動。紫砂質地堅實細膩。其勻稱、穩健的造型，精湛
的裝飾技藝，均體現出宮廷製壺不惜工本、精雕細琢的特點。

圖410 宜興窯紫砂泥繪烹茶圖六方茶壺

清·乾隆 清宮舊藏
通高16.5cm／口徑4cm／足徑4.3cm

　　壺呈六方體，一側置彎流，另一側置曲柄。附傘形蓋，蓋頂置寶珠形鈕。壺腹一側題乾隆御製詩「雨中烹茶泛臥遊書室有作」。詩云：「溪煙山雨相空濛，生衣獨坐楊柳風。竹爐茗碗泛清瀨，米家書畫將無同。松風瀉處生魚眼，中泠三峽何須辨。清香仙露沁詩脾，座間不覺芳堤轉。」另一側泥繪〈烹茶圖〉。胎呈黃色，胎質細膩，製作工整。

　　此詩為乾隆七年（1742）所作，它被廣泛地用在乾隆御用茶具上。

圖411　宜興窯紫砂泥繪人物紋詩句茶壺

清‧乾隆　清宮舊藏
通高12.5cm／口徑5cm／足徑9.5cm

　　壺撇口，束頸，深腹，闊底，圈足。附傘形圓蓋，蓋頂置寶珠形鈕。腹一側置彎流，另一側置曲柄，柄上飾卷草紋。壺腹一側題乾隆御製詩「惠山聽松庵用竹爐煎茶因和明人題者韻即書王紱畫卷中」。詩云：「才酌中泠第一泉，惠山聊復事烹煎。品題頓置休慚昔，歌詠膻薌亦賴前。開士幽居如虎跑，舍人文筆擬龍眠。裝池更喜商邱搴，法寶僧庵慎弆全。」另一側泥繪〈烹茶圖〉。造型新穎，質地講究，泥色朱紅，細膩溫潤。

圖412 宜興窯阿曼陀室款紫砂描金山水紋茶壺

清 · 嘉慶
通高9.7cm／口徑6cm／足徑9.7cm

壺體上小下大，圓腹，圈足。胎質細膩，呈紫褐色。壺蓋陷於壺身與之平齊，蓋口嚴密，蓋鈕立起。腹一側置短流，另一側彎曲的環柄上置一直柄，用手握之，感覺非常舒適，增強了此壺的實用性能。壺體以描金為飾，腹部一側繪草木叢生的崇山峻嶺，間飾涼亭，畫面意境深遠，上書「兩峰插雲」四字。另一側則書「生平愛茗飲」。外底戳印篆體「阿曼陀室」四字雙行款。

署「阿曼陀室」款的紫砂壺真品是清代嘉慶年間製壺名家楊彭年、楊鳳年與書畫家陳曼生（1768-1822）合作製作的紫砂壺。楊鳳年是楊彭年的妹妹。一般由陳曼生設計壺樣，彭年、鳳年兄妹依樣成型，再由曼生在壺上題字刻銘，世稱「曼生壺」。壺外底有「阿曼陀室」、「桑連理館」等印記。

在紫砂壺上以描金作為裝飾始於清康熙年間的宮廷用紫砂壺，是為追求富麗堂皇的效果所致。

圖413 宜興窯紫砂菊瓣茶壺

清・乾隆 清宮舊藏
通高10cm／口徑7cm／足徑6.8cm

　　壺呈菊瓣形，蓋鈕為花蕊形。菱花式口，直頸，圓腹。腹一側置彎流，另一側置曲柄。圈足。外底刻陽文篆體「陳殷尚製」四字款。

　　自康熙中期開始，紫砂壺的造型多取自植物、動物的自然形態，給人以優雅親切之美感。

圖414　宜興窯紫砂茶壺

清　清宮舊藏

通高8.5cm／口徑5.4cm／足徑6.2cm

　　壺體呈上小下大的圓形，淺紫色的泥料中含有黃色顆粒，小巧的壺身上光素無紋。細小的直流，規整的圈足及精製的蓋鈕，無不顯示出其精湛的製作工藝。

　　清代茗壺，自康、雍起，不再以實用為主要功能，而是逐漸傾向於藝術性、觀賞性。

相關辭彙釋義

（按筆畫排序）

八大碼

陶瓷器裝飾紋樣之一。景德鎮對元代瓷器上常用的邊飾——變形蓮瓣紋的稱呼。這種蓮瓣紋常畫在器物的肩部、脛部，有的還在蓮瓣內加繪犀角、銀錠、珊瑚枝、花朵等雜寶，因常畫八個蓮瓣，且排列整齊，故俗稱「八大碼」。（見圖181）

化妝土

陶瓷器裝飾用原料之一。即陶瓷器在施釉以前所施在胎體表面的一層氧化鐵含量極低的潔白的黏土。其作用是為了遮蓋不太純淨的胎體，以達到美化陶瓷器的目的。瓷器上使用化妝土早在西晉青瓷上已有所見，隋、唐、五代、西夏、遼、北宋、金、元時期，北方許多窯口的陶瓷器胎體因含雜質較多，而成深灰或灰褐色，若直接罩一層透明釉會顯得不美觀，故在施釉以前均先施一層潔白的化妝土予以遮蓋。（見圖72）

天球瓶

瓶式之一。圓口，直頸，腹部渾圓。是明初永樂時期景德鎮窯的創新器形。器身以青花描繪纏枝花、海水龍、雲龍紋等，體大端正，青花色澤濃豔，氣勢雄渾。清雍正、乾隆時的天球瓶上又有青花釉裡紅雲龍紋，粉彩八桃、九桃、梅雀、嬰戲和「久安長治」等紋飾。（見圖221）

支釘痕

陶瓷器工藝特徵之一。即以帶有齒狀凸起的支具支燒陶瓷器時，在器物外底或內底留下的痕跡。支釘係以耐火泥或坯泥製作，裝窯時用以支墊坯件。支具的形狀有圓環形、圓餅形、三角形、三叉形、四叉形、直筒形等。但上面均有齒狀凸起，齒數多少不一，大小各異。北朝、隋代、唐代瓷碗的內底常留有三個較大的支釘痕，係用三角形或三叉形支具支墊疊燒所致。五代時期湖南岳州窯、陝西耀州窯即北宋時期河南汝窯採用施釉「裹足支燒」的青瓷，其外底常留有細小的支釘痕。特別是汝窯青瓷上的支釘痕，僅有芝麻粒大小，文獻稱之為「芝麻細小掙釘」，堪稱汝窯青瓷的顯著特徵之一。另有一種支釘痕，係以胎泥搓捏成顆粒、圓柱、圓錐或長條形支具支墊後留下的。其中顆粒性的支具亦稱「托珠」，多見於五代時期。長條形支釘痕多見於北宋越窯青瓷上。（見圖107）

支燒痕

陶瓷器工藝特徵之一。即陶瓷器在焙燒過程中，為了防止器身上的釉與窯柱或匣缽黏連，而採用支具支墊後所留下的痕跡。（見圖51）

平等青

瓷器釉彩原料之一。屬於國產料。又稱「陂塘青」，產於江西省樂平縣。明代中期景德鎮廣泛採用此種彩料描繪青花瓷器。其特點是呈色淡雅，藍中泛灰。若使用加工精細的彩料描繪紋飾，燒成後會呈現一種透亮的青翠色。與永樂、宣德時期青花瓷器所用「蘇麻離青」料呈色濃豔有所不同。（見圖238）

玉壺春瓶

瓶式之一。一般認為由詩句中的「玉壺先春」而得名。其基本形狀為撇口，細頸，垂腹，圈足。創燒於北宋時期，當時的定窯、汝窯、耀州窯、景德鎮窯等均曾燒造過玉壺春瓶。品種有白瓷、青瓷、青白瓷等。金、元時期的景德鎮窯、磁州窯及山西諸窯燒造過青花、釉裡紅、青白釉、紅綠彩、白地黑花、黑釉玉壺春瓶等。明清時期景德鎮窯所燒造的玉壺春瓶品種繁多，見有青花、釉裡紅、青花釉裡紅、釉裡三色、五彩、鬥彩、粉彩、琺瑯彩、祭紅釉、霽藍釉、青白釉、白釉、米色釉、窯變釉、孔雀綠釉、茄皮紫釉、爐鈞釉等。玉壺春瓶屬於盛酒用的酒瓶，原本都有蓋，但在流傳過程中，瓶蓋大都遺失。玉壺春瓶和梅瓶都是深受人們喜愛的著名的程序化瓶式。（見圖185）

瓜皮綠釉

瓷釉種類之一。玻璃質的低溫銅綠釉。因色澤如西瓜皮，故稱「瓜皮綠」。它是在澀胎上施釉，於低溫中二次燒成。明代瓜皮綠釉瓷器產量不大，宣德時已有燒造，以嘉靖時產品最為著名。清代前期特別是康熙時，瓜皮綠釉瓷器的燒造有較大的發展，其釉可分為深淺二色：深色者濃綠，無片紋，多用在一色釉的

瓶、罐、盤、碗、洗上；淺色者如嫩黃瓜色，常用來裝飾高約六、七寸式樣精巧的細頸瓶。瓜皮綠釉又為彩瓷圖案中必備之色，如山石、樹木、枝葉，常以此塗染。（見圖268）

回青釉

瓷釉種類之一。明代嘉靖時特有的一種以進口「回青」料配釉燒成的高溫藍釉，它是在元代以來景德鎮窯燒造的高溫鈷藍釉基礎上所衍生出的新品種，其釉色與祭藍釉相近，但比較淺淡。（見圖265）

卵白釉

見「樞府釉」。（見圖193）

刻花

陶瓷裝飾技法之一。即以竹、骨、木或鐵製工具，在已成型的陶瓷坯胎上通過直刀和斜刀的靈活運用，刻出圖案花紋。刻花技法早在新石器時代陶器上即有應用，但以宋代瓷器上的應用最為普遍。如宋代耀州窯、定窯、磁州窯、越窯、龍泉窯、景德鎮窯等燒造的刻花瓷器都各具特點。其中以耀州窯刻花青瓷受到的評價最高，其下刀較深，刀鋒犀利灑脫，所刻花紋具有淺浮雕般立體感，被推為宋代各窯刻花瓷器之冠。刻花技法常與劃花技法結合使用，稱之為「剔劃花」。（見圖290）

抹紅釉

瓷釉種類之一。以氧化鐵為著色劑的低溫紅釉。它不是採用吹釉法上釉，而是以塗抹法施釉，故稱「抹紅」。其釉層不均勻，並可見抹痕，色澤顯得清麗溫潤。抹紅瓷器出現於明代嘉靖時期，當時因高溫銅紅釉瓷器燒造難成，而以之替代。清代景德鎮御窯廠曾大量燒造抹紅釉瓷器，釉面比明代抹紅釉瓷器更顯勻淨，其中以康熙抹紅釉瓷器的成就最為突出。（見圖267）

拔白

瓷器裝飾技法之一。即先在器物的表面勾勒出紋飾的輪廓，然後在輪廓線以外的隙地施彩料，花紋留白，具有獨特的裝飾效果。（見圖187）

軋道

瓷器裝飾技法之一。盛行於清代乾隆、嘉慶粉彩瓷器上。用以作地紋，根據裝飾方法的不同，有錐和畫兩種方法。一種是在紅、綠、黃、藍等釉地上，用一種形似繡花針的金屬工具劃出細如毫芒、宛如錦紋的花紋，花紋捲曲相連、狀如鳳尾，稱為「軋道」或「鳳尾紋」。另一種則是用筆細繪而成。（見圖364）

珊瑚紅釉

瓷釉種類之一。清代康熙時期創燒的一種名貴的低溫釉。以氧化鐵為著色劑，以吹釉法施釉，釉薄而均勻。燒成後，釉色紅中閃黃，美若天然珊瑚，故名。除純一色的珊瑚紅釉盤、碗、瓶等以外，還將珊瑚紅釉用作地色，燒造珊瑚紅地五彩、珊瑚紅地粉彩、珊瑚紅地描金等品種。（見圖343）

砂底

陶瓷器工藝特徵之一。即器物底部無釉，露出胎體。如元代景德鎮青花瓷器除了玉壺春瓶和執壺以外，其他一般都是砂底無釉或只有零星的釉斑。明代洪武時期景德鎮青花或釉裡紅瓷器中，除了玉壺春瓶、玉壺春式執壺、小盤及口徑在20公分左右的碗以外，其他一般都是砂底無釉。明代永樂、宣德時期景德鎮官窯青花或白釉大盤也大都砂底無釉。瞭解並牢記不同歷史時期陶瓷器的砂底特徵，可作為鑒定陶瓷器的重要參考。（見圖136）

茄皮紫釉

瓷釉種類之一。以氧化錳為著色劑的低溫顏色釉。可分為深茄皮紫和淡茄皮紫兩種，深茄皮紫像成熟的茄子皮一樣呈紫黑色，淡茄皮紫像未成熟的茄子皮一樣呈淡紫色。明代茄皮紫釉以宣德、弘治、嘉靖、萬曆時的產品最為著名，但產量較低。（見圖280）

軍持

陶瓷器造型之一。佛教用器。為千手觀音四十手中軍持手所持之瓶，故名。有銅和陶瓷製品。造型為撇口，直頸，圓腹略扁，肩一側置翹起的上細下寬的管狀流。元代德化窯已燒造青白釉軍持，福建磁灶窯燒造釉陶印花軍持。晚明時期景德鎮窯燒造青花、五彩軍持，造型為圓口，直頸，腹部渾圓，乳狀流置於肩部。歷代產品多銷往東南亞諸國。（見圖207）

剔花

陶瓷裝飾技法之一。其原理是通過減地，形成胎色與釉色的顏色差異對比來襯托紋飾。品種主要有白釉剔花、青釉剔花、黑釉剔花、醬釉剔花、綠釉剔花等。其中白釉剔花、綠釉剔花均需先在坯胎上施一層潔白的黏土，俗稱「化妝土」。剔花工藝可分為留花剔地和留地剔花兩種。前者是剔去紋飾以外的空地，保留紋飾；後者是保留紋飾以外的空間，剔去紋飾。剔花技法多見於宋、金、元時期的河南修武當陽峪窯、河北磁州窯及山西諸窯瓷器上。因這些地方的瓷土都比較粗糙，很適合以剔花技法進行裝飾。特別是宋代當陽峪窯剔花瓷器，其化

妝土潔白如雪，剔花技藝嫻熟，胎色棕褐，顏色對比鮮明，代表了中國古代剔花瓷器的最高水平。剔花與劃花技法結合使用，稱之為「剔劃花」。（見圖146）

粉彩

彩瓷品種之一。係康熙晚期在燒造五彩瓷器的基礎上，受琺瑯彩製作工藝影響而創燒的一種低溫釉上彩新品種。盛燒於雍正、乾隆時期，延燒至晚清。官、民窯都有生產。製作時，先在高溫燒成的白瓷上用墨線起稿，然後在圖案內以含砷的「玻璃白」打底，再以所需的色料用芸香油調勻，在玻璃白上進行渲染，最後入錦爐（低溫彩爐）焙烤而成。由於彩料中摻入了粉質，改變了五彩單線平塗的生硬色調，故可呈現明暗的變化，每一種顏色都有豐富的層次，給人一種粉潤柔和之感，故有「粉彩」之稱。紋飾圖案布局及筆法上吸取了傳統的中國畫技法，凡繪畫中所能表現的，無論是工筆或寫意，粉彩幾乎全能表現出來。其裝飾效果具有秀美、俊雅、富麗堂皇的特點。雍正、乾隆時期粉彩工藝極為盛行，逐漸取代了五彩，成為瓷器釉上彩的主流。（見圖246）

胭脂紅

瓷釉種類之一。係以黃金為著色劑的低溫顏色釉。清代康熙年間從西方國家傳入中國，故又稱洋紅。在康熙年間的琺瑯彩瓷上始見應用。雍正、乾隆兩朝的金紅釉成為盛行的名貴色釉，在800-850℃的彩爐中焙燒而成。胭脂紅釉中的金大約佔萬分之二，釉汁細膩，光潤勻淨，色如胭脂。（見圖317）

鬥彩

瓷器裝飾技法之一。「鬥彩」一詞最早見於無名氏撰《南窯筆記》，約成書於清代雍正、乾隆年間。如今，研究者認為：鬥彩是一種釉下青花和釉上諸彩相結合，具有特殊藝術效果的瓷器裝飾工藝。其做法是先在已成型的坯體上以青花料雙鉤圖案輪廓線，或在此基礎上以青花料描繪圖案的局部，施透明釉，經高溫燒成後，在釉上以填塗技法，或在此基礎上輔以染、覆、點彩等技法，按需要施以各色彩料，完成圖案全樣，復入彩爐經低溫烘燒而成，從而產生釉下青花與釉上諸彩競相鬥妍的裝飾效果。（見圖240）

梅瓶

瓶式之一。是中國陶瓷器中最著名的程序化器形。因口徑之小與梅之瘦骨相稱而得名。其造型的基本要素是：小口，短頸，豐肩，肩以下漸收斂，瘦脛，平底或圈足。附蓋。初為盛酒用器，清代以後逐漸演變為陳設用

器。創燒於唐代，流行於宋代以後。各個歷史時期的梅瓶雖然均符合上述基本要素，但又各具時代特點。（見圖194）

祭藍釉

瓷釉種類之一。屬於以氧化鈷為著色劑的高溫藍釉。創燒於元代景德鎮窯，明代景德鎮御器廠曾大量燒造，宣德產品尤著。其特點是顏色深沉，不流不裂。因明代高溫鈷藍釉瓷器可派作祭祀用，因而被稱作「祭藍」。（見圖250）

蚯蚓走泥紋

鈞窯瓷器釉面特徵之一。即鈞窯瓷器釉面呈現的類似於蚯蚓在雨後細泥上爬過的不規則痕跡。一般認為是成型後的胎體在乾燥過程中出現細微開裂，施釉後入窯燒成時，釉層在高溫熔融狀態下填補胎體上的裂紋所致。（見圖127）

棕眼

瓷器釉面特徵之一。係指分佈於瓷器釉面上的像毛孔大小的坑眼。其成因是釉在高溫熔融狀態下黏度較大，當胎中氣泡通過釉層向外排出時，釉面不能自然彌合，因此形成棕眼。明代永樂、宣德瓷器普遍有棕眼現象，時代特徵鮮明。（見圖126）

琺瑯彩

彩瓷品種之一。創燒於清代康熙晚期，盛行於雍正、乾隆時期。它是模仿銅胎畫琺瑯技法，在瓷胎上用琺瑯彩描繪而成的一種新的釉上彩瓷，亦稱「瓷胎畫琺瑯」。其製作方法是先由景德鎮官窯選用上好的原料製成素胎，燒好後送到清宮內務府造辦處琺瑯作彩繪燒成。琺瑯彩是一種極為名貴的宮廷御用瓷器，專作宮廷玩賞器和宗教、祭祀的供器，製作考究，成本高而產量低，傳世品極少，多為小件器，均秘藏宮苑，「庶民弗得一窺」。康熙琺瑯彩主要是以裡壁施釉，外壁無釉的「反瓷」為胎，在胎的外壁上多以黃、藍、紅、豆綠、絳紫等彩為地色，裝飾紋樣多繪寫生花卉，尚不見山水、人物、鳥獸等，圖案處於一種單調拘謹的狀態。由於釉料較厚，釉面有凸起之感，且有細小冰裂紋，是康熙琺瑯彩紋飾的典型特徵。康熙琺瑯彩所用料均為進口的琺瑯彩料，料中含有大量的硼，是中國傳統彩料中所沒有的，琺瑯彩中的黃彩，採用氧化銻為著色劑，有別於傳統黃釉採用的氧化鐵為著色劑。胭脂紅彩也不同於傳統的鐵紅、銅紅色，是用膠體金著色的金紅，紅中蘊含著陽光般的華麗。雍正六年（1728）以後，隨著琺瑯彩料的研製成功，中國琺瑯工藝達到了製作精工、隨心

所欲的成熟階段。胎體不再使用「反瓷」，而是採用景德鎮新燒成功的優質細白瓷，其白度及透明度均超過了明代永樂白瓷，具有薄、輕、潤、細、潔的特點。雍正琺瑯彩瓷器大多是在白地上彩繪，潔白細潤的地色把圖案紋飾襯托得更為鮮明、秀麗。圖案紋飾增加了花鳥、山水等各種圖案，具有中國傳統畫的藝術效果，並有題詩與圖案相配，形成詩、書、畫、瓷融為一體的藝術形式，形成雍正琺瑯彩瓷獨特的藝術風格。乾隆琺瑯彩極為盛行，造型更加奇巧，裝飾紋飾尤為華麗。畫面中吸收了更多西洋繪畫的技法，除傳統圖案外，以西洋油畫為摹本的繪畫紋樣出現在琺瑯瓷上。（見圖315）

絞胎

陶瓷裝飾技法之一。或作「絞泥」。係採用深、淺（一般為白、褐）兩色胎泥相間疊壓揉和在一起，成型後先經高溫素燒，再施低溫透明釉，經低溫釉燒而成。或成型後直接施高溫透明釉，入窯經高溫一次燒成。其紋理有木理、羽毛、朵花等。絞胎可分成兩種：一種是全絞胎，另一種是貼面絞胎。一般認為絞胎工藝係借鑑漆器犀皮工藝發展而成。始見於唐代河南鞏縣窯，器物造型有碗、杯、三足小盤、長方形小枕等。宋代河南修武當陽峪窯、寶豐清涼寺窯、新安城關窯等均曾燒造過絞胎瓷器，其中以當陽峪絞胎瓷器的產量最大、品質最好。宋代以後絞胎陶瓷少有燒造，1989年江蘇省泰州市迎春住宅建築工地曾出土明代紫砂絞胎茶壺、罐等，為研究絞胎工藝的發展提供了重要實物資料。（見圖98）

開光

陶瓷器裝飾技法之一。係指先在器物上開出圓形、長方形、菱形、海棠形、扇面形等地，再在該圖形輪廓內裝飾圖案花紋，以達到突出圖案花紋的作用。多見於金、元時期磁州窯，以及元、明、清時期景德鎮窯瓷器上。（見圖203）

塑貼

陶瓷裝飾技法之一。亦稱「堆貼」。其做法是先用手雕塑或用模子印出立體紋飾，然後用胎泥黏貼於已成型的坯體上。此種技法早在新石器時代陶器上亦有所見，歷代陶瓷器上都有使用，以西晉青瓷、唐代陶瓷器上最為流行。如西晉青瓷上塑貼的鋪首、佛像等，唐三彩上塑貼的朵花，唐代長沙窯瓷器上素貼的人物、椰棗、雙魚、棕櫚樹等。（見圖246）

過枝

瓷器紋樣的組織形式之一。即圖案自器物內壁不間斷地延伸至外壁，枝幹相連，花葉相屬，渾然一體。瓷器上的過枝花紋自明代成化年間開始多見，盛行於清代雍正、乾隆、道光時期。雍正、乾隆時期多見花枝、翠竹、桃實紋，道光時期多見爪果紋飾。繪於盤、碗、碟等敞口圓器內外或蓋碗的上下。有青花、五彩、粉彩等品種。（見圖344）

釉裡紅

瓷器釉彩之一。係指以氧化銅為著色劑的銅紅彩在瓷坯上描繪紋飾，然後施透明釉，入窯在高溫還原氣氛中一次燒成的高溫釉下彩瓷器。通常所謂的釉裡紅瓷器主要有四種：一是線繪釉裡紅，即以銅紅彩描繪圖案線條，形成白地襯托紅色圖案。二是以銅紅彩塗抹圖案以外的隙地，形成紅底白花，亦稱「釉裡紅拔白」。三是以銅紅料在器身上隨意塗抹，形成不規則的紅色斑塊。四是高溫銅紅釉的局部使用，即在瓷器的局部裝飾三魚、三果等紋飾。其中前三種創燒於元代景德鎮窯，第四種創燒於明代宣德時期景德鎮官窯，由於氧化銅的發色對燒成氣氛、溫度的要求頗為嚴格，因此釉裡紅瓷器的燒造難度很大。釉裡紅瓷器在明代洪武時期盛極一時，但洪武釉裡紅瓷器的發色卻不夠純正，這說明當時尚未完全掌握其燒成技術。明代宣德時期釉裡紅瓷器燒造得頗為成功，以釉裡紅三魚或三果紋瓷器最富盛名。明代中期以後，釉裡紅瓷器的燒造趨於衰落，直到清代康熙時期才恢復明代早期水平，並創燒成功釉裡三色、釉裡紅加彩等新品種。雍正、乾隆時期是釉裡紅瓷器燒造得最為成功的時期，產品大都發色純正，說明當時已成功地掌握了釉裡紅瓷器的燒成技術。（見圖184）

僧帽壺

壺式之一。屬於藏傳佛教用器。闊頸，鼓腹，圈足。壺口呈台階狀起伏，形似僧侶之帽，故名「僧帽壺」。壺口一側出鴨嘴狀流，另一側口至肩、腹部置寬帶形曲柄。附傘形蓋，蓋頂置寶珠形鈕。元代景德鎮窯燒造的青白釉僧帽壺是目前所見最早的瓷質僧帽壺。明代永樂、宣德時期，漢藏文化交流頻繁，景德鎮御器廠曾大量燒造僧帽壺，品種有甜白釉、祭紅釉、祭藍釉、灑藍釉、青花等。清代康熙、雍正、乾隆時期，景德鎮御窯廠曾仿燒過一批明代永樂、宣德時期的甜白釉、祭紅釉、青花僧帽壺。（見圖219）

劃花

陶瓷裝飾技法之一。即以竹、骨或鐵製的錐或針在已成型的陶瓷器坯體上劃出紋飾。早在新石器時代陶器上已有使用，直至今日從未間斷，歷史上最著名的劃花瓷器是五代耀州窯劃花青瓷、北宋越窯劃花青瓷及

明清時期景德鎮官窯劃花瓷器。其劃花線條流暢，細如髮絲，圖案清晰，顯示出高超的水準。明清時期景德鎮窯瓷器上的劃花技法亦稱「錐拱」。（見圖24）

翠青釉

瓷釉種類之一。係指明代永樂、宣德時期，景德鎮官窯在仿燒宋代龍泉窯青釉基礎上所創燒的一種顏色頗似翠竹的著名高溫顏色釉。其特點是釉層較厚，釉內氣泡攢聚，呈色淡雅怡人。以永樂翠青釉三繫扁罐最受人稱道。（見圖218）

樞府釉

瓷釉種類之一。係對元代景德鎮創燒的「卵白釉」的另一種稱謂。因元代卵白釉印花盤、碗等器物的內部常見有同時印上的對稱的「樞」、「府」二字，因此人們有時將這種釉稱作「樞府釉」。卵白釉印花盤、碗帶銘文者以「樞府」二字較為多見，除此之外，尚見有「太禧」、「東衛」、「福祿」、「白王」等銘文。更多的則不帶銘文。「樞府」是元代最高軍事機構「樞密院」的俗稱，帶有這種銘文的卵白釉瓷器，專供樞密院使用。

卵白釉瓷器的特徵是：釉層較厚，呈失透狀，色澤如鴨蛋殼，故被稱為卵白釉。元代景德鎮窯卵白釉瓷器的創燒，為明代永樂、宣德時期甜白釉的發明奠定了基礎。元代卵白釉瓷器在元代墓葬、窖藏、沉船及元大都遺址中均有發現。1984年安徽歙縣元代瓷器窖藏曾出土一百零九件卵白釉瓷器，而且均帶有「樞府」銘文，是一次出土「樞府」銘卵白釉瓷器最多的。經綜合排比研究後得知，卵白釉瓷約在元代大德年間（14世紀初）就已經燒造，並且終元一代盛燒不衰，一直到明代早期還在燒造，時間長達一個世紀左右。（見圖187）

模印

陶瓷印花技法之一。主要有兩種：一種是用雕刻有花紋的印模，直接在已成型的半乾坯體上摁壓出紋飾。另一種是用印模印出魚、龍、花卉等紋飾，再用泥漿黏貼在坯體上。第一種使用的印模多呈蘑菇形，如宋金時期的定窯，耀州窯盤、碗，即常使用這種印模印上紋飾。第二種使用的印模類似於做月餅所用的模子，西晉青瓷、唐代長沙窯瓷器及元代龍泉窯瓷器上常見有印貼的佛像、雙魚、龍、花卉等紋飾。（見圖190）

燈草口

高溫顏色釉瓷器特徵之一。亦稱「燈草邊」。明代高溫銅紅釉、祭藍釉瓷器在燒成時，因釉在高溫狀態下熔融垂流，口沿釉層變薄，露出整齊潔白的胎骨，形若燈草，故名「燈草口」。清代康熙、雍正、乾隆時期仿製的明代永樂、宣德高溫銅紅釉、祭藍釉瓷器口沿雖也有一道整齊的白邊，但非自然形成，而是在口沿處人為添加白泥所致。（見圖220）

錦上添花

瓷器裝飾技法之一。初現於清代乾隆時期。在軋道以外再加繪洋花，構成一種新穎的錦地花卉紋飾。清宮內務府記事檔中稱此種新創紋飾為「錦上添花」。此種工藝製作複雜，刻劃精細，有如銅胎畫琺瑯的藝術效果。乾隆以後各代曾有仿製，但均不如乾隆時期的工藝精湛。（見圖366）

圜底

陶瓷器造型底部形狀之一。即器物底部呈圓弧（或鍋底）形自然過渡。新石器時代流行圜底陶缽，在裴李崗文化、磁山文化、仰韶文化等遺址中均有出土，尤以仰韶文化半坡類型陶器中最為多見。（見圖181）

壓手杯

明代杯式之一。口外撇，腹壁近於垂直，至下腹壁內收，圈足。順口沿而下，胎骨漸厚，近底處尤厚。握於手中時，微微外撇的口沿恰好壓合於虎口。因體積大小適中，沉甸甸的，給人以壓手的感覺，故稱「壓手杯」。是明代永樂時期景德鎮御器廠創燒的名貴器物。杯外繪青花纏枝蓮紋，杯內底畫青花葵花朵或雙獅滾球，花心或球內署青花篆體「永樂年製」四字雙行款。（見圖219）

膽瓶

瓶式之一。因形如懸膽而得名。其基本形狀為直口，細長頸，削肩，肩以下漸碩，鼓腹，圈足。宋代鈞窯、哥窯、耀州窯等均燒造過膽瓶。清代景德鎮窯不僅燒造各種仿宋代品種的膽瓶，而且還創燒了郎窯紅、天藍、珊瑚紅、孔雀綠、爐鈞釉等新品種，其中以乾隆年間的產量最大。（見圖352）

點彩

陶瓷裝飾技法之一。係指以毛筆蘸色料在釉上或釉下塗點斑塊、斑點，或以斑點組成紋樣，燒成後形成釉色與斑點、斑塊色調上的明暗對比。如青釉褐斑、白釉綠斑、青白釉褐斑等。瓷器上的點彩裝飾始見於西晉，盛行於東晉，是中國南方青瓷上常見的一種裝飾技法，時代特徵鮮明。後來，唐代越窯青瓷、長沙窯瓷器，宋、金時期的北方窯瓷器，元代景德鎮窯青白瓷和浙江龍泉窯青瓷上都曾使用過點彩裝飾技法。（見圖49）

繡墩

陶瓷器造型之一。又稱坐墩、瓷墩、涼墩等，是古代中國日常生活的一種坐具，多呈鼓型。河南安陽隋代張盛墓曾有青釉小瓷凳出土。元代磁州窯有白地褐花與白釉製品。明代嘉靖、萬曆時期進入繡墩製作的興盛期，南北各地都有製作。主要有青花、五彩、三彩、素三彩、琺花等。裝飾上出現鏤空技法。《博物要覽》稱：「漏空花紋填以五彩，華若雲錦，又以五彩實填花紋，絢豔悅目，二種皆深青地子。有藍地填畫五彩，如石青剔花，有青花白地；有冰裂紋者。種種式樣，非前代曾有。」（見圖246）

醬釉

瓷釉種類之一。又名「紫金釉」，為明代景德鎮窯燒造的、以氧化鐵為著色劑的高溫顏色釉之一。以宣德朝產品最為著名，其釉面肥厚，光潔瑩潤，並有桔皮紋。嘉靖、萬曆時的醬釉色澤較淺，釉面有的光亮，有的晦暗。明代醬釉瓷器多模仿宋代「紫定」的效果，常見器形有碗、盤、水仙盆、執壺、梅瓶等。（見圖30）

雜寶

陶瓷器裝飾紋樣之一。主要見於元、明、清三代瓷器上。多用做輔助紋飾。元代瓷器多在器物的肩、脛部變形蓮瓣紋內描繪各種「寶物」，如銀錠、犀角、法螺、珊瑚枝、火珠、火輪、火焰、雙錢、雙角等，排列無固定格式，亦有重複，故稱「雜寶」。明代的雜寶紋內容更為豐富，出現了祥雲、元寶、方勝、靈芝、畫軸、鼎、磬、蕉葉等新的「寶物」，其中任意採選八種「寶物」的，也稱八寶。（見圖213）

雙陸尊

尊式之一。口與頸直連而下，溜肩，以下漸碩，近底處略豐，平底或圈足，仿古代博具雙陸棋棋子的形狀燒製，故名。清雍正時景德鎮窯製品居多，有青花、墨彩、鬥彩及青釉等品種。（見圖334）

蘇麻離青（蘇泥勃青）

瓷器釉彩原料之一。屬於進口料。明初永樂、宣德時期景德鎮的官窯青花瓷器多用此種彩料描繪紋飾，其產地據推測應在西亞地區。「蘇麻離青」之名最早見於明萬曆十七年（1589）以前成書的王世懋撰《窺天外乘》一書，書中曰：「永樂、宣德間，內府燒造，迄今為貴。其時以棕眼甜白為常，以蘇麻離青為飾……」以後的明清文獻中又有「蘇泥勃青」、「蘇

勃泥青」等稱謂，應是同名音譯之誤。據上海矽酸鹽研究所的化驗分析，宣德時期的青花彩料，含錳量低而含鐵量高，它與國產青料的含錳量高含鐵量低截然不同。「蘇麻離青」呈色濃豔青翠，由於料中含鐵量高，因此紋飾中往往出現氧化鐵結晶斑點，俗稱黑疵斑點，這種自然形成的黑斑與濃豔的青藍色紋飾相映成趣，被後世視為「永宣」青花瓷器鮮明的時代特點。（見圖212）

霽紅

瓷釉種類之一。又稱祭紅，源於一則悲壯的傳說。明宣德時期，命御窯場燒製紅色瓷器。因銅紅釉呈色極不穩定，同時對窯室的氣氛又十分敏感，燒製幾窯也未必有一件合格製品，眼看期限臨近，大禍將臨。一位窯工的女兒趁人不備，奮身投窯。血染瓷器，滿窯皆紅。後人遂以「祭紅」稱此種紅釉瓷器。此一傳說雖富傳奇，但充分說明紅釉瓷器難於燒製。

霽紅製品的釉面具有紅不刺目、鮮而不過、釉不流淌、裂紋不出的特點，是銅紅釉中的名貴品種。清乾隆曾作詩讚道：「世上朱砂非所擬，西方寶石致難同。插花應使花羞色，比畫翻嗤畫是空。」（見圖329）

霽藍

瓷釉種類之一。瓷器釉色名。一種色調深豔的高溫藍釉，是在石灰釉中摻入適量的鈷料燒造而成。其特點是釉面不流不裂，色調濃豔均勻一致，呈色穩定。因這種藍釉瓷器亦可派作祭祀用，故亦稱「祭藍」。宣德時的霽藍與霽紅、甜白並稱當時顏色釉瓷器的三大名品。明清以來，霽藍釉瓷器的燒造幾乎從未間斷。（見圖362）

◆每則釋義末括號內圖號為相關辭彙在圖版部分首次出現的位置。

故宮陶瓷館藏品款識示例

明	永樂 圖215	永樂 圖216	宣德 圖222
	宣德 圖227	宣德 圖230	宣德 圖231
	天順 圖236	成化 圖239	成化 圖240
	成化 圖242	成化 圖243	正德 圖251

明	正德 圖252	正德 圖253	

嘉靖 圖257		嘉靖 圖259

嘉靖 圖261	嘉靖 圖262	嘉靖 圖263

嘉靖 圖268	隆慶 圖269	萬曆 圖270

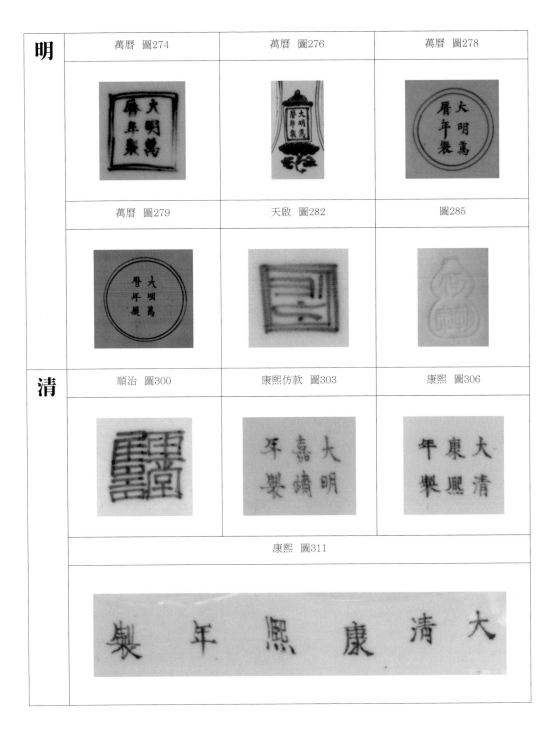

明	萬曆　圖274	萬曆　圖276	萬曆　圖278
	萬曆　圖279	天啟　圖282	圖285
清	順治　圖300	康熙仿款　圖303	康熙　圖306
	康熙　圖311		

清	康熙仿款　圖313	康熙　圖315	康熙　圖316
	康熙　圖325	康熙　圖331	雍正　圖332
	雍正　圖333	雍正　圖335	雍正仿款　圖336
	雍正　圖338	雍正　圖339	雍正仿款　圖341

清	雍正　圖345	雍正　圖346	乾隆　圖356
	乾隆　圖362	乾隆　圖366	乾隆　圖368
	乾隆　圖369		
	乾隆　圖370	乾隆　圖373	乾隆　圖375

清	乾隆　圖376		

	乾隆　圖377		

	乾隆　圖378	乾隆　圖380	嘉慶　圖386
	道光　圖387	道光　圖388	道光　圖389

清	咸豐　圖390	咸豐　圖391	咸豐　圖392
	同治　圖393	同治　圖394	同治　圖395
	光緒　圖396	光緒　圖398	光緒　圖400
	宣統　圖401	宣統　圖402	

國家圖書館出版品預行編目資料

故宮陶瓷館 / 故宮博物院 編.--初版.
-- 臺北市：藝術家，2009.12
448面；17×24公分.--

ISBN　978-986-6565-66-3（平裝）

1.故宮博物院 陶瓷館
2.古陶瓷　3.圖錄

796.6025　　　　　　98022880

故宮陶瓷館

故宮博物院 編

發 行 人　何政廣

主　　編　王庭玫

編　　輯　謝汝萱・陳芳伶

美　　編　張紓嘉

出 版 者　藝術家出版社

　　　　　台北市重慶南路一段147號6樓

　　　　　TEL：（02）2371-9692～3

　　　　　FAX：（02）2331-7096

郵政劃撥　01044798 藝術家雜誌社帳戶

總 經 銷　時報文化出版企業股份有限公司

　　　　　台北縣中和市連城路134巷10號

　　　　　TEL：（02）2306-6842

南區代理　台南市西門路一段223巷10弄26號

　　　　　TEL：（06）261-7268

　　　　　FAX：（06）263-7698

製版印刷　欣佑彩色製版印刷股份有限公司

初　　版　2009年12月

定　　價　新臺幣560元

ＩＳＢＮ　978-986-6565-66-3